麓山法学文库

岳麓书社

一

XINGSHI ZERENLIANG DE GENJULUN

刑事责任量的根据论

彭辅顺 / 著

中国检察出版社

图书在版编目（CIP）数据

刑事责任量的根据论/彭辅顺著. —北京：中国检察出版社，
2014.12
ISBN 978 - 7 - 5102 - 1289 - 5

Ⅰ.①刑… Ⅱ.①彭… Ⅲ.①刑事责任 - 研究 Ⅳ.①D914.04

中国版本图书馆 CIP 数据核字（2014）第 226962 号

刑事责任量的根据论

彭辅顺 **著**

出版发行：	中国检察出版社	
社　　址：	北京市石景山区香山南路 111 号（100144）	
网　　址：	中国检察出版社（www.zgjccbs.com）	
编辑电话：	（010）68650028	
发行电话：	（010）68650015　68650016　68650029	
经　　销：	新华书店	
印　　刷：	保定市中画美凯印刷有限公司	
开　　本：	A5	
印　　张：	10.75 印张	
字　　数：	297 千字	
版　　次：	2014 年 12 月第一版　2014 年 12 月第一次印刷	
书　　号：	ISBN 978 - 7 - 5102 - 1289 - 5	
定　　价：	36.00 元	

导　言

一、刑事责任量的根据的研究意义

刑事责任问题既是刑事立法、司法中的核心问题，也是刑法理论中的一个重要问题，因为刑事立法、司法以及刑法理论中的诸多问题都是围绕着是否追究刑事责任、为何要追究刑事责任、犯罪人应承担多大的刑事责任、如何实现刑事责任而展开的。而在刑事责任问题中，刑事责任的根据问题又是其核心内容。刑事责任的根据存在刑事责任质的根据和刑事责任量的根据两个层面。研究刑事责任质的根据是确定承担刑事责任的基础，而研究刑事责任量的根据则是确定承担何种程度刑事责任的基础。因此，在研究刑事责任质的根据之基础上，只有进一步研究刑事责任量的根据，才能使刑事责任根据理论完整无缺。所以，全面系统地研究刑事责任量的根据，对于深化刑事责任根据理论具有重要的理论意义。

在罪责刑的关系中，责以罪为基础，刑以责为前提；如果没有对刑事责任量的根据的全面把握，就不会有罪责刑均衡和量刑适当。目前，我国法院正在进行量刑规范化改革和实施案例指导制度，最高人民法院已发布了《关于常见犯罪的量刑指导意见》和《关于案例指导工作的规定》，这实质上是要通过量刑规则的细化和刑事案例指导来实现罪责刑均衡，而要使量刑规则细化合理和刑事案例指导功能全面发挥，就要全面把握刑事责任量的根据。因此，全面系统地研究刑事责任量的根据对于我国量刑规范化改革和刑事案例指导制度的有效实施，具有重要的实践意义。

二、刑事责任量的根据的研究现状

学界对于刑事责任量的根据的探讨起步于 20 世纪 80 年代。当时学界对于刑事责任根据的研究比较重视，发表了不少论文。不少学者在研究刑事责任根据时，虽然侧重研究的是刑事责任质的根据，但也注意到了刑事责任量的根据问题，并提出了不同的观点。到 20 世纪 90 年代中期以后，尽管学界对刑事责任根据的研究已经降温，但仍有学者在继续关注，并就刑事责任量的根据提出新的见解。然而，非常遗憾的是，学界对于刑事责任量的根据的探讨虽已历经 30 余年，但到目前为止还很少有公开发表的论文来专门研究刑事责任量的根据问题，更不用说有以之为研究对象的专著出版。归结起来，学界对于刑事责任量的根据研究存在以下不足：一是观念上不够重视。学界对刑事责任量的根据的探讨，一般只是在讨论刑事责任质的根据时顺便论及，使之处于刑事责任质的根据研究的附带地位，缺乏独立性。二是内容上不系统、不深入。学界对刑事责任量的根据只是从客观和主观两个方面来讨论。客观方面主要关注的是犯罪行为及其社会危害性，主观方面主要关注的是犯罪人的主观恶性或人身危险性，缺乏对刑事责任量的根据进行系统深入的分层分类研究。三是研究方法单一。学界对刑事责任量的根据的研究一般采用的是思辨方法，缺乏对其进行历史的、比较的、实证的研究。正是基于这种研究现状与研究意义的差距，笔者尝试运用刑法学、刑事诉讼法学、哲学等学科知识，对刑事责任量的根据进行全面系统的分层分类研究，提出自己的一孔之见，以期能够起到抛砖引玉的作用。

三、本书的基本思路与主要内容

本书的基本思路为：首先在概述刑事责任、刑事责任量、刑事责任量的根据等概念的基础上，对刑事责任量的根据进行历史考察，总结刑事责任量的根据的历史演变规律；其次对刑事责任量的根据的学界观点进行全面梳理，提出关于刑事责任量的根据的层次结构的基本观点；再次对刑事责任量的不同层次、不同类别的根据按照从立法根据到司法根据，从哲学根据、实质根据、刑事政策根据到法律根据、事实根据的顺序进行专题研究；最后探讨这些刑事责任量的根据的司法适用问题，提出解决问题的建议。具体内容分为如下七章：

第一章为铺垫性、总括性内容，即研究刑事责任量的根据的确定问题。本章在概述刑事责任、刑事责任量、刑事责任量的根据等概念的基础上，对我国刑法学界关于"刑事责任量的根据是什么"问题的观点进行全面梳理和评析，提出"刑事责任量的根据具有层次结构，应当进行分层分类研究"的观点，认为刑事责任量的根据应当区分为立法根据和司法根据；刑事责任量的立法根据又可以区分为哲学根据、实质根据和刑事政策根据三个层次；刑事责任量的司法根据应包括实质根据、刑事政策根据、法律根据和事实根据四个层次。这为后面逐一进行的刑事责任量的根据及其司法适用的专题研究奠定基础。

第二章专题研究刑事责任量的哲学根据。关于"刑事责任量的哲学根据是什么"的问题，学界还没有展开研究。本章在概述西方刑事古典学派和近代学派对刑事责任哲学根据的不同认识以及我国学界对刑事责任哲学根据的基本认识的基础上，提出"刑事责任量的哲学根据是意志自由程度"的观点，并加以阐述。

第三章专题研究刑事责任量的实质根据。无论是刑事责任量的立法确定，还是刑事责任量的司法裁量，都有其实质根据，并且二者的实质根据均是犯罪的社会危害性程度和犯罪人的人身危险性大小的统一。本章首先研究犯罪的社会危害性程度是刑事责任量的实质根据，本部分在界定社会危害性、犯罪的社会危害性、犯罪的社会危害性程度的基础上，论证犯罪的社会危害性程度是刑事责任量的实质根据，并对犯罪的社会危害性程度的评价因素进行阐述。其次研究犯罪人的人身危险性大小是刑事责任量的实质根据，本部分在概述人身危险性概念、人身危险性与主观恶性关系的基础上，论证人身危险性大小是刑事责任量的实质根据，并对人身危险性大小的评估方法和依据进行阐述。最后分析上述两种实质根据之间的关系及其在刑事责任量的确定中的地位。

第四章专题研究刑事责任量的刑事政策根据。一定时期的刑事政策特别是基本刑事政策，无论是对刑事责任量的立法确定还是对刑事责任量的司法裁量均具有指导作用。本章在概述刑事政策的概念、论证刑事政策应当作为刑事责任量的根据以及刑事责任量的刑事政策根据的类型的基础上，具体研究基本刑事政策和具体刑事政策在刑事责任量的立法确定和司法裁量中的运用。

第五章专题研究刑事责任量的法律根据。刑事责任量的法律根据是司法机关裁定刑事责任量的实体法律依据。本章在将刑事责任量分为基本量、增量、减量和变量的基础上，对这四种刑事责任量的法律根据进行分别研究，其中对作为刑事责任增量根据之"情节严重"、"情节特别严重"、"数额巨大"、"数额特别巨大"、"后果严重"、"后果特别严重"的解释规则进行重点研究。本章还对我国刑事责任量的法律根据与俄罗斯、法国等国家刑事责任量的法律根据进行比较研究，分析我国刑事责任量的法律根据在立法上的缺陷，提出立法完善的建议。

第六章专题研究刑事责任量的事实根据。司法机关确定犯罪人的刑事责任量的大小，必须有其事实根据。本章在概述刑事责任量的事实根据的特征和分类的基础上，对刑事责任基本量、刑事责任增量、刑事责任减量和刑事责任变量的事实根据进行分别研究，不但研究这四种刑事责任量的事实根据的内容，而且还研究其在刑事诉讼上的证明方法。

第七章研究刑事责任量的根据的司法适用。本章从最高人民法院发布的《关于常见犯罪的量刑指导意见》和刑事指导案例的角度研究刑事责任量的根据的司法适用问题，具体研究刑事责任量的根据在量刑起点、基准刑和宣告刑确定中的适用，研究刑事责任量的根据在法院刑事指导案例中的适用特点和存在的问题，提出解决问题的建议。

目　录

第一章　刑事责任量的根据的确定

刑事责任量的根据是什么？它有什么样的层次结构？这是深入研究刑事责任量的根据必须首先回答的问题。本章在对刑事责任量的根据进行历史考察、全面综述我国学界观点的基础上，提出笔者的看法。

第一节　刑事责任、刑事责任量及其根据的概念

概念是反映事物本质属性的思维形式，是研究问题的逻辑起点。要全面系统地研究刑事责任量的根据问题，首先必须对刑事责任、刑事责任量、刑事责任量的根据等基本概念作出合理的界定。

一、刑事责任的概念

刑事责任概念并非我国刑法所独有，英、美、法、德、俄等国家的刑法中均有刑事责任概念。但是，这些国家的刑事责任概念，有的与我国的刑事责任概念有相同之处，有的却并不相同，因此，在研究刑事责任量的根据时要注意区分和使用。

（一）国外刑法中的刑事责任概念

1. 英美刑法中的刑事责任概念

英美刑法中存在刑事责任的概念。英美国家的刑法学者对刑事责任也有较为广泛的研究，但对刑事责任概念下定义的并不多见。根据《牛津法律大词典》的解释，刑事责任是指"因触犯刑法而

1

应受刑事处罚或处理的责任。刑事责任取决于犯人的供认或法院或陪审团认定有罪，即该人的行为属于明显的犯罪，并且具有一个故意或者过失等构成犯罪的要素。刑事责任一旦为某人承担，该责任的范围则取决于各种不同的因素"。① "刑事责任具有四个要件：第一，必须证实行为人具有适格法律地位；第二，必须证实行为人实施的行为；第三，必须证实行为与行为人是行动者之间有恰当的联系；第四，必须证实行为表现出了该当刑事责任污名的人格。"② "在英美刑法学中，刑事责任是犯罪构成要件的同义语。"③ 英美刑法中犯罪的成立需要具备犯罪的本体要件和责任充足要件。犯罪的本体要件是行为构成犯罪必须具备的主观要件和客观要件；犯罪的责任充足要件是行为符合犯罪的本体要件后，还应当没有合法的辩护事由的存在。合法辩护事由分为正当辩护事由和宽恕事由两类，这是免除或减轻刑事责任的根据。可见，英美刑法中的刑事责任既与定罪有关，又与量刑有关。

2. 法国刑法中的刑事责任概念

法国刑法典中多处使用了刑事责任的概念，主要集中在标题为"刑事责任"的《法国新刑法典》总则第二编。④ 该编在"一般规定"和"不负刑事责任或减轻刑事责任之原因"两章中大量使用了刑事责任的术语。比如，第 121 - 1 条规定："任何人仅对其本人的行为负刑事责任。"第 121 - 2 条规定："除国家之外，法人依第 121 - 4 条至第 121 - 7 条所定之区分，且在法律或条例有规定的情况下，对其机关或代表为其利益实行的犯罪负刑事责任。" "但是，

---

① ［英］戴维·M. 沃克编：《牛津法律大词典》（中文本），光明日报出版社 1988 年版，第 228 页。

② ［英］维克托·塔德洛斯：《刑事责任论》，谭金译，中国人民大学出版社 2009 年版，第 107 页。

③ 李居全：《刑事责任比较研究》，载《法学评论》2000 年第 2 期，第 47 页。

④ 下列条文均来自罗结珍译的《法国新刑法典》，中国法制出版社 2003 年版。

地方行政部门及它们的联合组织仅对在从事可以订立公共事业委托协议的活动中实施的犯罪行为负刑事责任。""法人负刑事责任不排除作为同一犯罪行为之正犯或共犯的自然人的刑事责任，第121-3条第4款之规定保留之。"第122-1条规定："行为发生之时患有精神紊乱或神经精神紊乱，完全不能辨认或控制自己行为的人，不负刑事责任。"第122-2条规定："在其不可抗拒的力量或者不可抗拒的强制下实施行为的人，不负刑事责任。"第122-3条规定："证明自己系由于其无力避免地对法律的某种误解，本以为可以合法完成其行为的人，不负刑事责任。"第122-4条规定："完成立法或条例规定或允许之行为的人，不负刑事责任。完成合法当局指挥之行为的人，不负刑事责任，但此种行为明显非法者，不在此限。"

　　尽管法国刑法中多处使用了刑事责任概念，法国学者在研究法国刑法时也经常使用刑事责任概念，但却很难见到对刑事责任概念的明确解释。从《法国新刑法典》的上述规定和卡斯东·斯特法尼等学者在《法国刑法总论精义》著作中对刑事责任的阐述来看，法国刑法中的刑事责任概念与我国刑法中有关刑事责任年龄、辨认控制能力、正当防卫、紧急避险等规定中出现的刑事责任概念基本相同，有刑事法律后果之意。行为人负刑事责任就是行为人对自己的犯罪行为承担刑事法律后果；行为人不负刑事责任就是行为人对自己的行为不承担刑事法律后果。首先，可以从刑事责任在《法国新刑法典》体系中的位置来看。《法国新刑法典》总则共分为三编，第一编为"刑法"、第二编为"刑事责任"、第三编为"刑罚"。其中第一编主要是对刑事犯罪的分类、罪刑法定原则、刑法的时间效力和空间效力的规定；第二编是对负刑事责任、不负刑事责任和减轻刑事责任及其原因的规定；第三编是对刑罚的性质、刑罚制度和刑罚的消灭等的规定。在这三编中，刑事责任处于犯罪与刑罚的中间位置，因而这种排列顺序反映出：刑事责任是犯罪的法律后果，刑罚又是负刑事责任的方式。其次，可以从卡斯东·斯特法尼等学者在《法国刑法总论精义》著作中对"责任"的解释来看。他们认为，"所谓'责任'，通常是指行为人有对其行为承担后果的义务，更具体地说，所谓'责任'是指，行为人按照刑法的规定，对其违法行为承担后果的义务，并且在行为人被判处刑罚的情况下，有义务执行对其犯罪所确定的刑事制裁。所以，刑事责任并不是犯罪的构成要件，而是犯罪的效果及其在法律上的后果"。① 显然，法国刑法中的刑事责任不影响犯罪构成，只影响刑罚配置；司法上不影响定罪，只影响量刑。这与英美国家的刑事责任是不同的。

3. 俄罗斯联邦刑法中的刑事责任概念

刑事责任是俄罗斯联邦刑法中的重要概念。《俄罗斯联邦刑法典》总则有 52 处使用了刑事责任概念，② 其第四章、第十一章、第十四章的标题上均有刑事责任概念，凸显了刑事责任在刑法中的重要地位。但是，刑法中没有一个条文对刑事责任的概念进行界定。正由于此，在俄罗斯联邦刑法理论中，关于刑事责任概念存在争议。一种观点认为，刑事责任是犯罪人实施危害社会行为所应承担的责任。犯罪行为完成之时行为人在国家面前便产生了这种责任。③ 另一种观点认为，刑事责任是生效法院判决中阐述的给被告人带来不利后果的判决。正是从以国家名义对犯罪人作出判决时起产生刑事责任，该刑事责任与被告人被判有罪并承担消极的法律后果有关。④ 还有一种观点认为，刑事责任是指在生效的有罪判决中，法院对实施危害社会行为的人所判处的、给行为人带来不利后果（表现为刑罚或刑罚性质的其他制裁措施和前科）的判决。刑

---

① ［法］卡斯东·斯特法尼等：《法国刑法总论精义》，罗结珍译，中国政法大学出版社 1998 年版，第 336 页。
② 下列条文来自黄道秀译的《俄罗斯联邦刑法典》，中国法制出版社 2004 年版。
③ ［俄］JI. B. 伊诺加莫娃—海格主编：《俄罗斯联邦刑法（总论）》（第二版），黄方等译，中国人民大学出版社 2010 年版，第 39 页。
④ ［俄］JI. B. 伊诺加莫娃—海格主编：《俄罗斯联邦刑法（总论）》（第二版），黄方等译，中国人民大学出版社 2010 年版，第 40 页。

事责任于有罪判决生效之日开始，因前科的消灭或撤销而终结。①笔者认为，后两种观点没有本质的不同，只是表达形式不同而已。前一种观点和后两种观点的不同之处在于：第一，前一种观点认为刑事责任产生于犯罪完成之时，后两种观点认为刑事责任产生于法院对被告人作出生效有罪判决之时；第二，前一种观点将刑事责任界定为一种犯罪后的责任，后两种观点将刑事责任界定为法院作出的生效有罪判决。尽管有如此的不同，但三种观点在责任的内容上基本上是一致的，即被告人所承担的不利后果。

　　虽然俄罗斯联邦刑法使用刑事责任的概念很广泛，但是，通过对俄罗斯联邦刑法涉及刑事责任条文的分析，可以发现，俄罗斯联邦刑法基本上在以下两种语境下使用刑事责任概念：一是指犯罪、刑事责任及其实现方式的整体之意。例如，第 1 条规定："俄罗斯联邦的刑事立法由本法典构成。规定刑事责任的新法律，应列入本法典。"第 2 条第 2 款规定："为了实现这些任务，本法典规定刑事责任的根据和原则，规定哪些危害个人、社会或国家的行为是犯罪，并规定处罚犯罪的刑罚种类和其他刑法性质的措施。"第 5 条规定："只有实施危害社会的行为（不作为），并确定因其罪过而发生危害社会后果的人，才应承担刑事责任。"二是指犯罪之后的刑事法律后果。例如，第 8 条规定："刑事责任的根据是实施含有本法典所规定的全部犯罪构成要件的行为。"第 19 条规定："只有达到本法典规定的刑事责任年龄并具有刑事责任能力的自然人才得承担刑事责任。"第 20 条规定："在实施犯罪前年满 16 岁的人应该承担刑事责任"；"在实施下列犯罪前年满 14 岁的人应该承担刑事责任：杀人、故意严重损害他人健康——"；"如果未成年人达到本条第 1 款或第 2 款规定的年龄，但由于与精神病无关的心理发育滞后而在实施危害社会行为时不能完全意识到自己行为（不作为）的实际性质和社会危害性或者不

---

① ［俄］Л. В. 伊诺加莫娃—海格主编：《俄罗斯联邦刑法（总论）》（第二版），黄方等译，中国人民大学出版社 2010 年版，第 40 页。

能完全控制自己的行为,则不应承担刑事责任"。第75条规定:"初次实施轻罪和中等严重犯罪的人,如果在犯罪之后主动自首,协助揭露犯罪,赔偿所造成的损失或以其他方式弥补犯罪所造成的损害,从而因积极悔过而不再具有社会危害性,则可以被免除刑事责任。""实施其他种类犯罪的人,在具备本条第1款所规定的条件时,只有在本法典分则相应条款有专门规定的情况下,才得被免除刑事责任。"比较而言,刑事责任的第二种意义在俄罗斯联邦刑法中使用得更为普遍。而且,无论是哪种意义上的刑事责任,刑事责任均不是犯罪成立的条件,也不等同于刑罚,而是与犯罪、刑罚相区别的独立范畴。

(二) 我国刑法中的刑事责任概念

刑事责任是刑法的基本范畴,也是我国刑法明文规定的概念。我国《刑法》不仅在总则第二章第一节以"犯罪和刑事责任"作为标题凸显"刑事责任"的地位,而且在整个刑法典中有15个条文、25处使用了"刑事责任"这一概念。总的来看,我国《刑法》共在三种语境下使用"刑事责任"一词:一是既包含犯罪又包含犯罪的法律后果的刑事责任概念。例如,《刑法》第20条对正当防卫的规定、第21条对紧急避险的规定均含有"不负刑事责任"的概念。这里的"不负刑事责任"含有不定罪处罚之意。又如,《刑法》第402条规定:"行政执法人员徇私舞弊,对依法应当移交司法机关追究刑事责任的不移交,情节严重的,处三年以下有期徒刑或者拘役;造成严重后果的,处三年以上七年以下有期徒刑。"此处的"刑事责任"包括定罪和处罚两个方面。二是不包含犯罪仅指犯罪的法律后果的刑事责任概念。例如,"故意犯罪,应当负刑事责任";"过失犯罪,法律有规定的才负刑事责任";"已满16周岁的人犯罪,应当负刑事责任";等等。此处的"负刑事责任"意指在认定行为人的行为构成犯罪的基础上,行为人应承担刑法上规定的不利法律后果。三是作为动态过程使用的刑事责任,即"追究刑事责任",意指查证犯罪和进行定罪处罚的活动。

例如，《刑法》第10条规定："凡在中华人民共和国领域外犯罪，依照本法应当负刑事责任的，虽然经过外国审判，仍然可以依照本法追究，但是在外国已经受过刑罚处罚的，可以免除或者减轻处罚。"又如，《刑法》第12条规定："中华人民共和国成立以后本法施行以前的行为，如果当时的法律不认为是犯罪的，适用当时的法律；如果当时的法律认为是犯罪的，依照本法总则第四章第八节的规定应当追诉的，按照当时的法律追究刑事责任，但是如果本法不认为是犯罪或者处刑较轻的，适用本法。"

与法国、俄罗斯联邦刑法中的刑事责任概念比较来看，我国刑法中的刑事责任与这两个国家刑法中的刑事责任有相同之处：一是刑事责任不是犯罪成立的条件；二是"刑事责任"概念大多具有犯罪之后的刑事法律后果之意。这种法律后果不单是刑罚也包括其他刑事制裁措施。"刑事责任"作为独立的概念具有连接犯罪与刑罚的桥梁作用。正因为如此，我国刑法中刑事责任量的根据与这两个国家刑法中刑事责任量的根据也就具有可比性，具有比较研究的空间。

（三）我国学界对刑事责任概念的认识

"责任"是刑事责任的中心词。《现代汉语词典》将"责任"理解为两种含义：一是"分内应做的事"，如尽责任；二是"没有做好分内应做的事，因而应当承担的过失"，如追究责任。① 由于词典对同一概念的解释不同，加上刑法对刑事责任规定的多样性，因此，对于到底什么是刑事责任？如何对其进行界定？我国刑法学界产生了法律责任说、刑事义务说、法律后果说、否定评价（谴责、责难）说、刑事负担说等多种观点。法律责任说认为，刑事责任是指犯罪人因犯罪行为而应承担的法律责任，是法律责任之一种。比如，有的学者认为，"刑事责任是犯罪人应承担刑事法律规

_____

① 《现代汉语词典》（修订本），商务印书馆1997年版，第1574页。

定的责任。"① 刑事义务说认为，刑事责任是犯罪人因犯罪行为而必须承担的一种刑事义务。比如，有的学者认为，"刑事责任是犯罪分子根据法律规定，因其犯罪行为向国家承担实体性刑事义务的总和"。② "刑事责任，就是指犯罪分子因其行为负有的承受国家依法给予的刑事处罚的义务。"③ 法律后果说认为，刑事责任是犯罪人因实施犯罪行为所引起的法律后果。比如，有的学者认为，"刑事责任是犯罪主体因给社会造成严重危害，而必须承受的由法院依法确定的一种否定性法律后果"。④ 否定评价（谴责、责难）说认为，刑事责任是指国家对犯罪人及其犯罪行为的否定评价或谴责。比如，有的学者认为，"所谓刑事责任，是指实施犯罪行为的人应当承担的人民法院依照刑事法律对其犯罪行为及其本人所作的否定性评价和谴责"。⑤ 刑事负担说认为，"刑事责任是刑事法律规定的，因实施犯罪行为而产生的，由司法机关强制犯罪者承受的刑事惩罚或单纯否定性法律评价的负担"。⑥

上述各种观点虽然对刑事责任概念界定的表达不同，但有一点是相同的，那就是我国刑法学中的刑事责任概念基本上都属于"结果说"，即都认为刑事责任是以犯罪为前提，是由犯罪所引起的一种结果。只是在具体的定义上，结果表现为谴责、惩罚、否定评价或刑事义务等不同的说法。刑事责任的结果性表明了行为人因

---

① 周其华：《刑事责任若干问题研究》，载《政法丛刊》1988年第1期。

② 赵廷光：《中国刑法原理（总论卷）》，武汉大学出版社1992年版，第340页。

③ 张京婴：《也论刑事责任》，载《法学研究》1987年第2期。

④ 刘德法：《浅论刑事责任的概念》，载《法制日报》1988年6月6日。

⑤ 曲新久：《刑法的精神与范畴》，中国政法大学出版社2003年版，第254页。

⑥ 高铭暄、马克昌主编：《刑法学》（第四版），北京大学出版社、高等教育出版社2010年版，第217页。

犯罪行为应该承担的义务，其具体内容无论是什么，都显示了一种否定性的评价以及行为人接受国家否定性评价的义务性。因此，我国刑法上的刑事责任具有明显的义务色彩和结果意味。换言之，刑事责任对于犯罪本身的成立是不具有意义的，刑事责任的意义更多体现在犯罪成立之后对犯罪人的处遇上，因此刑事责任只具有量刑的意义，这一点在我国刑事责任的实现方式及其理论中体现得尤为明显。[①]

（四）本书所指的刑事责任概念及其内涵

虽然刑法中的刑事责任在不同的语境中具有不同的意蕴，刑法学界对之也有不同的解释，但是本书所指的刑事责任是罪责刑关系中的刑事责任，是作为犯罪的法律后果和量刑前提的刑事责任。因此，从刑事责任作为犯罪的法律后果和量刑的前提角度来看，本书中的刑事责任概念是从两个方面理解的：从行为人方面来说，刑事责任就是行为人对违反刑事法律义务的行为即犯罪行为所引起的刑事法律后果，其实现方式包括刑罚处罚、非刑罚处罚和单纯宣告有罪三种；从国家方面来说，刑事责任就是国家对行为人实施的犯罪行为所进行的否定评价和对实施犯罪行为的人进行谴责的法律责任。

（五）我国刑法中的刑事责任不同于德日刑法理论中的责任或有责性

日本刑法中没有"刑事责任"概念，德国刑法中也很少使用刑事责任概念。正因为这样，德日刑法理论中也很少使用刑事责任概念，日本学者使用的多是责任概念，德国学者使用的多是有责性概念。但是，无论是责任还是有责性，均不同于我国刑法中的刑事责任。日本学者认为，"责任是指能够就犯罪行为对其行为人进行

---

① 参见高永明、万国海：《刑事责任概念的清理与厘清》，载《中国刑事法杂志》2009 年第 3 期，第 35 页。

非难"。① 它是犯罪成立的第三个要件。也就是说，为了成立犯罪，除了构成要件符合性、违法性之外，还需要行为人存在责任。而责任的要素包括责任能力、故意和过失、违法性意识或违法性意识的可能性和期待可能性。在德国刑法理论中，有责性是指非难可能性，而要对行为人进行非难，行为人主观上必须具有过错，因此，故意或过失、责任能力和期待可能性成为有责性的重要内容和判断依据。显然，德日刑法理论中的责任或有责性与我国刑法中的刑事责任有明显的区别。其区别主要表现在两个方面：首先，德日刑法理论中的责任或有责性是犯罪成立的条件而不是犯罪成立后的结果，或者说，责任体现的是定罪意义，而与量刑没有关系；而我国刑法中的刑事责任不是犯罪成立的条件，却是犯罪成立后的结果，或者说，我国的刑事责任不具有定罪意义，只具有量刑意义。其次，在德日刑法理论中，作为责任要素的期待可能性是重要的责任排除事由，体现了对被告人的人权保障，因此责任并不是惩罚或义务，它甚至给予被告人一定的谅解和同情；而我国刑法上的刑事责任实际上就意味着承担刑事义务，具有强烈的义务性色彩。

不过，值得注意的是，《德国刑法典》第 46 条关于量刑的基本原则有如此规定："行为人的罪责是量刑的基础"；"法院在量刑时，应权衡对行为人有利和不利的情况，特别应注意下列事项：行为人的行为动机和目的；行为所表现的思想和行为时的意图；违反义务的程度；行为的方式和行为结果；行为人的履历、人身和经济情况，及行为后的态度，尤其是行为人为了补救损害所作的努力。"② 此处的"罪责"不是犯罪成立条件意义上的责任，而是指刑事责任，这与我国刑法中的刑事责任概念的含义基本相同。

① 大塚仁：《刑法概说（总论）》（第三版），冯军译，中国人民大学出版社 2003 年版，第 372 页。
② 《德国刑法典》（2002 年修订），徐久生、庄敬华译，中国方正出版社 2004 年版，第 17 页。

二、刑事责任量的概念

(一) 刑事责任量概念的提出

质与量是事物两种不同的规定性，任何事物都是质与量的统一。据笔者了解，最先将刑事责任概念区分为质与量两个方面的学者是王晨博士。他在《刑事责任根据论纲》一文中认为："刑事责任的根据是质与量的统一。""决定刑事责任质的根据是行为的严重社会危害性，决定刑事责任量的根据则是行为的严重社会危害性和行为人的人身危险性的统一。"① 在这里，他提出了"刑事责任量"的概念。后来，张明楷教授在 1997 年版的《刑法学》专著中认同了王晨博士的观点。他在书中写道："刑事责任是质与量的统一，刑事责任的根据也存在质的根据与量的根据问题。"② 此后，将刑事责任区分为质与量两个方面来研究刑事责任根据问题的学者越来越多，"刑事责任量"的概念得到了学界的广泛认同。

(二) 刑事责任量的含义

既然作为犯罪之后的结果和刑罚适用前提的刑事责任是质与量的统一，那么，什么是刑事责任质？什么是刑事责任量？对此，我国有不少刑法学者认为，刑事责任质是指刑事责任的内在规定性，刑事责任质的问题是刑事责任存在与否的问题；刑事责任量是指刑事责任的轻重程度，刑事责任量的问题是刑事责任大小的问题。例如，王晨博士在《刑事责任根据论纲》一文中认为，刑事责任既存在有无的问题，也存在大小的问题。刑事责任有无的问题就是刑

---

① 王晨：《刑事责任根据论纲》，载《当代法学》1992 年第 2 期，第 46 页。

② 张明楷：《刑法学》（上），法律出版社 1997 年版，第 379 页。

事责任质的问题，刑事责任程度大小的问题就是刑事责任量的问题。① 赵秉志教授在《刑事责任基本理论问题研讨》一文中认为，"确定刑事责任第一要解决其质的问题，即刑事责任是否存在问题；第二要解决其量的问题，即刑事责任程度的大小问题"。② 因此，按照学界通常的理解，刑事责任量是指刑事责任的大小或轻重程度。

（三）刑事责任量的分类

立法上，不同性质的犯罪有不同的刑事责任量，同样性质不同程度的犯罪也有不同的刑事责任量，这是罪责均衡原则在立法上的要求；司法上，不同性质、不同程度的犯罪也应有不同的刑事责任量，这是罪责均衡原则在司法上的要求。无论从立法对刑事责任量的确定角度看，还是从司法对刑事责任量的裁定角度看，刑事责任量均可以分为刑事责任基本量、刑事责任增量、刑事责任减量和刑事责任变量四种。刑事责任基本量是指行为构成犯罪时的刑事责任量，或者说达到追究刑事责任程度时的刑事责任量，它反映在基本罪的法定刑上。刑事责任增量是指行为在构成犯罪的基础上，因存在加重的犯罪构成而使刑事责任量在基本量上增加，它反映在加重构成的法定刑上。刑事责任减量是指行为在构成犯罪的基础上，因存在减轻的犯罪构成而使刑事责任量在基本量上减少，它反映在减轻构成的法定刑上。刑事责任变量是指因存在某些体现犯罪的社会危害性程度或犯罪人人身危险性大小的情节而使刑事责任基本量、增量或者减量发生增减变化。

---

① 参见王晨：《刑事责任根据论纲》，载《当代法学》1992 年第 2 期，第 46 页。

② 赵秉志：《刑事责任基本理论问题研讨》，载《中央政法管理干部学院学报》1995 年第 1 期，第 4—5 页。

（四）刑事责任量与罪量、刑罚量的关系

任何犯罪都是由罪质和罪量构成的。罪质是指犯罪的本质。罪量是指犯罪轻重的数量表现，也即犯罪的严重性程度的综合评价。[①] 罪量可以区分为立法上的罪量和司法上的罪量。立法上的罪量是指刑法分则规定的抽象个罪的罪行轻重；司法上的罪量是指具体个案中行为人所犯罪行的轻重。按照罪责刑相适应原则的要求，立法上，抽象个罪的刑事责任量的大小取决于其罪行轻重，即罪行越重，刑事责任量就越大，刑事责任量与罪量呈正向关系。但是在司法上，某个案件中刑事责任量的大小不完全取决于罪行轻重，还要根据罪前、罪中和罪后情节考虑该案犯罪人的人身危险性大小，即罪行轻不一定刑事责任量就小，刑事责任量与罪量不具有正向关系。显然，刑事责任量与罪量不能等同。

刑罚量是指刑罚轻重的数量表现，具体表现为刑种的轻重和刑期的长短。刑罚量也可以区分为立法上的刑罚量和司法上的刑罚量。立法上的刑罚量是指刑法分则对抽象个罪规定的法定刑种及其幅度，表现为个罪法定刑的配置情况；司法上的刑罚量是指法官根据个案犯罪事实、情节和刑法规定，对案中具体犯罪所判处的刑罚轻重。按照罪责刑相适应原则的要求，无论是立法上还是司法上，刑罚量的大小均取决于刑事责任量的大小，即责重刑重，责轻刑轻。[②] 正因为如此，刑事责任量的大小也可以通过刑罚量表现出来，或者说，从刑罚量的大小可以看出刑事责任量的大小。但是，值得提出的是，司法上有刑事责任量，不一定有刑罚量，因为如果犯罪人的刑事责任量很小，可以根据刑法规定不适用刑罚而采用非刑罚处罚方法来处罚犯罪人时，就不存在刑罚量的问题。因此，刑

---

① 白建军：《犯罪轻重的量化分析》，载《中国社会科学》2003年第6期，第123页。

② 参见高铭暄主编：《刑法学原理》（第一卷），中国人民大学出版社1993年版，第419页。

事责任量与刑罚量并非总是同等的，刑事责任量等于刑罚量的观点
是错误的。

三、刑事责任量的根据的概念

在刑事责任的所有问题中，刑事责任根据问题是核心问题。在
明确刑事责任量的根据的概念之前，首先有必要对"根据"、"刑
事责任的根据"进行理解。

在现实生活中，"根据"一词使用很广泛，在不同的语言环境
中具有不同的意义。按照《辞海》的解释，根据是"事物赖以存
在和发展、变化的决定因素"。① 而《现代汉语词典》认为根据有
两种意思：一是把某种事物作为结论的前提或语言行动的基础，如
根据气象台的预报，明天要下雨；二是作为根据的事物，如说话要
有根据。② 在哲学上，"根据"与"条件"是两个对应的范畴。根
据是事物赖以存在、发展和变化的决定因素；而条件是与某一事物
相联系的，对它的存在和发展发生作用的诸要素的总和。

刑事责任应当是一种客观存在，而不可能是一种主观抽象。它
必定是从另一客观存在发展、转化而来。同时，刑事责任作为一种
法律责任，必定由一定因素引起，需要依据一定的因素来评判。因
此，本书认为，刑事责任的根据是引起刑事责任产生和发展变化、
评判刑事责任质与量的各种因素。刑事责任的根据旨在说明"犯
罪应负刑事责任和负多大刑事责任"的依据或理由，从而揭示刑
事责任存在的必然性和合理性。

由于犯罪人存在承担刑事责任的问题，国家存在追究犯罪人刑
事责任的问题，因此刑事责任的根据可以从犯罪人与国家两个方面
来理解。从犯罪人方面说，刑事责任的根据是指犯罪人承担刑事责
任的根据，它回答的是犯罪人基于何种理由承担刑事责任的问题；
从国家方面说，刑事责任的根据是指国家追究犯罪人刑事责任的根

---

① 《辞海》（缩印本），上海辞书出版社 1980 年版，第 1303 页。

② 《现代汉语词典》，商务印书馆 1996 年版，第 428 页。

据，它回答的是国家基于何种理由追究犯罪人的刑事责任问题。[①]二者属于一个问题的两个方面，具有紧密的联系。

　　既然刑事责任是质与量的统一，那么刑事责任的根据也存在质的根据和量的根据问题。"所谓质的根据，是回答行为人应否负刑事责任的问题；所谓量的根据，是回答行为人负多大刑事责任的问题。"[②]即是说，刑事责任质的根据是指决定刑事责任有无或存在的根据；刑事责任量的根据是指决定刑事责任大小或轻重程度的根据。这两种根据既有联系又有区别。[③]后者是建立在前者的基础之上的，因为只有解决了是否应当承担刑事责任的问题，才能进一步考虑承担多大刑事责任的问题。由此也可以看出，"刑事责任的根据具有层次性"。[④]

第二节　刑事责任量的根据的历史考察

　　研究任何问题，"最可靠、最必需、最重要的就是不要忘记基本的历史联系"。因为，"考察每个问题都要看某种现象在历史上怎样产生，在发展中经过了哪些主要阶段，并根据它的这种发展去考察这一事物现在是怎样的。"[⑤]"刑事责任"虽然是近代思想家提出的[⑥]并逐渐被一些国家刑法所确认的概念，但是，作为一种客观存在的事物，刑事责任古已有之，它是一个历史范畴。自古以来，有刑事责任，就必有其轻重程度问题，从而也就存在刑事责任

---

① 参见张明楷：《刑法学》（第二版），法律出版社 2003 年版，第 385 页。

② 张明楷：《刑法学》（上），法律出版社 1997 年版，第 379 页。

③ 参见王晨：《刑事责任根据论纲》，载《当代法学》1992 年第 2 期，第 46 页。

④ 张明楷：《刑法学》（第二版），法律出版社 2003 年版，第 386 页。

⑤ 《列宁选集》（第四卷），第 43 页。

⑥ 刑法中"责任"的概念是近代启蒙思想家 S. 普芬多夫首次提出的，后经刑事古典学派的丰富和发展，逐步深化为"责任主义"思想。

量的根据问题。因此，要对刑事责任量的根据有一个全面、正确的认识，就有必要对刑事责任量的根据进行历史考察。

一、国外刑事责任量的根据之历史考察

（一）古代国外刑事责任量的根据

"国外"是指我国以外的其他国家和地区，是一个非常宽泛的概念。在漫长的奴隶社会、封建社会里，国外统治者为维护王权（君权）、族权或神权统治，运用刑法治理国家是十分普遍的。但是，由于时代久远，国外迄今流传下来为后人所知的刑法并不多，成文法典更不多见。这样一来，研究历史上国外刑事责任量的根据便存在诸多困难，因此，只能选择迄今流传下来的、有影响的成文法典作为分析样本。

在外国法制史上，古代西亚两河流域的《乌尔纳姆法典》、古巴比伦王国时期的《汉穆拉比法典》、中期亚述时期的《中期亚述法典》、古罗马共和国时期的《十二表法》都是迄今流传下来的、包含刑法规范的法典，可以作为古代刑事责任量的根据的分析样本。

1. 法典涉刑内容概要

（1）《乌尔纳姆法典》

《乌尔纳姆法典》是迄今所发现的人类历史上第一部成文法典。乌尔第三王朝创始人乌尔纳姆，为适应奴隶制的发展和奴隶主镇压奴隶反抗的需要，下令用苏美文写成了一部适用于乌尔全境的法典，这便是乌尔纳姆法典。这部法典包括序言和正文（传下来的只有 23 条）两大部分，主要涉及政治、宗教和法律等方面，现已发现的最早抄本大约是巴比伦时代的，但大部分已毁损，仅存几条残片。从破损较严重的法典残片看，法典的主要内容是对奴隶制度、婚姻、家庭、继承、刑罚等方面的规定。在保存下来的 20 多条内，涉及刑法的共有 7 条，分别如下：该法典第 4 条规定："如果某人之妻凭借其姿色，跟随另一男人，并与他有床第之欢，则该

女人应被处死，但该男人应获自由。"第 5 条规定："如果某男胁迫并强奸了他人之处女奴隶，则他应偿银五舍克勒。"第 15 条规定："如果某［人用他的——］砍断另一人一足，他应偿银十舍克勒。"第 16 条规定："如果某人在打斗过程中，用棍棒打断了他人之肢体，他应偿银一明那。"第 17 条规定："如果某人用铜刀割断了另一人之鼻，则他应偿银三分之二明那。"第 18 条规定："如果某人用［——］割断［另一人］的［——］，他应偿［银十舍克勒（？）］。"第 19 条规定："如果他用［——］［敲掉］他的［牙］，他应偿银二舍克勒。"①

（2）《汉谟拉比法典》

《汉谟拉比法典》是古巴比伦王国国王汉谟拉比颁布的法律，是古代两河流域及其邻近地区楔形文字中具有代表性的一部法典，也是世界上迄今为止完整保存下来的最早的一部法典。法典涉及当时社会生活的许多方面，如财产、婚姻、家庭、土地、房屋、商业、借贷、租赁等。该法典对侵犯人身罪、侵犯财产罪、妨害家庭罪等犯罪及其刑罚作出了规定。例如，该法典第 153 条规定：倘妻因其他男子而杀其夫，则应受刺刑。第 196 条、第 197 条、第 199 条规定：倘自由民损毁任何自由民之眼，则应毁其眼；倘折断自由民之骨，则应折其骨；假如自由民挖的是奴隶的眼珠或是将奴隶的骨头折断，他只需交出该奴隶买价的一半，而且也不直接交给该奴隶，而是交给该奴隶的主人。第 218 条、第 219 条规定：医生治死病人，或于割治眼中白障膜时误伤眼球，处割手刑；但医生如治死奴隶，则仅需对其主人赔偿一个奴隶。第 229 条至第 231 条规定：房屋建筑不够坚固因而倒塌以致压死房主时，建筑师处死刑；如压死房主之子时，建筑师之子处死刑；如被压死的是奴隶，建筑师只需以另一奴隶偿还其主人，作为财产上的损失赔偿。该法典还对偷

① 参见何勤华、夏菲主编：《西方刑法史》，北京大学出版社 2006 年版，第 34—35 页。

窃、非法买卖或接受偷窃货物等规定了轻重程度不等的惩罚方法。①

（3）《中期亚述法典》

公元前 30 世纪末至公元前 20 世纪初的早期亚述时期，是古亚述国家的形成时期。公元前 20 世纪后半期，在米坦尼王国打击下衰落下去的古亚述开始复兴，史称中期亚述时代。这一时期的社会发展史是以一部重要的法律文献为标志的，它就是《中期亚述法典》。该法典中的刑法要比《汉谟拉比法典》严厉得多，其涉及的犯罪有杀人罪、破坏田界罪、妨害家庭罪、侵犯财产罪、伤害罪等；其刑罚包括服劳役、杖责、割鼻子、割耳朵、割舌头、阉割、挖眼睛、刺杀、砍头、示众等。② 例如，该法典对伤害罪有如下规定：如果某女人在打架时打破了某人的睾丸，那么就应该割去她那个手指；如果医生把绑带扎在某人身上，发现第二个睾丸原来是和第一个同时受伤，而且已经肿胀，或是她在打架时打破了第二个睾丸，那么就应该割掉该女人的两个奶头（第 8 条）。如果某人打了别人的女儿并使其堕胎，有人以誓言揭发他并证明他有罪，那么他应交二他连特黑铅；应受五十杖责，并服王家劳役一整月（第 21 条）。③ 如果某人打了他人之妻而使其流产，则应依此人之所为以对待这个使别人妻流产的人之妻，他应当像抵偿生命一样来抵偿胎儿；如果此妇女死亡，则应杀那人，他应当抵偿胎儿生命；如果这一妇女的丈夫没有儿子，而他打了她，她流产，则应杀殴打者，抵偿她的胎儿。即使是女胎，他仍然应当抵偿其生命。④

① 参见何勤华、夏菲主编：《西方刑法史》，北京大学出版社 2006 年版，第 41—43 页。

② 转引自 ［美］威尔·杜兰：《东方的遗产》，东方出版社 2003 年版，第 194 页。

③ 参见何勤华、夏菲主编：《西方刑法史》，北京大学出版社 2006 年版，第 44—51 页。

④ 参见何勤华、夏菲主编：《西方刑法史》，北京大学出版社 2006 年版，第 61 页。

（4）《十二表法》

公元前 510 年到公元前 27 年，是古罗马的共和国时期。此时期议会制定的法律的地位开始上升。公元前 450 年颁布的《十二表法》就是议会制定法律的代表，被认为是"罗马共和国早期平民与贵族斗争过程中产生的罗马第一部成文法典"[①]。该法典"包括第一表，传唤；第二表，审判；第三表，求偿；第四表，家父权；第五表，继承及监护；第六表，所有权及占有；第七表，房屋及土地；第八表，私犯；第九表，公法；第十表，宗教法。第十一表为前五表之补充第十二表为后五表之补充"。[②] 该法典在第 8 表里规定了侮辱诽谤罪、毁损肢体罪、暴行罪、放火罪、盗窃罪等诸多罪名。例如，该法第 8 表第 2 条规定：毁伤他人身体而不能和解的，他人可以依照同态复仇而"毁伤其肢体"。第 3 条规定：折断自由人一根筋骨的，处 300 亚士[③]的罚金；折断奴隶筋骨的，处 150 亚士的罚金。第 9 条规定：在夜间盗取耕地的庄稼或放牧的，如为适婚人则处死；如为未适婚人，则由长官酌情鞭打，并处以赔偿双倍于损害的罚金。第 10 条规定：烧毁房屋或堆放在房屋附近的谷物堆的，如属故意，则捆绑而鞭打之，然后把他烧死；如为过失，则令其赔偿损失，如无力赔偿，则从轻处罚。第 14 条规定：现行盗窃被捕的，处笞刑后交被盗者处理；——如为未适婚人，由法官酌情处笞刑。第 24 条规定：杀人的，处死刑；过失致人死亡的，应以一只公羊祭神，以代替本人。[④]

（5）《萨利克法典》

欧洲封建社会形成的过程是伴随着西罗马帝国衰亡，日耳曼民

---

① 参见兰奇光：《重评〈十二表法〉》，载《湖南科技大学学报（社会科学版）》2004 年第 2 期，第 125 页。

② 参见于语和、董跃：《法经与十二铜表法之比较研究》，载《南开学报》2000 年第 4 期，第 91 页。

③ 古罗马的一种计量单位。

④ 何勤华、夏菲主编：《西方刑法史》，北京大学出版社 2006 年版，第 108—111 页。

族入侵，并在罗马帝国土崩瓦解基础上建立大大小小的蛮族王国的过程。同时也是欧洲封建社会法文化开启的时期。公元 5 世纪至 9 世纪，日耳曼"蛮族王国"制定了许多被称为"蛮族法典"的法律，包括法兰克人在公元 496 年的《萨利克法典》、北意大利伦巴第人的国王罗撒里在公元 643 年的《罗撒里敕令》等，它们共同构成中世纪法律的"日耳曼背景"，对西方法文化有重大影响。法兰克王国的《萨利克法典》是封建制初期影响很大的一部法典，其中有不少的刑事规范。例如，该法典对杀人罪作了如下详细的规定：任何人杀死一个自由法兰克人或遵守萨利克法律生活的蛮人，而经证明者，应罚付 8000 银币，折合 200 金币；如果有人杀死替国王服务的男人或同样的自由妇女，应罚付 24000 银币，折合 600 金币；如果有人杀死罗马人——国王的共桌人而被揭破，应罚付 12000 银币，折合 300 金币；如果有人杀死罗马人农夫而非国王的共桌人，应罚付 4000 银币，折合 100 金币；如果有人杀死负有纳税义务的罗马人，应罚付 63 金币；如果有人杀死伯爵，应罚付 24000 银币，折合 600 金币；如果有人杀死男爵或副百爵——国王的奴仆，应罚付 12000 银币，折合 300 金币。[1] 该法典还对抢夺自由人行为作出了处罚规定：如果有三个人劫走一个自由姑娘，他们各须罚付 30 金币；如果劫夺人数在三人以上，他们各须罚付 5 金币；对夺得者应科以 2500 银币的罚款，折合 63 金币；如果被劫走的姑娘是在国王保护之下，则以破坏"国王和平"论，应付 2500 银币，折合 63 金币；如果国王的奴隶或半自由人掠夺自由妇女，应处死刑。[2]

2. 刑事责任量的根据之归纳

从上述五部法典的刑法规定来看，国外古代刑事责任量的根据

---

① 参见由嵘等编：《外国法制史参考资料汇编》，北京大学出版社 2004 年版，第 157—158 页、第 160 页。

② See Katherine Fischer Drew, Law and Society in Early Medieval Europe - Studies in Legal History, Variorum Reprints, London, 1988, Ⅳ, p. 29.

主要有以下五个方面：

第一，犯罪性质。犯罪性质不同，刑事责任量不同。例如，《十二表法》第 8 表第 3 条和第 4 条分别规定了折断筋骨罪和暴行罪①，这是两种不同性质的犯罪。对折断筋骨罪，《十二表法》规定：折断自由人筋骨要处 300 亚士的罚金；折断奴隶筋骨要处 150 亚士的罚金。而对暴行罪，《十二表法》规定只处 25 亚士的罚金。显然，不同罪名的刑事责任量相差悬殊。

第二，犯罪人身份。不同身份的人实施相同性质的犯罪行为，刑事责任量不同。例如，在古罗马前期，所有的人分为自由人和奴隶。根据年龄大小，自由人又分为适婚人和未适婚人。其中男性在年满 14 岁后被视为适婚人，女性在年满 12 岁后被视为适婚人。而上述不同身份的人实施同样的盗窃行为，要承担不同的刑事责任。这在《十二表法》第 8 表第 14 条中有明确规定，即"现行盗窃被捕，如为自由人，处笞刑后交被窃者处理；如为奴隶，处笞刑后投塔尔泊奥岩（ Tarpeio）下摔死；如为未适婚人，由法官酌处笞刑"。

第三，被害人身份。被害人身份不同，刑事责任量不同。这在《汉谟拉比法典》、《十二表法》和《萨利克法典》中均有明显表现。例如，同样是自由民损毁眼睛、折断骨头的行为，《汉谟拉比法典》根据被害的是自由民还是奴隶作出了刑事责任程度不同的规定，即如果损毁的是自由民之眼，折断的是自由民之骨，则要实行同态复仇；但如挖的是奴隶的眼睛，折断的是奴隶的骨头，却只需赔付购买该奴隶的一半价钱。同样是医生治死病人的行为，《汉谟拉比法典》根据被害人是自由民还是奴隶也作出了刑事责任程度不同的规定，即如果治死的是自由民，要处割手刑，但如治死的是奴隶，只需赔偿主人一个奴隶。同样是折断筋骨的行为，《十二表法》根据伤害对象是自由民还是奴隶作出了不同的刑事责任规定：折断自由人一根筋骨的，处 300 亚士的罚金；折断奴隶筋骨

---

① 暴行罪是指毁伤肢体、折断筋骨之外的暴力伤害行为。

的，处 150 亚士的罚金。在这里，罚金量因被害人身份不同而不同。与《汉谟拉比法典》、《十二表法》相比，《萨利克法典》根据不同被害者身份作出的刑事责任量的规定更为详细。例如，同样是杀人行为，《萨利克法典》针对不同身份的杀害对象作出了刑事责任程度不同的规定：任何人杀死一个自由法兰克人或遵守萨利克法律生活的蛮人，应罚付 8000 银币，折合 200 金币；如果有人杀死替国王服务的男人或同样的自由妇女，应罚付 24000 银币，折合 600 金币；如果有人杀死罗马人——国王的共桌人而被揭破，应罚付 12000 银币，折合 300 金币；如果有人杀死罗马人农夫而非国王的共桌人，应罚付 4000 银币，折合 100 金币；如果有人杀死负有纳税义务的罗马人，应罚付 63 金币；如果有人杀死伯爵，应罚付 24000 银币，折合 600 金币；如果有人杀死男爵或副百爵——国王的奴仆，应罚付 12000 银币，折合 300 金币。

第四，侵害对象与部位。侵害对象与部位不同，刑事责任量不同。例如，《乌尔纳姆法典》针对砍断足趾、打断肢体、割断鼻子等伤害不同部位的行为规定了不同的刑事责任量。同样是破坏田界的犯罪，《中期亚述法典》第 1 表第 8 条和第 9 条作出了不同程度的刑事责任规定，即如果是破坏同伴①间的大片田界，除了加倍交还田地，还应斩掉一指，受一百杖责，并应服王家劳役一整月；如果是侵犯签地②的小田界，除了应加倍交还田地，只应受五十杖责和服王家劳役一整月。③

第五，罪过形式。罪过形式不同，刑事责任量不同。这在《十二表法》中有所体现。《十二表法》第 8 表第 10 条规定：烧毁房屋或堆放在房屋附近的谷物堆的，如属故意，则捆绑而鞭打之，然后把他烧死；如为过失，则令其赔偿损失，如无力赔偿，则从轻

① 同伴指同一公社社员，这里指的是破坏公社间的田界。
② 签地是由公社划分土地的重分地段。
③ 何勤华、夏菲主编：《西方刑法史》，北京大学出版社 2006 年版，第 45 页。

22

处罚。第 24 条规定：杀人的，处死刑；过失致人死亡的，应以一只公羊祭神，以代替本人。可见，《十二表法》已经将行为人的主观罪过区分为故意与过失，并规定了不同程度的刑事责任。

（二）近代国外刑事责任量的根据

西方近代经过资产阶级启蒙运动和资产阶级革命，资本主义制度得以确立，法制领域随之发生深刻变革，其中在刑法领域的变革主要表现为：破除了封建社会刑法的残酷性、擅断性、不平等性、刑法渊源的混杂性。刑法单独立法且法典化成为鲜明的时代特征。1810 年《法国刑法典》、1871 年《德国刑法典》、1889 年《意大利刑法典》便是其典型。

从 1810 年的《法国刑法典》、1871 年的《德国刑法典》、1889 年的《意大利刑法典》的规定来看，西方近代刑事责任量的根据主要是罪行轻重。例如，法国刑法典和德国刑法典都将犯罪分为重罪、轻罪和违警罪三类，对其分别追究不同的刑事责任。在区分重罪、轻罪和违警罪的基础上，法国刑法典还将各类重罪与轻罪分为"妨害公共利益的犯罪"和"侵犯私人利益的犯罪"两大部分，分别追究不同的刑事责任；德国刑法典还对重罪的未遂与轻罪的未遂作出了不同的刑事责任规定，对不同的共同犯罪人作出了不同的刑事责任规定。对罪行轻重的把握，德国刑法典除了根据犯罪性质、既遂与未遂、共同犯罪、客观危害之外，还考虑行为人的主观恶性，区分故意与过失、业务过失与普通过失。例如，在生命罪中，以侵犯他人生命权利为共同特征，法典规定了预谋杀人罪，处死刑；因过失致人死亡的，处 3 年以下有期徒刑。身为官职、职业或营业上之义务，因怠于注意而致人死亡的，得加重其为 5 年以下有期徒刑。[①] 1889 年《意大利刑法典》还区分犯罪预备与犯罪未遂，对预备行为免除处罚。关于共同犯罪，1889 年《意大利刑法典》

---

① 《外国法制史资料选编》，北京大学出版社 1982 年版，第 663—670 页。

把共同犯罪区分为"主要参与"和"次要参与",称前者为"共犯",对这种情况一般适用法律为所犯罪行规定的刑罚;称后者为"伙同",对其一般实行减轻处罚。① 显然,1889 年《意大利刑法典》对不同的犯罪发展阶段上的行为、对不同的共犯人追究不同程度的刑事责任。

近代法国、德国、意大利等国家的刑法典之所以将罪行轻重作为刑事责任量的主要根据,是因为法典制定时深受启蒙思想和刑事古典学派的影响,古典学派主张罪刑法定、罪刑均衡,而根据罪行轻重决定刑事责任及其实现方式正是罪刑均衡的要求。

二、我国刑事责任量的根据之历史考察

我国有五千年文明史,自第一个奴隶制国家夏朝到清朝末期,历朝历代都注重刑事立法,以作为国家专制统治的工具,其中在社会转型时期、朝代兴旺时期更注意制法修律,因此诞生了不少对后世产生影响的刑律,例如战国时期的《法经》、西汉的《九章律》、唐朝的《唐律疏议》、宋朝的《宋刑统》、清朝的《大清律例》等。从这些刑律中我们可以发现,我国刑事责任量的根据主要有以下几种:

(一) 罪行轻重

在我国古代的刑律中,罪行轻重是刑事责任量的重要根据。以五种大罪为例,《大戴礼·本命》上记载:"逆天地者,罪及五世;诬文武者,罪及四世;逆人伦者,罪及三世;诬鬼神者,罪及二世;杀人者,罪止及身。故大罪有五,杀人为下。"② 这就是说,五种大罪的刑事责任程度不同,除了杀人,前四种大罪都要追究其家族的刑事责任,而且不同罪种,刑事责任承担者的范围不同。

---

① 参见《意大利刑法典》,黄风译,中国政法大学出版社 1998 年版,第 21—23 页。

② 蔡枢衡:《中国刑法史》,中国法制出版社 2005 年版,第 190 页。

《唐律疏议》规定："诸谋杀人者，徒三年。已伤者绞；已杀者斩。""诸斗殴人者，笞四十。伤及他物殴人者，杖六十。""诸盗不得财，笞五十；一尺，杖六十。"① 这说明《唐律疏议》注意根据罪中情节轻重决定刑事责任量。明朝宗室犯罪是一种很普遍的现象。早在洪武二十八年，朱元璋就确立了对朱家子弟犯罪的处理方法，还更明确规定对宗室犯罪"轻则量罪降等，重则黜为庶人。但明赏罚，不加刑责"。明成祖时重申："法有犯宗人，讯问量罪降等，重者斥为庶人。罚而不刑。"这就是说，宗室犯罪要根据犯罪情况受到程度不同的惩处。② 《大清律例》规定："凡采生折割人者，凌迟处死。""用毒药杀人者，斩。""故杀者，斩。""凡谋杀人，造意者，斩。""谋杀、故杀人而误杀旁人，以故杀论。""同谋共殴人因而致死者，致命伤下手者，绞。""凡斗殴杀人者，绞。""凡因戏而杀人及因斗殴而误杀旁人者，以斗杀论。""凡无故向城市及有人居住宅舍放弹、射箭、投掷瓦石，因而致死者，杖一百，流三千里。""无故于街市镇店驰驱车马，因而致死者，杖一百，流三千里。"③ 可见，同样是杀人，刑罚从凌迟处死到杖一百徒三年，体现了《大清律例》根据罪行轻重来决定刑事责任程度及其实现方式。

（二）犯罪人和被害人身份

清末《大清新刑律》以前的封建社会刑法中，犯罪人和被害人身份决定刑事责任量可以分为三种情况：一是特殊身份者在承担刑事责任方面享有法定特权；二是当事人之间的特殊关系影响刑事责任程度；三是当事人之间的身份等级差异影响刑事责任程度。

第一，基于特殊身份的刑事责任特权。我国古代刑法一方面严

---

① 蔡枢衡：《中国刑法史》，中国法制出版社 2005 年版，第 195 页。
② 周致元：《明代的宗室犯罪》，载《安徽大学学报》（哲学社会科学版）1997 年第 5 期，第 98 页。
③ 蔡枢衡：《中国刑法史》，中国法制出版社 2005 年版，第 190 页。

惩贪官污吏，另一方面又给予各级官吏和他们的亲属各种特权。应该说，贵族官僚享有等级特权在中国古代刑法中有着深厚的渊源和基础。基于特殊身份的刑事责任特权是指当特殊身份者犯罪时，享有减轻和免除刑事责任的特权。例如，《唐律疏议》在继承前代相关制度的基础上，规定了议、请、减、赎、当等多种制度，构成了官贵刑事责任特权体系。议即"八议"，是指亲、故、贤、能、功、贵、勤、宾八类人物在犯罪后享有的责任特权。《唐律疏议·名例律》规定："诸八议者，犯死罪，皆条所坐及应议之状，先奏请议，议定奏裁；流罪以下，减一等。其犯十恶者，不用此律。"这就是说，对这八种人，犯流罪以下自然减刑一等，在犯有死罪时，司法机关要将其罪状写明并注明该犯应属哪一议，议状上报皇帝，皇帝召集中央重臣于都堂集议，以决定是否减免。"请"即上请，比"议"稍低一等，应请之人的范围比应议之人大一些，包括"应议者期以上亲及孙"，官爵五品以上者等，若犯死罪，由皇帝自行发落。流罪以下，也是自然减刑一等。"减"即例减，又低于"请"一等，它适用于七品以上官吏应"请"者的近亲属，其若犯流罪以下之罪，各减一等处罚。"赎"是最低一等的特权，它适用于所有九品以上官及应"减"者的近亲属，犯罪在流以下者，皆可以铜赎刑。"当"是唐朝官员的又一法定特权，称为"官当"。即以官品折抵徒刑，凡官员犯罪，皆可以官品抵当徒流刑。犯私罪者，以官当徒的，五品以上官，一官当徒二年；九品以上，一官当徒一年。犯公罪者，各加一年当。如果是以官当流，原则上是"三流同比徒四年"，即流刑三等，适用于官当时皆比作徒刑四年。以官当徒仍有余刑不尽者，可再以铜赎刑。①

另外，在少数民族政权统治下，还在法律上按照民族划分社会等级，少数民族为特权阶层，汉族人则为社会的下层或贱民。例如，在元朝时期，蒙古人侵害汉人、南人均可以减刑；在清朝时，按照《大清律例·名例律》，旗人犯罪享有"减等"、"换刑"的

---

① 《唐律疏议》，中华书局1983年版，第16—44页。

特权。①

第二，特殊身份关系影响刑事责任程度。当事人之间存在特殊身份关系对刑事责任程度产生影响，常见于亲属之间的案件。例如，亲属相盗，其处罚结果比常人之间相盗要轻。《唐律疏议》规定："诸盗缌麻、小功亲财物者，减凡人一等；大功，减二等；期亲，减三等。"② 亲属相奸，其处罚比常人之间相奸更重。常人之间和奸（即通奸），一般为徒刑一年半，而亲属之间相奸，起刑标准就是三年，"诸奸缌麻以上亲及缌麻以上亲之妻，若妻前夫之女及同母异父姊妹者，徒三年"。③

第三，身份等级差异对刑事责任程度的影响。当不同等级的人之间发生了侵犯时，其刑事责任量完全取决于当事双方的等级高低对比，等级高者侵犯低者，责任较轻，等级低者侵犯高者，责任较重。以良贱相犯为例，《唐律疏议》规定："诸部曲殴伤良人者，加凡人一等。奴婢，又加一等。若奴婢殴良人折跌支体及瞎其一目者，绞；死者，各斩。"④ 反过来，"其良人殴伤杀他人部曲者，减凡人一等；奴婢，又减一等。若故杀部曲者，绞；奴婢，流三千里。"⑤ 在加一等与减一等之间，良贱异法已不言自明了。而在主人和贱民之间，这种同罪异罚就更为突出："诸主殴部曲至死者，徒一年。故杀者，加一等。其有愆犯，决罚致死及过失杀者，各勿论。"又"诸奴婢有罪，其主不请官司而杀者，杖一百。无罪而杀者，徒一年。"⑥ 即是说，主人杀奴婢罪止徒一年，而部曲、奴婢"过失杀主者，绞；伤及詈者，流。"⑦ 官员和贵族内部发生的等级

① 狄世深：《我国古代刑法中的身份探究》，载《贵州文史丛刊》2005年第 3 期，第 18 页。

② 《唐律疏议》，中华书局 1983 年版，第 365 页。

③ 《唐律疏议》，中华书局 1983 年版，第 493 页。

④ 《唐律疏议》，中华书局 1983 年版，第 404 页。

⑤ 《唐律疏议》，中华书局 1983 年版，第 405 页。

⑥ 《唐律疏议》，中华书局 1983 年版，第 406 页。

⑦ 《唐律疏议》，中华书局 1983 年版，第 407 页。

低下者侵害高贵者案件中，其责任也是重于同等级之间的侵害案件。《唐律疏议》规定："诸流外官以下，殴议贵者，徒二年；伤者，徒三年；折伤者，流二千里。"① 又规定："诸流内九品以上殴议贵者，徒一年。伤重及殴伤五品以上，若五品以上殴伤议贵，各加凡斗伤二等。"② 这里还可以发现，同样是殴"议贵"者，又依据侵害方身份等级属于"流外"、九品以上、五品以上三种情况，处罚依次递减，呈现出加害人身份高低与刑罚轻重的反比例关系。这充分说明了我国封建时代如何因身份不同而追究轻重不同的刑事责任。

由于犯罪人和被害人身份决定刑事责任量是封建社会等级特权的反映，或者说，其制度基础是封建社会，因此，一旦封建社会这种制度基础消亡，犯罪人和被害人身份对刑事责任量的影响就会渐渐消除。

（三）主观罪过

在我国古代刑法中，很早就注意区分故意与过失两种不同的罪过形式，并将其作为刑事责任量的重要依据；而且，严惩故意犯罪，宽缓过失犯罪，是古代刑法一项基本的刑事责任原则。因过失而减免罪责的制度最早可追溯到《周礼·司刺》中的"三宥、三赦"。三宥包括：一曰宥不识，再宥曰过失，三宥曰遗忘。根据《说文解字》，"宥，宽也。"也就是说，第一种减轻刑事责任的心理态度是不识。不识就是行为人在行为时对于自己成为犯罪的行为、危害的对象或结果，全不了解或了解不够。第二种减轻刑事责任的心理态度是过失。过失就是认识不符合实际，实际超出意料。第三种减轻刑事责任的心理态度是遗忘。遗忘就是对于自己成为犯罪的行为、危害的对象或结果，本来有认识，临时忘记了。《周礼》中的"三宥"表明，对于自己的行为、危害的对象和结果有

---

① 《唐律疏议》，中华书局 1983 年版，第 399 页。
② 《唐律疏议》，中华书局 1983 年版，第 403 页。

正确的认识，便是有意识，应该重罚。如果认识不符合实际，也即出现了当时不曾预料的实际，或者事前虽曾正确认识，临时有所忘记，导致认识不符合实际，都应当减轻处罚。①

到了汉代，强调重罚故意犯、轻罚非故意犯成为"春秋决狱"的指导原理。《刑德》记载："春秋之治狱，论心定罪：志善而违于法者，免；志恶而违于法者，诛。"同样是违法犯罪行为，"志善"与"志恶"的刑事责任完全不同。《汉书·薛宣传》记载："春秋之义，原心定罪"；"春秋之义，意恶功遂，不免于诛。——功意俱恶，——当以重论。"《王嘉传》上也有记载："圣王断狱必先原心定罪，探意立情。"这里所谓的"志"、"意"、"心"、"情"，都是对犯罪事实有知识、认识、先见或不出意料。② 可见，汉代注意根据犯罪时的主观心态不同来追究行为人的刑事责任。

"唐、宋、明、清律条文中常有故与误、知与不知、知情与不知情相对立。此外还有忘、失、错和不觉等词，足见根据犯人心理决定刑事责任轻重的原则。"③ 在这些朝代，过失犯罪比故意犯罪的刑事责任要轻。例如《唐律》规定，"依过失杀伤人者，各依其状，以赎论。""考课有失，减故犯三等；失入人罪，减故入三等。"④ 故意和过失是分别罪责轻重的条件。⑤ 刑法之所以区分故意与过失，是因为这两种罪过反映行为人不同的主观恶性，根据不同的罪过予以轻重不同的刑事责任追究，体现了我国古代刑法注意根据行为人的主观恶性来确定刑事责任量。

到了近代，故意与过失不但是分别罪责轻重的条件，而且成为犯罪成立条件。例如，清末颁布的《大清新刑律》规定："非故意

---

① 蔡枢衡：《中国刑法史》，中国法制出版社 2005 年版，第 174—175 页。

② 蔡枢衡：《中国刑法史》，中国法制出版社 2005 年版，第 175 页。

③ 蔡枢衡：《中国刑法史》，中国法制出版社 2005 年版，第 177 页。

④ 刘淑莲：《论我国古代刑法中的罪过》，载《中外法学》1997 年第 5 期，第 69—70 页。

⑤ 蔡枢衡：《中国刑法史》，中国法制出版社 2005 年版，第 177—178 页。

之行为，不为罪。但应论以过失者，不在此限。"该条表明，成立犯罪以故意为原则，以过失为例外；故意和过失既是分别罪责轻重的条件，又是区别是否成立犯罪的条件。

由此可见，自古代到近代，我国一直将主观罪过心理的不同作为刑事责任量的主要根据。

（四）再犯或多次犯罪

因再犯而加重罪责，从而成为刑事责任量的根据，可追溯到虞舜末期。当时就有关于再犯寇贼特别重罚的规定。到唐代，再犯加重责任成为一项原则。《唐律·名例》规定："诸犯罪已发及已配而更为罪者，各重其事。即重犯流者，依留住法决杖，于配所役三年。若已至配所而更犯者，亦准此。即累流徒应役者不得过四年。若更犯流徒罪者准加杖例。其杖罪以下，亦各依数决之。累决笞杖者，不得过二百。其应加杖者，亦如之。"可见，唐代再犯实行并罚。[①] 明代继续坚持该原则，但对已徒、已流犯人的具体处理，与唐律有所不同。《明律》规定："凡犯罪已发又犯罪者，从重科断。已徒已流而又犯罪者，依律再科后犯之罪。其重犯流者，依留住法。三流并决杖一百，于配所拘役四年。若犯徒者，依所犯杖数、该徒年限，决讫应役，亦总不得过四年。其杖罪以下，亦各依数决之。其应加杖者，亦如之。"[②] 此外，元、明、清律还有三犯概念。《元史·刑法志》记载："掏摸人身上钱物者，初犯、再犯、三犯，刺断徒流，并同窃盗法。"窃盗初犯、再犯的处罚，随着所盗牲畜种类不同而异其轻重。《明律》规定："初犯并于右小臂膊上刺窃盗二字，再犯刺左臂膊，三犯者绞。"《清律》规定："三犯五十两以上拟绞，十两以上充军，不及十两杖一百，流三千里。"[③] 清代胤禛以后，还出现了反映犯罪习惯的积匪滑贼概念。凡是前科窃

---

① 蔡枢衡：《中国刑法史》，中国法制出版社 2005 年版，第 191 页。

② 蔡枢衡：《中国刑法史》，中国法制出版社 2005 年版，第 191 页。

③ 蔡枢衡：《中国刑法史》，中国法制出版社 2005 年版，第 192 页。

盗，赦后犯窃，被处军流徒刑，释回后又连窃三次以上，同时并发，便是积匪滑贼，应发极边烟瘴充军。[①] 清末《大清新刑律》规定："已受徒刑的执行，更犯徒刑以上之罪者，为再犯，加本刑一等。但有期徒刑执行完毕，无期徒刑或有期徒刑执行一部而免除后，逾五年而再犯者，不在加重之列。"第 20 条规定："三犯以上者，加本刑二等。仍适用前条之例。"[②] 由此可见，我国刑法自古代到近代，一直都将再犯或多次犯罪作为加重刑事责任的根据。

从上述历史上刑事责任量的根据来看，虽然不同国家、不同时代刑事责任量的根据有所不同，但是，无论是我国古代，还是古代其他国家，犯罪性质、罪行轻重、犯罪人和被害人身份、主观罪过等都是刑事责任量的根据，尤其是犯罪人和被害人身份决定刑事责任量，是古代刑事责任的突出特征。中外比较来看，国外对犯罪对象（包括被害人身份、侵害部位）影响刑事责任量的规定比较具体，但还很少注意将再犯或多犯作为刑事责任量的根据；而我国古代对犯罪人身份影响刑事责任量的规定具体、详细，且已将再犯和多次犯罪作为刑事责任量的根据，这说明我国古代就已经注意到犯罪人的人身危险性问题，并将其作为刑事责任量的实质根据。

第三节　刑事责任量的根据观点分歧与评析

一、刑事责任量的根据观点分歧

我国刑法学界虽然对刑事责任量的根据缺乏专门研究，但是不少论文和著作对于"刑事责任量的根据是什么"的问题却有所涉及，并作出了简要回答。笔者将其归纳起来，主要有以下一些观点：

1. 犯罪的社会危害性根据说。该说认为，犯罪的社会危害性

---

① 蔡枢衡：《中国刑法史》，中国法制出版社 2005 年版，第 192 页。

② 蔡枢衡：《中国刑法史》，中国法制出版社 2005 年版，第 192 页。

既是刑事责任质的根据，也是刑事责任量的根据。例如，有的学者将刑事责任量的根据称为刑事责任的基础，认为"刑事责任的基础是代表国家的司法机关追究犯罪人刑事责任轻重程度的依据"。"犯罪构成不是刑事责任的基础"，"刑事责任的基础只能是犯罪的社会危害性"。"犯罪的社会危害性是行为人的主观罪过与客观危害性的统一结合体，其内容包括行为人的危害性（主观恶性）和行为造成的危害结果"。①

2. 行为的严重社会危害性和行为人的人身危险性的统一根据说。该说认为，"犯罪包括已然之罪和未然之罪，刑事责任不能仅仅针对已然之罪，而应同时针对未然之罪。作为已然之罪内容的是行为的严重社会危害性，作为未然之罪内容的是行为人的人身危险性。因此，刑事责任的根据应该是二元的，即是行为的严重社会危害性和行为人的人身危险性的统一"。"刑事责任的根据是质与量的统一。决定刑事责任质的根据是行为的严重社会危害性，决定刑事责任量的根据则是行为的严重社会危害性和行为人的人身危险性的统一。"②

3. 主观恶性根据说。该说认为，作为刑事责任的根据，应当能够解释刑事责任的创制、产生、认定、实现和终结等各种现象；它应当是行为与行为人、主观与客观、报应与预防、质与量、形式与实质等方面的集中体现。能够符合上述要求者，非通过犯罪行为所反映出来的行为人的主观恶性莫属。主观恶性的大小是刑事责任量的根据；主观恶性的大小决定刑事责任的大小。并且认为，犯罪人的主观恶性是以下情况的综合反映：一是罪前因素，主要是犯罪人的日常表现，有无违法犯罪行为，受教育程度，家庭环境等；二是罪中因素，即实施犯罪过程中的主客观情况，主要有犯罪人的责

---

① 刘德法：《论刑事责任的基础》，载《中州学刊》1988 年第 2 期，第 49—50 页。

② 王晨：《刑事责任根据论纲》，载《当代法学》1992 年第 2 期，第 45—46 页。

任能力，犯罪动机、目的，犯罪故意或过失，犯罪的时间、地点、方法、手段，犯罪工具，犯罪对象等；三是罪后因素，即犯罪实行后刑罚执行前的诸因素，如犯罪后自首、立功、坦白等情况，有无悔改表现，认罪态度等；四是责任实施过程中的因素，表现为犯罪人在负刑事责任过程中是否认真接受教育改造，是否确有悔改表现，遵守监纪监规，立功、逃跑等反映改造程度的诸事实因素。①

4. 犯罪构成（要件）事实＋其他事实根据说。该说认为，犯罪构成事实是刑事责任量的主要根据，此外，其他一些事实也影响刑事责任的量。例如，敬大力在《刑事责任一般理论研究》一文中认为，刑事责任的根据是决定刑事责任质和量的一系列事实的总和。犯罪构成事实是刑事责任最主要最基本的根据，是决定某种犯罪行为承担刑事责任的基本事实。② 高铭暄教授在《刑法学原理》一书中认为："在司法实践中，一个人负什么样的刑事责任，总是与他的行为具备什么样的犯罪构成联系在一起的。具体的犯罪构成决定具体的刑事责任。犯罪构成是刑事案件中最主要最基本的法律事实。犯罪构成不仅决定刑事责任的质，而且在很大程度上也决定刑事责任的量（大小）。"③ 赵秉志教授在《刑事责任基本理论问题研讨》一文中认为，"犯罪构成要件事实是决定刑事责任程度的最基本和最重要的事实"。④

然而，对于犯罪构成事实以外的"其他事实"包括哪些内容，上述学者则有不同的看法。敬大力认为，犯罪构成以外的其他案件

---

① 参见梅传强：《论刑事责任的根据》，载《政法学刊》2004 年第 2 期，第 18—19 页。

② 参见敬大力：《刑事责任一般理论研究——理论的批判和批判的理论》，载《全国刑法硕士论文荟萃》，中国人民公安大学出版社 1989 年版，第 31 页。

③ 高铭暄主编：《刑法学原理》（第一卷），中国人民大学出版社 1993 年版，第 428 页。

④ 赵秉志：《刑事责任基本理论问题研讨》，载《中央政法管理干部学院学报》1995 年第 1 期，第 4—5 页。

事实，如犯罪动机、手段、时间、地点、环境、条件、犯罪对象、损害程度、犯罪人身份、犯罪人生理上的特殊情况等，对于全面衡量犯罪的社会危害性和犯罪人的主观恶性，解决刑事责任的一些具体问题有着重要意义。案件以外的直接或间接影响刑事责任的主客观事实，主要包括罪前的一贯表现、犯罪后的态度和社会治安形势。这些事实对于确定刑事责任的程度有着一定的影响和作用。①高铭暄教授认为，刑事责任的程度不仅取决于犯罪构成，还要考虑其他的事实因素。案件中存在其他一些事实因素可能影响刑事责任的程度。比如，犯罪的动机，犯罪的手段，犯罪的时间、地点和环境，犯罪的对象，危害结果的大小，犯罪人的职务身份，犯罪人的精神障碍程度，以及犯罪前的一贯表现，犯罪后的态度等，都可能影响刑事责任的程度。② 赵秉志教授认为，"在犯罪案件的客观、主观、主体以及其他方面，都还存在一系列能够影响和说明犯罪的刑事责任程度轻重的事实，例如犯罪客观方面手段、犯罪工具、时间地点、犯罪对象情况、犯罪所造成的损失大小等情况，犯罪主观方面的动机、犯罪意志坚决程度等情况，犯罪主体范畴的犯罪人一贯表现、犯罪人有无犯罪前科和违法者、犯罪人的生理心理状况、犯罪人有无特定身份和职权等情况，以及犯罪以后的犯罪人是否逃跑、是否拒捕、坦白或自首与否及其程度、有无立功表现等情况。"因此，"应当说，刑事责任程度的大小，取决于包括犯罪构成要件事实在内但不以此为限的各方面实际影响和说明犯罪的社会危害性（包括犯罪行为的社会危害性和犯罪人的人身危险性）大

---

① 参见敬大力：《刑事责任一般理论研究——理论的批判和批判的理论》，载《全国刑法硕士论文荟萃》，中国人民公安大学出版社1989年版，第31页。

② 高铭暄主编：《刑法学原理》（第一卷），中国人民大学出版社1993年版，第428页；高铭暄主编：《刑法专论》（上编），高等教育出版社2002年版，第485页。

小的各种案件事实。"①

5. 行为符合犯罪构成＋其他影响社会危害性和人身危险性大小的因素根据说。该说主张行为符合犯罪构成是决定刑事责任量的主要根据，其他影响社会危害性和人身危险性大小的因素也是刑事责任量的根据，例如，张明楷教授认为，行为符合犯罪构成是刑事责任程度的主要根据，但不是唯一根据。犯罪构成之外的事实也影响刑事责任的程度。从实质上说，凡是能够说明行为的法益侵犯程度与行为人的人身危险程度的事实，都是影响刑事责任程度的因素。作为刑事责任程度根据的、犯罪构成以外的因素，既可能是犯罪案件中的因素，也可能是与案件有联系的案件外的因素。如主犯、未遂犯、犯罪动机等，是案件中的因素；自首、立功、犯罪人的一贯表现、犯罪后的态度等，是与案件有联系的案件外的因素。② 高铭暄、马克昌教授主编的《刑法学》教材认为，刑事责任程度的根据与负担刑事责任的根据既有相同之处也有区别。二者的相同之处在于：行为符合犯罪构成；二者的不同之处在于：犯罪构成要件之外的影响行为社会危害性和人身危险性大小的因素。"刑事责任程度的根据是行为符合社会危害性程度不同的犯罪构成和构成要件之外的影响行为的社会危害性和人身危险性大小的因素。""这些因素可能表现在犯罪之前、犯罪之中和犯罪之后。"③

6. 犯罪行为事实＋体现人身危险性的事实根据说。该说认为，关于刑事责任大小的根据，仅仅说成是符合犯罪构成的犯罪行为是不够的。因为虽然符合犯罪构成的犯罪行为事实在决定刑事责任大小时起主要的作用，但并非起全部的作用。某些符合犯罪构成的犯罪行为以外的事实，如罪前表现、罪后表现，对刑事责任的大小也

　　① 赵秉志：《刑事责任基本理论问题研讨》，载《中央政法管理干部学院学报》1995 年第 1 期，第 4—5 页。

　　② 张明楷：《刑法学》（第二版），法律出版社 2003 年版，第 388 页。

　　③ 高铭暄、马克昌主编：《刑法学》（第四版），北京大学出版社、高等教育出版社 2010 年版，第 227 页。

有一定的影响。因此，符合犯罪构成的犯罪行为事实和能体现犯罪人的人身危险性的犯罪构成事实以外的事实的总和是负刑事责任大小的根据。[1]

7. 犯罪构成之外的体现人身危险性的主观因素根据说。该说认为，刑事责任的根据是客观的"社会危害性"和主观的"人身危险性"的有机结合体。刑事责任质的规定性的存在与否，建立在犯罪客观要件和狭义罪过要件的基础上，它能反映出刑事责任的有无。对于刑事责任程度大小的量的规定性的认定取决于犯罪构成之外的主观因素，它所要确立的是刑事责任的主观根据"人身危险性"。人身危险性由狭义的罪过和刑事责任程度调节要件两部分组成。刑事责任程度调节要件包括"限制刑事责任能力要素"、"犯罪动机斗争要素"、"犯罪主体事前与事后主观恶性反映要素"、"刑罚裁量制度要素"等变化中的影响和支配行为人实施犯罪行为和再犯可能性的心理因素。[2]

8. 事实根据、法律根据和实质根据说。该说将刑事责任量的根据分为事实根据、法律根据和实质根据，认为决定刑事责任量的最主要的事实根据是犯罪构成事实，它决定着刑事责任的基本的量；此外还包括影响刑事责任大小的一些其他因素，即犯罪构成事实以外的其他反映犯罪社会危害性（包括行为人的人身危险性）的事实。这些事实对刑事责任的量的增减起着十分重要的作用。这些事实主要包括：（1）法定的从轻、减轻、免除或从重处罚的情节事实。如自首、累犯、主犯、从犯、胁从犯、预备犯、未遂犯、中止犯、教唆不满 14 周岁的人犯罪的等。（2）司法中的酌定情节事实。如犯罪的动机、犯罪人的一贯表现、犯罪后的态度、犯罪的时间、地点、手段、对象、后果等。该说认为，由于犯罪构成事实

---

① 参见李希慧：《刑事责任若干问题探究》，载《中南政法学院学报》1992 年第 3 期，第 10 页。

② 参见赵微：《徘徊于前苏联模式下的刑事责任根据理论及前景展望》，载《环球法律评论》2002 年夏季号，第 228 页。

不仅决定着刑事责任的质，而且决定着刑事责任的基本量，因此，决定刑事责任质的法律根据也便是决定刑事责任量的主要的法律根据。除此以外，其他决定刑事责任量的法律根据有有关法定从轻、减轻、免除或从重处罚情节的法律规定。另外，刑法典关于相对确定的法定刑及第 63 条的规定，实际上为犯罪构成以外的因素作为刑事责任大小的根据提供了间接的法律依据。该说还认为，决定刑事责任量的实质根据是犯罪的社会危害性程度。①

二、刑事责任量的根据观点评析

从前述各种观点来看，目前刑法学界对刑事责任量的根据的认识既有值得肯定之处，又有其不足。值得肯定的是，虽然学界对刑事责任量的根据的范围有不同的认识，但是，普遍承认刑事责任质的法律事实根据是刑事责任量的主要根据或基础；而且大多认为刑事责任量的根据的范围不局限于刑事责任质的根据范围，还包括其他因素。此外，学界对刑事责任量的根据能够从客观和主观两个方面来展开讨论。客观层面关注的是犯罪人外部的客观行为及其客观危害，以及犯罪人罪前、罪中和罪后的表现；主观层面关注的是犯罪人的主观恶性或人身危险性。其不足之处是：第一，学界对刑事责任量的根据的阐述和分析，主要是从刑法学学科内部来展开，很少将其他人文学科如哲学、心理学、刑事诉讼法学等学科的研究成果作为研究该问题的工具。第二，学界对刑事责任量的根据的探讨，没有注意区分其立法根据与司法根据，只是笼统地进行阐述。有的只是分析其立法根据，有的只是分析其司法根据。分别而论，各种观点存在以下可取与不足之处：

1. 犯罪的社会危害性根据说。该说实际上是从犯罪的本质特征的角度来探讨国家为何要追究一种具体犯罪的刑事责任，涉及了刑事责任量的实质根据问题，这是值得肯定的。但该说存在以下不

---

① 参见吴占英：《论刑事责任的法律学根据》，载《湖北成人教育学院学报》2001 年第 3 期，第 25—27 页。

足：第一，该说将"犯罪的社会危害性"作为刑事责任量的根据的提法是不妥当的。因为"犯罪的社会危害性"是从质的角度来说的，而刑事责任量的根据不能仅仅局限于刑事责任质的规定性和质的根据，应该落实到犯罪的社会危害性程度，所以，准确地说，作为刑事责任量的实质根据的，应称之为"犯罪的社会危害性程度"。第二，该说将"犯罪的社会危害性"作为刑事责任量的唯一根据也是不妥当的。即便从实质根据角度来讨论刑事责任量的根据，犯罪的社会危害性也不是唯一根据。除了犯罪的社会危害性程度，犯罪人的人身危险性大小也是刑事责任量的根据。如果只将犯罪的社会危害性程度作为刑事责任量的唯一根据，是纯粹的报应主义的体现。而从现代刑法的理念看，对犯罪追究刑事责任不能纯粹是对犯罪的报应，而应有预防犯罪的功利性追求，应是报应与功利的结合。而追究犯罪的刑事责任要考虑功利的诉求，就要考虑犯罪人的人身危险性大小来确定刑事责任的量。因此，只将犯罪的社会危害性程度作为刑事责任量的实质根据是不全面的。第三，该说没有涉及刑事责任量的司法根据，是不完整的。司法实践中，一种具体犯罪的刑事责任量到底是多少，必须作出回答，因而必须确定刑事责任量的司法根据。而将犯罪的社会危害性程度作为刑事责任量的唯一的司法根据是不妥当的。因为"犯罪的社会危害性"是一个综合性的、抽象的、需要具体化的概念，需要通过立法设计将之具体化，否则，司法实践以之为根据，就会导致司法权的无限扩大，就容易出入人罪，损害刑法的人权保障功能。因此，不能将犯罪的社会危害性作为刑事责任量的唯一的司法根据。司法应以立法规定为依据，才能追究犯罪人的刑事责任，才能保障人权。

2. 行为的严重社会危害性和行为人的人身危险性的统一根据说。该说与前一观点相比，不但注意到了刑事责任量的社会危害性根据，而且考虑到了刑事责任量的人身危险性根据，从而把犯罪行为的社会危害性和犯罪人的人身危险性均作为刑事责任量的根据，这是值得称道的。但是，该说对刑事责任量的社会危害性根据和人身危险性根据在确定刑事责任量时的主次地位缺乏应有的界定和进一步论证,对这两种根据的表达也不够具体、严谨,是需要指出的。我国刑法理论一般认为,行为的严重社会危害性是犯罪的本质特征,它说明的是要追究该行为的刑事责任问题,而不能说明对该行为要追究何种程度的刑事责任问题。要说明对一种具体犯罪追究何种程度的刑事责任,还有赖于该行为达到严重的社会危害性之后的社会危害性程度。因此,准确地说,犯罪的社会危害性程度(而不是行为的严重社会危害性)是刑事责任量的根据之一。行为人的人身危险性是指行为人的初犯可能性和再犯可能性,也有大小之别,作为刑事责任量的根据之一,不应笼统地称为行为人的人身危险性,而应称为犯罪人的人身危险性大小。因此,严格地说,刑事责任量的立法根据应是犯罪的社会危害性程度和犯罪人的人身危险性大小的有机统一。

3. 主观恶性根据说。该说将罪前、罪中、罪后的一些因素作为评定主观恶性大小的根据,是值得肯定的。但是,该说将主观恶性大小作为刑事责任量的唯一根据是不妥当的。主观恶性最初是伦理学的一个范畴,后来随着理论的发展成为刑法学的术语。在我国刑法理论中,主观恶性是指人对现实的破坏态度及与之相适应的行为方式上的反社会心理特征。[1] 主观恶性是与客观危害相对应的范畴。正如客观危害是对犯罪的客观因素的指称一样,主观恶性也是对犯罪的主观因素的指称,它依附于已然的犯罪而存在。[2] 主观恶性只能包含于社会危害性之中,它是社会危害性的基本内容之一,主观恶性和客观危害两者的结合反映行为的社会危害性的大小。并且,主观恶性不能包含人身危险性,主观恶性针对的是已然之罪,它注重的是对过去的评价;而人身危险性针对的是未然之罪,仅是一种犯罪的可能性,它所侧重的是对未来的预测。主观恶性通过犯罪人的行为表现出来,通过对犯罪人的故意或者过失的心态、犯罪

---

① 参见青锋:《罪与罚的思考》,法律出版社 2003 年版,第 67 页。

② 参见邱兴隆:《刑罚的哲理与法理》,法律出版社 2003 年版,第 385 页。

目的、犯罪动机以及犯罪人在犯罪之前、犯罪的过程中和犯罪之后的表现的考察来确定其大小，进而对定罪量刑产生影响；人身危险性作为一种犯罪的可能和趋向，主要蕴涵于人的个性特征之中，同时也受到社会外界的环境等因素的影响。① 因此，主观恶性大小虽然可以作为刑事责任量的根据之一，但不能作为独立的刑事责任量的根据，更不能作为刑事责任量的唯一根据；它只能是在社会危害性根据之内对刑事责任量的确定起作用。

4. 犯罪构成（要件）事实＋其他事实根据说。该说以案内案外事实为根据来确定刑事责任量的大小，显然是从司法根据的角度来探讨刑事责任量的根据的。但是，刑事责任量的司法根据又有法律根据、事实根据和实质根据之分。而该说实际上只是探讨了司法上的刑事责任量的事实根据，没有论及刑事责任量的法律根据。该说认为犯罪构成（要件）事实是决定刑事责任量的基本事实，此外，其他案件事实也影响刑事责任量的大小，从刑事责任量的事实根据来说，是值得肯定的。但是，持该说的学者中，有的没有将犯罪构成和犯罪构成事实进行严格区分；有的对于以什么为标准来确定其他影响刑事责任量的因素的范围，没有作出正确的回答，只是对罪前、罪中和罪后的因素进行了列举；有的将犯罪人的人身危险性纳入了犯罪的社会危害性范畴；甚至有个别学者将与案件无直接关联的"社会治安形势"也纳入了影响刑事责任量的因素的范围，是欠妥当的。

5. 行为符合犯罪构成＋其他影响社会危害性和人身危险性大小的因素根据说。与犯罪构成（要件）事实＋其他事实根据说相比，该说这种刑事责任量的根据的表达方式既能体现决定刑事责任量的法律根据是犯罪构成和其他影响社会危害性和人身危险性大小的因素；又能体现决定刑事责任量的事实根据是符合犯罪构成的行为事实和案件中其他影响社会危害性和人身危险性大小的因素，就

① 参见宋伟卫：《包含抑或并立——人身危险性与主观恶性之辨析》，载《宁波大学学报（人文社科版）》2007 年第 5 期，第 113—115 页。

刑事责任量的司法根据而言，这是一种比较适当的表达方式。其不足之处在于，它也仅仅是刑事责任量的司法根据，不是对刑事责任量的立法根据的表达。

6. 犯罪行为事实＋体现人身危险性的事实根据说。该说以事实为根据来讨论刑事责任量的根据问题，显然也是从刑事责任量的司法根据角度讨论的。该说中的"犯罪行为"一般有两种理解：一种理解是符合犯罪基本构成要件的行为；另一种理解是根据《刑法》第13条的规定，依照法律应当受刑罚处罚的行为。后一种理解比前一种理解外延较宽，它不但包括符合犯罪构成要件的行为，而且还包括加重或减轻构成的行为。相应地，犯罪行为事实也有两种理解：一是符合犯罪基本构成要件的行为事实即犯罪构成事实；二是犯罪构成事实＋其他罪中事实（量刑情节事实）。该说没有采用后一种理解，而是采用了前一种狭义的理解，即将"犯罪行为事实"理解为符合犯罪构成的犯罪行为事实，也即犯罪构成事实。这就把犯罪构成事实之外的其他罪中事实排除出了刑事责任量的事实根据之外。再者，该说认为除了犯罪构成事实，能够作为刑事责任量的根据的，就是"能体现犯罪人的人身危险性的犯罪构成事实以外的事实"，这就进一步将体现犯罪的社会危害性程度的事实根据排除在刑事责任量的根据之外，因而是不妥当的。

7. 犯罪构成之外的体现人身危险性的主观因素根据说。与上述第4、5、6种观点不同的是，该说企图超越犯罪构成理论来讨论刑事责任量的根据问题。笔者认为，如果是讨论刑事责任量的立法根据，这是没有问题的。然而，该说并非讨论刑事责任量的立法根据，而同样是讨论刑事责任量的司法根据问题。刑事司法应当以事实为根据，以法律为准绳，这是刑事司法的基本原则。因而刑事责任量的确定必有其法律根据和事实根据。而刑法规定的具体犯罪构成是刑事司法的法律根据，所以将犯罪构成排除在刑事责任量的根据之外是不妥当的。再者，该说将刑事责任量的根据限定在犯罪构成之外的体现人身危险性的主观因素，也是不科学的。无论是在刑事责任质的确定阶段，还是在刑事责任量的确定阶段，犯罪的社会危害性根据都是不能排除的。该说将社会危害性根据用在刑事责任质的确定阶段，将人身危险性根据用在刑事责任量的确定阶段，这是人为地限定社会危害性根据和人身危险性根据的作用领域，会导致刑事责任量的确定的不适当。事实上，犯罪构成之外的不体现人身危险性但体现社会危害性程度的因素也影响刑事责任量的大小。此外，该说还将体现人身危险性的因素限定为主观心理因素，这就将体现人身危险性的客观因素，如犯罪前的表现和犯罪后的态度等排除在刑事责任量的确定根据之外，更会导致刑事责任量的确定的不准确。因此，该说人为地将刑事责任量的根据限定在犯罪构成之外的体现人身危险性的主观因素的范围内，是不妥当的。

8. 事实根据、法律根据和实质根据说。与前面七种观点不同的是，该说明确地将刑事责任量的根据分为事实根据、法律根据和实质根据。笔者认为，在司法适用层面来探讨刑事责任量的根据，这种对刑事责任量的根据的归纳是全面的、完整的，因而笔者比较赞同。因为在司法实践中，要追究一种具体犯罪的刑事责任以及追究多大的刑事责任，首先，应有法律根据，即犯罪构成和法定裁量情节；其次，应有事实根据，即行为人实际上实施了符合犯罪构成的行为以及具有刑事责任加减的事实；最后，究竟哪些案内案外事实成为刑事责任量加减的事实，还必须受到实质根据即犯罪的社会危害性程度和犯罪人的人身危险性大小的制约，或者说，这样的事实必须是体现犯罪的社会危害性程度和犯罪人的人身危险性大小的事实。整个刑事责任量的司法根据应该是法律根据、事实根据和实质根据的有机结合，任何单一的根据都不能成为刑事责任量的司法根据。该说美中不足的是，在刑事责任量的实质根据的界定方面，将犯罪人的人身危险性大小纳入了犯罪的社会危害性程度的范围，没有将犯罪人的人身危险性大小单独作为刑事责任量的实质根据，这就会使犯罪人的人身危险性大小在制约刑事责任量的确定方面的应有作用得不到发挥。此外，该说也没有将刑事责任量的立法根据和司法根据进行区分，只是探讨刑事责任量的司法根据，没有探讨其立法根据。

第四节　刑事责任量的根据的层次结构

一、刑事责任量的根据的层次划分

综合上述分析，笔者认为，刑事责任量的根据具有鲜明的层次性特征，它应当区分为以下不同的层次：

第一，刑事责任量的根据应当区分为立法根据和司法根据两个层次。因为刑法立法与刑事司法属于两个不同的层面，在这两个层面中，都存在刑事责任量的确定问题。刑事责任首先作为立法上规定的一种法律责任，必然存在国家立法者基于何种根据要追究每一种犯罪一定量的刑事责任问题，或者说立法者进行刑法立法时对每一具体犯罪规定一定量的刑事责任是有其根据的，这就是说，刑事责任量的确定存在立法根据问题；其次，在刑事司法层面，存在司法者进行刑事司法时应基于何种根据追究每一具体犯罪人的刑事责任，或者说案件中的行为人基于何种根据要受到刑事责任的司法追究问题，因而刑事责任量的确定也具有司法根据。这两种根据既有联系，又有所不同。立法根据是司法根据的基础，是较深层次的刑事责任量的根据；而司法根据则是立法根据的法律化和具体化。两种根据的具体内容是有所不同的。

第二，在刑事责任量的立法根据下又可以区分为哲学根据、实质根据和刑事政策根据三个层次。其中哲学根据是从哲学的角度解读立法上刑事责任量的确定；实质根据是从犯罪本质的角度解读立法上刑事责任量的确定；刑事政策根据是从刑事政策层面解读立法上刑事责任量的确定。因为国家基于何种理由要追究犯罪人的刑事责任，不仅仅是一个法学问题，也有其深层次的哲学问题，还要受到一定时期刑事政策的影响。因此，立法者为何在刑法中对犯罪规定一定量的刑事责任，运用刑法学理论可以作出回答，运用哲学理论和刑事政策学理论同样可以作出回答。笔者认为，刑事责任量的哲学根据应是犯罪人的意志自由程度；刑事责任量的实质根据应是犯罪行为的社会危害性程度和犯罪人的人身危险性大小两个方面的统一；刑事责任量的刑事政策根据包括国家的基本刑事政策和具体刑事政策。

第三，在刑事责任量的司法根据下首先可区分为刑事责任量的确定根据和刑事责任量的变更根据。刑事责任量确定之后，一般不会发生变化，但是，如果犯罪人被判处了刑罚，在刑罚执行过程中出现刑法规定的事由，如立功、犯新罪等，就存在依法对原来判处的刑事责任量予以变更的问题。因此，刑事责任量的司法根据不但存在确定刑事责任量的根据的问题，还存在变更刑事责任量的根据的问题。司法上刑事责任量的确定根据是指司法机关在认定行为构成犯罪之后、决定是否予以刑罚处罚之前确定刑事责任程度的根据；而刑事责任量的变更根据则是指刑罚执行过程中法院确定罪犯的刑事责任量是否加重或减轻的根据。

第四，司法上无论是刑事责任量的确定还是刑事责任量的变更，都应包括实质根据、刑事政策根据、法律根据和事实根据四个层次。实质根据是指决定刑事责任量的本质根据；刑事政策根据是指影响刑事责任量司法裁量的政策根据；法律根据是指法律规定的裁量刑事责任量的根据，它不同于立法根据；事实根据是指实践中发生的影响刑事责任量的案件事实。我们知道，刑事责任的前提是犯罪，而犯罪首先是一种行为，没有行为就没有犯罪，就不能追究刑事责任。这表明司法上追究一个人一定量的刑事责任必须具有事实根据。但是，仅有行为事实并不能成立犯罪。根据罪刑法定原则，行为构成犯罪必须有刑法的明文规定，只有行为事实契合刑法规定的犯罪构成才能追究行为人的刑事责任，才能进一步根据犯罪事实和刑法规定确定刑事责任量，这表明司法上确定刑事责任量必须具有法律根据。更进一步看，为何某种行为事实、法律规定能够成为刑事责任量的事实根据和法律根据呢？这必然涉及刑事责任量的实质根据问题。因此，刑事责任量既有事实根据和法律根据，又有实质根据。此外，司法上进行刑事责任量的确定还要受到刑事政策的影响。笔者认为，司法上确定刑事责任量的实质根据仍然应是犯罪行为的社会危害性程度和犯罪人的人身危险性大小的统一；刑事政策根据也仍然应是基本刑事政策和具体刑事政策；法律根据则应是刑法规定的犯罪构成（包括基本构成、加重构成和减轻构成）和其他影响刑事责任程度的刑法规定；事实根据应包括犯罪构成事实、变量法定情节事实和变量酌定情节事实；而犯罪构成事实又包括基本构成事实、加重构成事实和减轻构成事实。刑罚执行过程中法院变更罪犯的刑事责任量虽然同样具有实质根据、刑事政策根据、法律根据和事实根据这四个层次，但是因其存在的阶段不同、法律规定不同而其具体内容不同，因而有必要加以区别讨论。对于上述各个层次的刑事责任量的根据，本书将分专章分别予以阐述。

二、刑事责任量的根据分层的意义

刑事责任量的根据决定刑事责任量的确定，因此，对于刑事责任量的根据进行上述分层，既具有理论意义，也具有实践意义。

首先，刑事责任量的根据客观上不是唯一的，而是多样的、具有层次性的，而对刑事责任量的根据进行系统分层，实际上是对这种客观存在的确认。这种确认有助于我们从理论上全面把握刑事责任量的各种根据，加深对刑事责任量的根据的理解，进而有利于对刑事责任量的根据进行全面、深入的理论研究，为立法和司法实践服务。

其次，无论是立法上刑事责任量的确定，还是司法上刑事责任量的裁量，都离不开刑事责任量的确定根据，而将刑事责任量的根据划分为立法根据和司法根据，在立法根据和司法根据下又进一步划分刑事责任量的各种根据，便于立法者和司法者对刑事责任量的根据的把握，有利于实践中充分发挥刑事责任量的各种根据的功能。具体来说，一方面，有利于立法者依据合理的因素在立法上确定好刑法中个罪的刑事责任量，乃至于犯罪整体的刑事责任量，实现罪责刑相适应；另一方面，有利于司法者通过正确适用刑事责任量的各种根据，来准确裁量犯罪人的刑事责任量的大小，从而正确适用刑事责任的承担方式，实现刑事司法的公正性。

第二章　　刑事责任量的哲学根据

"国家基于什么动机设定刑事责任，犯罪人为什么应受责难？这就触及刑事责任的哲学理论根据问题。"[①] 刑事责任量的哲学根据是从哲学的层面阐释国家基于什么理由能够将某一行为评价为犯罪，并在此基础上对之科以一定量的刑事责任的问题，即国家追究犯罪人一定量的刑事责任的正当性根据在哪里？本章试图从哲学的层面作出回答。

第一节　　西方两大刑事学派及我国学界对刑事责任哲学根据之认识

近代以来，西方刑法学界存在很有影响的刑事古典学派（旧派）和近代学派（新派），二者对刑事责任哲学根据的认识不同。其中，在人的意志是否自由的问题上，二者存在决定论与非决定论的对立。两者的根本分歧在于：人的意志在选择目标和决定行为的过程中，是受到他的生物天性、外界环境条件等一系列因果链条所制约和决定，还是能够摆脱这些因素的束缚而独立自由地发挥作用。

一、刑事古典学派对刑事责任哲学根据之认识

刑事古典学派也称为旧派，是资产阶级上升时期反映资产阶级刑法思想和刑事政策的刑法学派。它分为前期旧派和后期旧派。前

[①] 　高铭暄主编：《刑法专论》，高等教育出版社 2002 年版，第 485 页。

期旧派是指 18 世纪中后期到 19 世纪前半期的旧派。这一时期的旧派刑法理论以社会契约论、自然法理论为思想基础，否定封建刑法，论证国家权力源于国民，从而达到限制国家权力，实现刑法的补充性、法定性、平等性与人道性的目的。前期旧派的主要代表人物有贝卡里亚、费尔巴哈、边沁、康德、黑格尔。后期旧派是在前期旧派的基础上反驳新派而形成的。德国的宾丁、贝林格、毕克迈耶、迈耶等是其代表人物。

在刑事责任领域，古典学派主张道义责任论。道义责任论认为，人都是具有自由意志的，因为人是基于自由意志实施客观违法行为，所以能够对其进行非难，追究其道义上的责任。道义责任论以理性人假设为前提，认为人在本质上是自由的，任何人都是基于自由意志而行为的，人在意志自由的情况下选择触犯刑法的行为，就要对其行为后果承担刑事责任。很显然，道义责任论是以自由意志论为其哲学根据的。而运用哲学理论系统地阐述道义责任论的哲学根据的，主要是德国的康德和黑格尔两位哲学大师。

康德与孟德斯鸠、亚当·斯密一起并称为 18 世纪自由主义三大理论家。"意志自由是他整个实践哲学的核心。"[1] "意志的绝对自由对于康德的哲学是一个根本性的前提。"[2] 康德认为，人作为具有社会属性的动物，是有理性的，人人都有自己的自由意志。他在《道德形而上学原理》一书中写道："我们必须承认每个具有意志的有理性的东西都是自由的，并且依从自由观念而行动。"[3] "一般来说，意志可以包括有意志的选择行为。……这种选择行为可以由纯粹理性决定，而形成自由意志的行为。如果这种行为仅仅由感

---

① 税茂：《论康德实践哲学中的意志自由》，载《重庆邮电大学学报》（社会科学版）2010 年第 1 期，第 54 页。

② 参见周玄毅：《自由意志——康德道德宗教的核心观念》，载《云南大学学报》（社会科学版）2009 年第 4 期，第 71 页。

③ ［德］康德：《道德形而上学原理》，苗力田译，上海人民出版社1986 年版，第 102 页。

官冲动或刺激之类的意向决定，就是非理性的兽性选择。"①

康德所认为的意志自由有积极和消极两方面的含义。消极意义上的意志自由是"择别意志"的自由。康德认为，人作为感性世界和理性世界的存在物，拥有一种独立于感性自然因果律的自由能力，它使人们能够不受那些感性欲求的必然性支配。我们依据自己的意志作出与那些出自我们身体的爱好和愿望相违背的选择。冲动的强烈与否绝非我们行动的唯一根据。这样的自由被称作"择别意识"。康德说："准则源于择别意志，择别意志是人随意抉择的意志。……因此，只有择别意志方可称作是自由的。"② 然而，这仅仅是消极意义上的自由。康德认为，"有意选择行为的自由，在于它不受感官冲动或刺激的决定，这就形成自由意志的消极方面的概念。自由的积极方面的概念，则来自这样的事实：这种意识是纯粹理性实现自己的能力。但是，只有当各种行为的准则服从一个能够付诸实现的普遍法则的条件下才有可能"。③ 也就是说，积极的自由是对道德法则的遵从。"意志自由的自由绝非是纵己的自由，而它的限制也绝非是异己的限制。"④ 康德把人的真正的自由建立在对道德律的敬重上，即人在自己的实践活动中命令自己必须遵守道德法则。

康德认为，人的这种自由意志就使人具有认识自己行为性质和控制自己行为，能够选择此行为而舍弃彼行为的能力，因而也就具有对这种选择承担责任的能力。康德还认为，人的自由意志标志着人的理性发展程度，而这种自由意志的程度则与人们对于他所谓的人类社会普遍存在的"基本道德规律"的认识与遵守程度存在正

---

① ［德］康德：《道德形而上学原理》，苗力田译，上海人民出版社1986年版，第102页。

② ［德］康德：《康德文集》，改革出版社1991年版，第13页。

③ ［德］康德：《法的形而上学原理》，商务印书馆1991年版，第13页。

④ 税茂：《论康德实践哲学中的意志自由》，载《重庆邮电大学学报》（社会科学版）2010年第1期，第57页。

相关系，并且两者相辅相成。① 道德规律作为伦理法则规范着人们的内心意识，促使人们自觉地去实施应当实施的行为，决定着行为的道德性，基于伦理规则产生的责任，是一种道德责任，而当这一伦理规则被定入法律规范之中时，这种责任也就成了法律义务。违反这种义务时，不但要受到道德的责难，还要承担法律责任。犯罪行为就是这样一种行为，它不但在外部表现为违反了国家制定的法律，侵犯了他人的自由，对他人或社会造成危害，而且就其内心而言也是违反了道德规律的要求，违反了责任原则，因而也都是邪恶和有害的。行为者主观上对这种危害都有自知和自控能力，也就是说，他是在自由意志的支配下实施这些行为的，也就应该对这种危害行为承担相应的责任。② 或者说，人既然有选择行为的意志自由，竟避善从恶而犯罪，从道义的立场上，就不能不使行为人负担责任。康德由自由意志而论及道德命令，由道德命令而论及法律规则，进而论及刑事责任，显然，他将刑事责任的哲学根据归因于理性人的意志自由。

黑格尔是德国古典哲学的集大成者，他虽然不是一个专门的刑法学家，但是他的法哲学思想为西方刑法中的责任理论奠定了基础。黑格尔将客观精神所包含的抽象法、道德和伦理作为其法哲学体系的主要部分。他认为抽象法、道德和伦理也是法律发展所要经历的三个阶段。抽象法是客观法，主要由所有权、契约、不法三个方面的内容构成；道德是主观法，主要解决故意和责任、意图和福利、善和良心问题；伦理是主观与客观统一法，主要解决家庭、社会和国家的问题。黑格尔认为，法是一种精神层面的东西，而精神的根基是意志，而意志是自由的，所以法的实体和规定性就是由自由构成的。因此，他将每一个阶段的法，都和意志自由联系起来。

---

① 参见马克昌主编：《近代西方刑法学说史》，中国人民公安大学出版社 2008 年版，第 115 页。

② 参见马克昌主编：《近代西方刑法学说史》，中国人民公安大学出版社 2008 年版，第 115—117 页。

他将意志作为一种不需要证明的既存现实，通过论证意志与自由之间的不可分割性来论证意志自由的存在。他认为，既然自由是由意志的本质性决定的，既然所有的人都有意志，那么就可以认为所有人都有自由，所有的人因此都享有与意志自由相伴而生的权利，同时也承担着与意志自由相伴而生的责任。

黑格尔对刑事责任本质的论述是在自由意志的基础上展开的。他认为，犯罪是一种特殊意志，而其本身也是一种自由，同时它又是一种侵犯自由的暴力，因而其本质上是和自身相对立的，它实际上是对自由的否定，也是对自身的否定。黑格尔认为，责任不是外部的强加，他是自由意志自身的要求。他认为对犯罪的刑罚本身就是正义的，是不需要证明的。因为刑罚本身是犯罪人意志的反映，是他的自由的表现和要求，是犯罪人通过自己的自由意志所确立的法，并且是在他的犯罪中他所确立的法。在这里，黑格尔将责任归结为行为人自由意志的结果，是他的自由意志所认同的行为方式，从而自己也将接受这个认同所带来的结果。

黑格尔在《法哲学原理》一书中论述了犯罪的刑事责任问题。他认为犯罪只不过是刑事责任成立的前提，而刑事责任的哲学根据是人的自由意志。他认为，作为正常的人，人人都有自己的意志自由。受到法律处罚的主体只能是人，而且是具有自由意志的人，自由意志具有自在性，不受外界的干扰，最能体现人之行为的法律性的就是自由意志，这种自由意志是不受任何外部力量所能干涉和强制的。"作为生物，人是可以被强制的，即他的身体和他的外在方面都可被置于他人暴力之下；但是他的自由意志是绝对不可能被强制的。"① 这种自由意志就使人具有认识和控制自由行为的能力，即能够正确认识自己行为的性质、意义和后果，自觉决定自己实施什么性质的行为。这种认识和选择的自由，也就使人具备了对自己行为承担责任的能力。他在《法哲学原理》中写道："行动只有作

① ［德］黑格尔：《法哲学原理》，范扬、张企泰译，商务印书馆 1961 年版，第 96 页。

为意志的过错才能归责于我。"另外还说："行动使目前的定在发生某种变化，由于变化了的定在带有'我的东西'这一抽象谓语，所以意志一般说来对其行动是有责任的。"① 他还认为，自由是意志的根本规定。犯罪是理性人的自由意志的产物，犯罪是对法的违反，是对法的否定，因此犯罪人要对自己所实施的犯罪行为负刑事责任。而刑事责任也就是法对犯罪人自由意志的否定。可见，黑格尔也将刑事责任的哲学根据归结为人具有绝对的意志自由。

后期旧派仍然主张道义责任论。后期旧派的重要代表人物毕克迈耶认为，只有意思自由论才能肯定刑法。他从人有自由意志出发，认为每个人都有责任能力，人的责任能力没有不同，差别在于各人所实施的罪恶的大小。虽然如此，但针对社会责任论的批判，后期旧派提出了人并不具有绝对的意思自由，而只具有相对的意思自由，因为他不得不同时受到天生素质和外界环境的影响。然而，虽然人不具有完全超越一切素质和任何环境的力量，但能够以先天、后天的良质和环境中美好的一面为基础，去创造完善的人生。由此可见，后期旧派仍然坚持：相比天生的素质和外在的环境而言，自我决定性占据了优势的位置。同时，后期旧派反过来又批评社会责任论者，认为他们从根本上抹杀了人的主体性、自我选择性，是一种"宿命论"的思想，其为了防卫社会而处罚行为人的观点更是将人作为手段，缺乏对人的起码尊重。因此，以相对的意志自由论为基础的道义责任论成为主流。

从人性的角度考察，人具有理性的一面。旧派以人的理性为逻辑前提，阐述理性人之所以要承担刑事责任，是因为其具有意志自由。从哲学上肯定人的意志自由，并认为其是刑事责任的哲学根据，具有一定的合理性；而且该学说的提出在当时具有反对封建刑法的擅断性、残酷性、不平等性，实现人权保障的重要历史意义。但是，由于康德、黑格尔都是唯心主义哲学家，他们从抽象的理性

---

① ［德］黑格尔：《法哲学原理》，范扬、张企泰译，商务印书馆1961年版，第119页。

人出发，形而上学地认识人的意志自由，认为人的意志自由是不受任何环境因素影响的绝对的意志自由，则不符合客观实际，因而其意志自由论势必是唯心主义的、非科学的。此外，人既具有理性的一面，也具有非理性的一面。旧派以人的理性为前提得出意志自由论，进而说明刑事责任的哲学根据，忽视了人的非理性，是对人性的片面认识，其逻辑结论自然也是片面的。后期旧派在与新派的论战中虽然仍然坚持意志自由论，但其观点已有明显进步，这就是否定绝对的意志自由，肯定相对的意志自由，从而为刑事责任找到了合理的哲学根据。

二、刑事近代学派对刑事责任哲学根据之认识

近代学派又称新派，是西方由自由资本主义向垄断资本主义和帝国主义过渡时期形成的刑法学派。其代表人物有龙勃罗梭、菲利、加罗法洛、李斯特等。

19 世纪后半期，西方社会城市化加快，贫富差距拉大，失业、贫困、颓废现象日益严重，引发了高犯罪率等严重社会问题。强调报应主义的古典学派刑法理论对汹涌而至的犯罪浪潮缺乏必要的应对策略，引起了统治阶级和一些思考者的不满。近代学派就是基于对古典学派刑法理论的不满而形成的，并在对古典学派的批判与论战中不断发展。

近代学派分为刑事人类学派和刑事社会学派。刑事人类学派以人类学方法研究犯罪而得名，由意大利学者龙勃罗梭首创，代表人物还有意大利的菲利和加罗法洛；刑事社会学派因强调犯罪的社会原因而得名，由德国刑法学家李斯特首创。两派学者对犯罪原因、刑事责任的根据和本质、刑罚的目的等刑法基本理论问题进行了探讨。由于他们都以"实证"的方法进行研究，也称为实证学派。

在刑事责任领域，近代学派主张社会责任论，认为犯罪人之所以要负担刑事责任，不是由于道义上对他应加以谴责，而是为了防

卫社会的需要。① 该学说以哲学上的经验人假设为前提，认为人都是生活在社会中的人，必然要受各种自然的和社会的因素制约和影响。人的行为，包括犯罪行为，从本质上来说是被决定的。刑法处罚犯罪人，并非基于犯罪人的自由意志，而是根据行为决定论，行为人应承担社会责任。②

犯罪人的犯罪原因是多种多样的，其中行为人的性格是一个重要因素，故防止犯罪有赖于消除犯罪人的危险性格；刑罚是改善性格的一种手段，刑罚的主要目的是预防犯罪人重新犯罪；对于具有危险性格的人不管其有无道义上的责任，基于社会生活的需要，必须令其承担责任，这便是社会的责任。近代学派反对古典学派的意志自由论，否认没有原因的自由行为，主张世界上任何事物都受因果法则的支配，犯罪现象也不例外。显然，近代学派的社会责任论是以否定人的自由意志、肯定哲学上的因果法则为基础建立起来的。

切萨雷·龙勃罗梭是意大利著名的犯罪学家，刑事实证学派、刑事人类学派的创始人和主要代表。从犯罪学史来看，龙勃罗梭是现代犯罪学最重要的开拓性研究者之一，被许多犯罪学家称为"犯罪学之父"。③ 他基于天生犯罪人论提出了社会防卫论。他认为，意志自由只是哲学家的虚构，在现实生活中，一个人根本没有意志自由可言。人的行为是受遗传、种族等先天因素制约的。对于某些人来说，犯罪是必然的，是命中注定的。既然犯罪人犯罪是被先天因素所决定的，就应对先天犯罪人采取相应的社会防卫措施。可见，龙勃罗梭是完全否定人的意志自由的。

加罗法洛是刑事人类学派的继承与发展者，其代表作有《犯

---

① 参见马克昌主编：《近代西方刑法学说史》，中国人民公安大学出版社 2008 年版，第 164 页。

② 陈立：《刑事责任根据论》，中国法制出版社 2006 年版，第 125 页。

③ Frank E. H ag an , Introduction to criminology：Theories , methods , and criminal behavior, 4th ed, Nelson － Hall Publishers, 1995, p. 115.

罪学》。他反对自由意志的理论假设，认为只有在一定的情况下，行为人才有思考和感觉的权利。因为自由意志经常受到个人意志的内在或外在情况的影响，它通常是相对的，而且具有多变性的特征，经常可能把犯罪行为的应罚性降低到无足轻重和难以感觉的最低限度。所以，道义责任原理只能为犯罪提供避难场所，导致刑事遏制的目的失败。他认为绝对的自由意志是不存在的，道义责任的原理是谬误的。

思里科·菲利是意大利著名的犯罪学家，其代表作有《实证派犯罪学》。他提出了著名的犯罪三原因论。他认为，"无论哪种犯罪，从最轻微的到最残忍的，都不外乎是犯罪者的生理状态及其所处的自然条件和其出生、生活或工作于其中的社会环境三种因素相互作用的结果"。菲利的这种犯罪三原因论是从龙勃罗梭的生物决定论演变而来的。菲利也因此从犯罪人类学派走向犯罪社会学派。菲利对旧派学者认为犯罪是人们基于趋利避害的本性自由选择的结果的观点极力给予批评。他认为，实证心理学已经表明所谓的意志不过是一种纯粹主观的幻想，"自由意志"不仅是背离科学的杜撰，而且是有害于社会安全的形而上学的概念，它实际上使社会在危险的罪犯面前束手无策。他明确指出："犯罪自有其自然的原因，与犯罪人的自由意志毫无关系。"① 菲利强调："人的行为，是由于外部和内部原因整体所决定的、不可避免的结果，完全从属于力的变化以及自然因果律的普遍法规。毋庸置疑，这一决定论并不是宿命论的机械论。人与其他一切生物相同，具有的那种有机体、独特的生理以及心理状态，即使给予相同的外部刺激，其反映的方式也是因人而异。因此，人的一切行为是其人格的表征，又是归属于该人的必然结果，这成为物理的意义的归责的第一要素。"②

---

① ［意］菲利：《实证派犯罪学》，许桂庭译，商务印书馆 1936 年版，第 24—25 页。

② ［日］木村龟二：《刑法学入门》，有斐阁 1957 年版，第 248 页。

作为近代学派代表之一的李斯特，则以哲学上的原因决定为理论基础，从保全社会的立场出发，认为所谓责任，是指行为人"由于错误性在心理上起作用而实施的违法行为的可谴责性"。① 他从犯罪的原因观察，认为犯罪必然取决于行为人的素质和社会环境等因素，责任的本质是防卫社会，责任的基础是人的社会危险性或反社会性，与人的自由意志无关。既然犯罪行为的实施是由其本人的素质合乎社会环境所决定的，而不是行为人自由意志的产物，那么，就没有理由从道义上加以非难。②

从上述近代学派几位代表的观点可见，在刑事责任的哲学根据上，近代学派是否定绝对的意志自由的，同时从因果法则的角度阐述了刑事责任的哲学根据，具有进步意义。但是，近代学派中有的学者根本不承认人的意志自由，看不见人的能动作用，认为实施或不实施犯罪，不是由犯罪人的自由意志选择决定的，而是由行为人自身因素、社会因素或环境因素共同决定的，则是机械唯物主义的、不符合实际的。例如，菲利全面否认意志自由，在孔德实证主义哲学的影响下，他认为任何现象都是一定原因的结果，犯罪对于行为人来说，是"注定了的现象"。菲利排除了人的行为的任何或然性，似乎一切决定都是确定不移的，只能是一种结果，不可能是另一种结果。这种主张表面看来是科学的，实际上却否定了人的主观能动性在决定行为中的作用，是一种机械决定论，是一种偏离马克思主义的结论。③

三、我国学界对刑事责任哲学根据之认识

关于刑事责任量的哲学根据，虽然我国刑法学界还没有专题或

---

① ［德］李斯特：《德国刑法教科书》，柏林及莱比锡 1932 年版，第228 页。

② 参见马克昌主编：《近代西方刑法学说史》，中国人民公安大学出版社 2008 年版，第 234 页。

③ 高晓莹：《菲利犯罪学死刑判评》，载《政法学刊》1998 年第 1 期，第 3 页。

专文探讨，但是，已有一些学者在著作和论文中探讨了刑事责任的哲学根据问题。

我国最早探讨刑事责任的哲学根据的学者是著名的刑法学泰斗高铭暄教授。他在1988年发表的《论刑事责任》一文中专门探讨了刑事责任的哲学根据问题。他运用马克思主义的决定论，在批判绝对意志自由理论的基础上，从人的相对意志自由出发，阐述了犯罪人应承担刑事责任的哲学根据。他认为，"马克思主义的决定论，包括相对意志自由的观点，是我国刑法规定刑事责任的哲学理论根据"。[①] 这个基本观点在其后来主编的《刑法专论》中继续保留。但是，他在《刑法专论》中将刑事责任的哲学根据等同于刑事责任观，并将各种刑事责任观区分为剥削阶级的刑事责任观和马克思主义的刑事责任观。他认为，剥削阶级的刑事责任观，历经变迁，大体上是按照如下顺序留下历史足迹的：神意责任论、道义责任论、社会责任论、综合主义和折中主义的刑事责任理论，其中综合主义和折中主义的刑事责任理论又有几种理论观点，即新道义责任论、人格责任论和规范责任论；[②] 马克思主义的刑事责任观可以称之为"利益责任论"，即："从根本上说，刑事责任也就是统治阶级通过国家司法机关对基于个人自由意志实施违反统治阶级利益的行为的人所作的一种否定评价。"[③]

在高铭暄教授探讨刑事责任的哲学根据之后，20世纪90年代初，杨春洗教授、李希慧博士等学者也撰写论文讨论了刑事责任的哲学根据问题。杨春洗、苗生明在《论刑事责任的概念和根据》一文中运用马克思主义的物质与意识关系原理、决定论、相对意志自由的哲学观点阐述了刑事责任的哲学根据。他们认为，人的任何

[①]　高铭暄：《论刑事责任》，载《中国人民大学学报》1988年第2期，第30—31页。

[②]　高铭暄主编：《刑法专论》，高等教育出版社2002年版，第485—487页。

[③]　高铭暄主编：《刑法专论》，高等教育出版社2002年版，第490页。

行为都是在意识的基础上自由选择的结果，如果行为人对自己行为的反社会性质及危害社会的可能性认识的越清楚，选择的越果断，就表明行为人实施这种行为的愿望越强烈，当然就应当要求行为人负担更大的责任。"归结起来说，辩证唯物主义的决定论与相对意志自由思想的统一就是刑事责任的哲学根据。"① 李希慧教授在《刑事责任若干问题探究》一文中也运用马克思主义的物质与意识关系、决定论等原理分析了刑事责任的哲学根据。他认为，刑事责任的哲学根据是人的相对意志自由。"相对意志自由的原理告诉我们，一个正常的人实施犯罪是出于他意志的选择，他本来可以不选择犯罪而作出了如此选择，这就成了他负刑事责任的根源所在。"②

到了 21 世纪初，张明楷教授在其所著的《刑法学》（第二版）中运用马克思主义关于物质与意识关系的哲学原理阐述了刑事责任的哲学根据。他认为，国家追究犯罪人刑事责任的哲学根据首先在于犯罪人基于自己的主观能动性实施了犯罪行为；而犯罪行为侵犯了某种法益。国家是法益的保护者，因此，国家对基于主观能动性实施了侵害法益行为的人，应当追究刑事责任。③

从上述我国刑法学界对刑事责任哲学根据的认识来看，我国刑法学者对刑事责任哲学根据的探讨并没有离开古典学派的意志自由论这一基本立场，大都肯定人的意志自由，只不过认为人只具有相对的意志自由，不具有绝对的意志自由。但是，其哲学理论基础与古典学派是根本不同的。我国学者对刑事责任哲学根据的认识是以马克思主义的辩证唯物主义为基础的，是从马克思主义的物

---

① 杨春洗、苗生明：《论刑事责任的概念和根据》，载《中外法学》1991 年第 1 期，第 5 页。

② 李希慧：《刑事责任若干问题探究》，载《中南政法学院学报》1992 年第 3 期，第 9 页。

③ 参见张明楷：《刑法学》（第二版），法律出版社 2003 年版，第 386 页。

质决定意识、意识对物质具有反作用、人具有主观能动性的基本哲学观点出发来分析刑事责任的哲学根据，从而肯定人具有相对的意志自由的。这与古典学派以唯心主义哲学为基础来阐述刑事责任的哲学根据有根本的不同。正是因为我国学者以马克思主义为哲学武器来分析刑事责任的哲学根据问题，所以其科学性是不言而喻的。本书也赞同人具有相对的意志自由是刑事责任的哲学根据。

第二节　刑事责任量的哲学根据
是意志自由程度

一、意志自由的概念

从词源上看，"意志"与"意愿"在拉丁文原文是同一个词（voluntas），而"意愿"就是"愿意"、"志愿"或"自愿"。因此，从本质上看，意志是意愿的或自愿的，因而是自由的。"自由"，最普遍的解释是，由自己做主，不受限制、没有约束。"意志"，就是人自觉确定自己的目的，并支配自己的行动，以实现预定目的的心理过程。"自由意志"，可以说是人的心意不受限制，自己可以决定自己做或者不做，不受限制，不受约束，是一种完全的"可"与"不可"的自由的状态。因此，所谓意志自由，就是指一个行为只要行动者在行动时是自愿的，那么不管这个行动有没有外在的必然的原因，它都是自由的。所以意志自由的实质就是自愿性或意愿性。"人是靠其意志得到幸福或者不幸的生活……而意志得幸福之赏，或得不幸之罚乃是依据其自身的特性。"[①]这里的"意志自身的特性"就是意志的志愿性或自愿性。这就是说，意志是在自己的权能之下进行自愿选择的，人的意志是自由的。承认人

---

① ［古罗马］奥古斯丁：《独语录》，成官泯译，上海社会科学院出版社 1997 年版，第 14 页、第 30 页。

具有意志自由，其实就是承认人具有做一件事或不做一件事的自由决定的权利。而把这种自由决定的权利交给个人，目的是要体现人之所以为人的最根本的出发点。①

二、意志自由有程度之分

关于意志自由是否存在程度问题，早在康德和黑格尔的著作中就有论及。康德认为人的自由意志存在程度问题。他认为，人的自由意志标志着人的理性发展程度，而这种自由意志的程度则与人们对于他所谓的人类社会普遍存在的"基本道德规律"的认识与遵守程度存在正相关系，并且两者相辅相成。② 黑格尔也注意到，人的意志自由存在程度上的差别，因为"主观的定在也包含着不确定性，而其不确定程度是与自我意识和思虑的力量之强弱有关"，③这种不确定性就引起了人在责任能力上的差别，当然会影响到行为人对自己行为承担责任的程度。

之所以意志自由存在程度问题，首先是因为意志产生的前提即人的认识能力存在程度问题。"意志自由只是借助于对事物的认识来作出决定的那种能力。"④ 显然，意志自由是以认识为前提的。意志行动的一个重要特征是具有自觉的目的性，而人的任何目的都不是凭空产生的，都是在认识活动的基础上产生的。在实现意志行动时，为了确定目的与选择行动方法及策略，就必须运用已有的知识经验，探索事物的发展规律，分析主客观条件，拟订行动方案，编制行动计划，设想未来的后果。这一切都必须通过感知、记忆、

---

① 参见吴根友：《自由意志与现代中国伦理学、政治哲学、法哲学的人性论基础》，载《文史哲》2010年第4期，第147页。

② 参见马克昌主编：《近代西方刑法学说史》，中国人民公安大学出版社2008年版，第115页。

③ ［德］黑格尔：《法哲学原理》，范扬、张企泰译，商务印书馆1961年版，第123页。

④ 《马克思恩格斯选集》（第三卷），人民出版社1974年版，第152页。

思维和想象等认识过程才能实现。① 某一件事，做与不做，怎样去做，可能遇到什么困难，如何克服，所有这些都是感知、想象、思维的结果，是认识的结果。倘若没有认识，那就没有行动的目的，也就没有意志行动。② 因此，意志自由是以人具有认识能力为前提的。然而，人受到客观世界和主观世界的局限，人的认识能力总是有限的，也是不同的，认识能力有大小强弱之分，既然如此，人的意志自由必有程度之分。人的自由意志一旦外化到客观世界，就要受到外部定在各种因素的制约，从而具有造成多种多样结果的可能性，而对外部定在的各种情况的认识能力总是有限的，并不能对于自己行为可能造成的各种结果都有清楚的认识，这种认识能力的有限性，就决定了人对其行为后果承担责任范围的有限性。③

　　之所以意志自由存在程度问题，其实是因为意志的构成因素存在程度问题。从哲学上看，意志有以下三重结构：第一，是人的欲望、要求、思想的集中和凝聚，是人自觉追求的目标。"个人意志"、"阶级意志"、"打上意志的印记"等语中的意志，主要是表达这方面的含义。第二，是指人选择、确定行动目标的能力，即通常说的"意志自由"中的"意志"，意志品质中的"果断性"、"决断力"。第三，是指人调节、控制自身自觉确定目标行动的能力。"意志坚强"、"意志薄弱"、"锻炼意志"等的"意志"即是此义。第一方面偏重于意志的内容，涉及意志与客观世界的关系，有正确与错误、唯物与唯心之分。第二、三方面偏重于意志力。就意志力而言，存在强弱问题，或者说存在程度问题。因而意志自由

---

① 参见陈录生、马剑侠：《新编心理学》，北京师范大学出版社 1995 年版，第 170 页。

② 参见喻国华、徐俊贤主编：《普通心理学》，中国科学技术出版社 1995 年版，第 274 页。

③ 参见马克昌主编：《近代西方刑法学说史》，中国人民公安大学出版社 2008 年版，第 135—136 页。

也存在程度问题。

正是根据意志自由的有无和程度，法律将自然人分为有行为能力人、限制行为能力人和无行为能力人，与之相对应，所受的刑事责任追究也就不同。

三、意志自由程度的判断

古典学派认为，犯罪必须是意志自由的行为，犯罪人必须是具有这种意志自由的人。而这种意志自由的表现就是具有辨认和控制自己行为的能力。如果不具备这种能力，行为人就不能成为责任主体，不能构成犯罪；① 如果行为人的辨认控制能力较弱或减弱，其行为即便构成犯罪，其刑事责任量也应减少。或者说，人只有在意志自由的前提下实施危害行为，才能对其行为承担刑事责任。而意志自由以具有辨认控制能力为前提；没有辨认控制能力，不可能有意志自由。② 既然如此，对于意志自由程度的判断，就应当以人的认识能力（辨认能力）和控制能力两方面为考量因素。

（一）认识能力高低是判断意志自由程度的首要因素

认识能力是指行为人认识自己特定行为的性质、后果与意义的能力。正如有的学者所言："人的认识能力是人从事认识活动所具备的本领，是作为主体的人在认识活动中所表现出来的能动地、创造性地反映客体的能力，也是人体现和确证自己主体身份、主体地位的本质力量。"③人的认识能力是一个系统，是由多种形式的能力相互联系所构成的有机系统，可以从不同的方面、不同的角度来

---

① 侯国云、幺惠君：《必须将行为能力与刑事责任能力区别开来》，载《中国政法大学学报》2013 年第 5 期，第 8 页。

② 张明楷：《刑法学》（第二版），法律出版社 2003 年版，第 193 页。

③ 龚振黔：《认识能力、认识、认识的本质》，载《贵州师范大学学报》（社会科学版）2005 年第 1 期，第 28—29 页。

考察。如果从认识能力的性质和功能上看，认识能力可分为事实认识能力和价值认识能力。事实认识能力是指作为主体的人在认识过程中对外界对象物和人自身的客观现实状况反映的能力，其结果是形成关于外界对象物和人自身"是如何"的事实认识和事实判断。价值认识能力是指作为主体的人在认识过程中对外界对象物与人之间的价值关系反映的能力，其结果是形成关于外界对象物与人的关系和意义"应如何"的价值认识和价值判断。事实认识能力和价值认识能力必须共同发挥作用，人才能真正实现有目的地改造客观世界，从而满足人的需要。①

一般来说，人的认识能力应包括观察力、记忆力、思维力、想象力等基本要素。其中，观察力是一种"接收器"，其功能主要是接受各种信息；记忆力是一种"储存器"，其功能主要是保存和检索各种信息；思维力是一种"加工器"，其功能主要是对各种信息进行理性的加工处理；想象力是一种"创造器"，其功能主要是进行观念的创造。虽然观察力、记忆力、思维力和想象力各有不同的特点和功能，但在认识能力的发挥过程中相互联系、相互渗透、相互影响，共同起作用。② 由于人的感觉器官、天资、智力等方面的差异及其他主客观条件的限制，人的这四种能力往往不同，从而导致人的认识能力存在差异。如果以社会上一般人的水平为衡量标准，人的认识能力可以划分为一般人的认识能力、低于一般人的认识能力和高于一般人的认识能力三种类型。一般人的认识能力是指普遍性地看，人们对事物的认识在某一历史时期所达到的平均水平。如果低于这个平均水平，则属于低于一般人的认识能力；如果高于这个平均水平，则属于高于一般人的认识能力。作为形成意志自由的前提的认识能力，应当是达到一般人的认识能力类型，如果

① 龚振黔：《认识能力、认识、认识的本质》，载《贵州师范大学学报》（社会科学版）2005 年第 1 期，第 28—29 页。

② 龚振黔：《认识能力、认识、认识的本质》，载《贵州师范大学学报》（社会科学版）2005 年第 1 期，第 29 页。

达不到这种认识能力，就可能谈不上意志自由，或者可能属于低度的意志自由；如果超过了这种认识能力，就可能属于高度的意志自由。但是，意志自由的形成及其程度、认识能力的高低不是决定因素，起决定作用的是控制能力。

（二）　控制能力强弱是判断意志自由程度的关键因素

控制能力，是指对于自己行为的支配能力，即行为人是否存在意志能力。[1] 更为明确地说，控制能力是行为人支配自己实施或者不实施特定行为的能力。[2] 人如果缺乏控制能力，即便他有一般人的认识能力，也不能形成意志自由。这就是说，控制能力才是决定意志自由的关键因素。

科学研究表明，因人的年龄、精神状态等因素的影响，人的控制能力是存在差异的。有的人控制能力较弱，而有的人控制能力很强。更需要注意的是，人的认识能力高，不一定其控制能力强。因此，在人的认识能力高的情况下，判断其意志自由程度，关键要看其控制能力强弱。如果控制能力较弱，则其意志自由程度较低；反之，则其意志自由程度较高。

从年龄角度看，人的控制能力可以区分为未成年人的控制能力和成年人的控制能力，前者的控制能力低于后者。这导致未成年人的意志自由程度低于成年人。从精神是否正常角度看，人的控制能力可以区分为正常人的控制能力和精神不正常人的控制能力，后者的控制能力如果不是缺乏，一般也低于前者的控制能力。这导致后者的意志自由缺乏或者其意志自由程度低于正常人。

---

[1]　陈兴良：《刑事责任能力研究》，载《浙江社会科学》1999 年第 6 期，第 69 页。

[2]　张明楷：《刑法学》（第二版），法律出版社 2003 年版，第 192 页。

四、意志自由程度作为刑事责任量的哲学根据之立法体现

将意志自由程度作为刑事责任量的哲学根据，在我国《刑法》第 17 条至第 19 条中有所体现。

（一）《刑法》第 17 条第 3 款的规定

《刑法》第 17 条第 3 款规定："已满 14 周岁不满 18 周岁的人犯罪，应当从轻或者减轻处罚。"这是我国刑法对未成年人犯罪从宽处罚原则的规定，其实也是未成年犯罪人的刑事责任量应轻于成年犯罪人的法律依据。这是因为辨认能力和控制能力取决于行为人的智力和社会知识的发展程度。人的智力和社会知识的发展程度又主要受制于人生过程的年龄因素。进一步说，人的认识能力和控制能力的有无、强弱与一个人的年龄有着直接的联系。人处在不同的年龄阶段，其辨认控制能力的有无和强弱是有所不同的。只有达到一定年龄的人，才会具有相应的认识能力和控制能力，因为只有达到一定年龄，人的智力才能得到充分的发育；也只有达到一定年龄，人的社会经验才能得到充分的积累。已满 14 周岁不满 18 周岁之间的年龄段，是人的心智发育的集中阶段，在此阶段，随着年龄的增长、受教育程度的提高、社会实践经验的积累，人逐步建立起辨认和控制自己行为的能力。但在 14 周岁与 18 周岁之间的未成年人的认识能力和控制能力发展的跨度较大，变化较快，同时其辨认能力与控制能力是很不稳定的，容易受到外来因素的干扰，因此其行为具有冲动、草率、懵懂的特点。[①] 刑法对未成年犯罪人的刑事责任量作出轻于成年人的规定，正是考虑到未成年人的上述身心特点使其辨认能力和控制能力程度低于成年人，其意志自由程度低于成年人。

---

① 冯卫国、王振海：《我国未成年人刑事责任范围的立法完善：以渐进性为视角》，载《青少年犯罪问题》2005 年第 6 期，第 34 页。

（二）《刑法》第 17 条之一的规定

《刑法》第 17 条之一规定："已满 75 周岁的人故意犯罪的，可以从轻或者减轻处罚；过失犯罪的，应当从轻或者减轻处罚。"这是我国刑法对老年犯罪人的刑事责任量轻于非老年的成年犯罪人的规定。人的生理和心理规律表明，当一个人达到高年龄段后，其生理功能开始衰退，大脑逐渐萎缩退化，大脑皮层神经活动过程的灵活性减弱，神经调节能力较差，对外界刺激的反应因潜伏期延长而迟钝，因此其记忆力、注意力、反应能力、行为控制能力以及分析综合、推理判断等能力都有所减弱。这种生理心理的变化必将导致老年人认识能力和控制能力下降。如同人处于幼年阶段欠缺辨认控制能力一样，影响其意志自由。刑法对老年犯罪人的刑事责任量作出轻于非老年的成年犯罪人的规定，也正是考虑到老年人的上述生理心理特点使其辨认控制能力走向衰弱，其意志自由程度低于非老年的成年人。

（三）《刑法》第 18 条第 3 款的规定

《刑法》第 18 条第 3 款规定："尚未完全丧失辨认或者控制自己行为能力的精神病人犯罪的，应当负刑事责任，但是可以从轻或者减轻处罚。"这是我国刑法对尚未完全丧失辨认或控制能力的精神病人犯罪的刑事责任量可能轻于精神正常人的规定。因为尚未完全丧失辨认或控制自己行为能力的精神病人，仍然具有一定的意志自由，所以在其行为成立犯罪的情况下，应当负刑事责任。[1] 但是，由于其辨认控制能力与精神正常人相比有所减弱，其意志自由程度低于正常人，因此刑法对其作出了相对从宽处罚的规定。也就是说，对尚未完全丧失辨认或者控制能力的精神病人犯罪，刑法只是规定"可以"从轻或者减轻处罚，而不是"应当"从轻或者减轻处罚；如果所实施的犯罪与辨认、控制能力减弱有关，就得从轻

---

[1]　张明楷：《刑法学》（第二版），法律出版社 2003 年版，第 199 页。

或者减轻处罚；如果没有联系，则可以不从轻或者减轻处罚。这就是说，其刑事责任量可能轻于正常人，也可能不轻于正常人。

（四）《刑法》第 19 条的规定

《刑法》第 19 条规定："又聋又哑的人或者盲人犯罪，可以从轻、减轻或者免除处罚。"这是刑法对具有特定生理缺陷的人犯罪的刑事责任量可能轻于生理功能正常人的规定。又聋又哑的人和盲人虽然具有生理缺陷，但是其辨认控制能力并没有丧失，因此其实施犯罪的，应当负刑事责任。但是，又聋又哑的人和盲人毕竟因为其生理上的缺陷导致其接受教育和参加社会活动的机会受到一定的限制，其辨认控制能力可能低于没有生理缺陷的人，进而其意志自由程度可能低于没有生理缺陷的人，因此刑法对其作出了相对从宽处罚的规定。即是说，对又聋又哑的人和盲人犯罪，刑法只是规定"可以"从轻、减轻或者免除处罚，而不是"应当"从轻、减轻或者免除处罚。又聋又哑的人和盲人由于其生理缺陷导致其对某些犯罪的辨认控制能力减弱时，得从轻、减轻或者免除处罚；如果生理缺陷对辨认控制能力并没有影响，则可以不从轻、减轻或者免除处罚。或者说，又聋又哑的人和盲人的刑事责任量可能轻于没有这些生理缺陷的人，也可能与没有这些生理缺陷的人一样。

第三章　刑事责任量的实质根据

刑事责任量的实质根据既是刑事责任量的立法根据，又是刑事责任量的司法根据。这就是说，无论是立法上确定刑事责任量，还是司法上裁定刑事责任量，都有其实质根据。笔者认为，二者的实质根据是相同的，均是犯罪的社会危害性程度和犯罪人的人身危险性大小的统一。正因为如此，笔者将其作为一个专题进行研究，不分别立论。对刑事责任量的实质根据进行研究，对于实现刑事责任量的确定之实质合理性、保障立法和司法的公正性具有重要意义。

第一节　犯罪的社会危害性程度是刑事责任量的实质根据

要研究作为刑事责任量的实质根据之犯罪的社会危害性程度，必须从社会危害性、犯罪的社会危害性、犯罪的社会危害性程度三个基本概念开始。

一、社会危害性、犯罪的社会危害性、犯罪的社会危害性程度的概念

（一）社会危害性概念的界定

社会危害性是俄罗斯联邦刑法和我国刑法理论中的基石性概念，在刑法中也有较为明显的立法表达。例如，《俄罗斯联邦刑法典》第 14 条规定："本法典以刑罚相威胁所禁止的有罪过地实施的危害社会行为，被认为是犯罪；行为（不作为）虽然形式上含有本法典规定的某一行为的要件，但由于情节显著轻微而不构成社

67

会危害性的，不是犯罪。"第 15 条第 1 款规定："本法典规定的行为，依照其社会危害性的性质和程度，分为轻罪、中等严重的犯罪、严重犯罪和特别严重的犯罪。"我国《刑法》第 13 条关于犯罪概念的规定、第 14 条关于故意犯罪的规定、第 15 条关于过失犯罪的规定中也蕴涵着行为的社会危害性是行为构成犯罪的本质要求。但是，由于刑法并未对社会危害性概念作出界定，因此对于什么是社会危害性，刑法学界存在各种不同的看法。俄罗斯联邦刑法学界认为，"所谓社会危害性，是指犯罪的行为对刑法所保护的社会利益造成实质性的危害或者会产生这种危害的现实威胁。社会危害性是犯罪的本质特征，反映犯罪的社会本质"。① 显然，俄罗斯联邦刑法学者所指的社会危害性是犯罪的社会危害性。而在我国，学界一般认为，社会危害性并非刑法所独有，只有严重的社会危害性才是犯罪的本质特征。但是，就社会危害性概念本身而言，我国刑法学界存在事实说、法益说、属性说、综合说和两分说等观点的分歧。

（1）事实说。该说认为，社会危害性是一种事实。如有的学者认为，所谓社会危害性是指行为给社会造成不利后果的客观事实。②

（2）法益说。该说认为，"社会危害性是指行为对刑法所保护的法益的侵犯性（其中包括侵害性或威胁性）"。③ 对于将社会危害性解释为法益侵害的意义，持该说的学者认为："在我国，犯罪构成是社会危害性的法律标志，正确评价行为的社会危害性对于刑事立法与司法起着重要作用。从刑事立法上看，立法者不是根据法律而是根据法律外的因素评价社会危害性；从刑事司法上看，司法

---

① ［俄］Л. В. 伊诺加莫娃—海格主编：《俄罗斯联邦刑法（总论）》（第二版），黄芳等译，中国人民大学出版社 2010 年版，第 29 页。

② 赵秉志、陈志军：《社会危害性与刑事违法性的矛盾及其解决》，载《法学研究》2003 年第 6 期，第 106 页。

③ 张明楷：《法益初论》，中国政法大学出版社 2000 年版，第 253 页。

人员根据法律规定评价社会危害性。但是，刑法规定了多种多样的影响社会危害性的因素，因此，如何评价社会危害性，关键取决于哪些因素影响行为的社会危害性以及各种因素对社会危害性的影响程度。坚持法益侵害说，意味着法益的价值（重要性）、侵害的程度以及危险的程度对社会危害性起着首要的影响，而行为人的主观恶性则是其次的。"同时该学者还指出，"仅仅从总体上认识到犯罪的本质是社会危害性还不够，还必须进一步明确社会危害性就是对法益的侵害"。①

（3）属性说。该说认为社会危害性是行为对刑法所保护的社会关系造成损害的特性或属性。如有的学者认为，"所谓社会危害性，即指行为对刑法所保护的社会关系造成或可能造成这样或那样损害的特性"。还有的学者认为，② 所谓社会危害性是指行为给社会带来一定不利后果的行为属性。③

（4）综合说。该说认为以上三种观点都有一定道理，但又都有一定的片面性，即离开了事实，社会危害性就失去了客观基础；不从法益出发，就无法揭示社会危害性的本质属性；而从形式上看，属性说也是成立的。因此，所谓社会危害性，就是指对社会秩序和社会关系具有破坏作用的行为对社会造成这样或者那样损害的事实特征。因而社会危害性具有三个特征：首先，社会危害性是某类行为的一种特性或者属性；其次，社会危害性是一种事实属性；最后，社会危害性是一种侵害法益的事实属性。④

（5）两分说。该说认为对社会危害性可以分为立法层面的社

---

① 张明楷：《新刑法与法益侵害说》，载《法学研究》2000 年第 1 期，第 19—32 页。

② 高铭暄、马克昌主编：《刑法学》，北京大学出版社、高等教育出版社 2007 年版，第 51 页。

③ 赵秉志、陈志军：《社会危害性与刑事违法性的矛盾及其解决》，载《法学研究》2003 年第 6 期，第 107 页。

④ 参见陈兴良：《刑法哲学》（第二版），中国政法大学出版社 2000 年版，第 157—158 页。

会危害性与司法层面的社会危害性。立法层面的社会危害性是指立法者根据一国政治、经济、文化等国情以及以往同犯罪作斗争的经验在观念上认为某些行为能够严重侵犯国家、社会、个人利益而具有的社会危害性。这种意义上的社会危害性是立法者确认某一行为为犯罪的指南针。立法层面的社会危害性不是可以任意认定的，必须受到该国人口、地域、历史、政治、经济、文化等各种因素的制约。这种意义上的社会危害性是客观的，是立法者认定某一行为是犯罪的合理根据。司法层面的社会危害性是指司法者依据行为的刑事违法性而认定该行为严重侵犯了国家、社会、个人利益而具有的社会危害性。这种意义上的社会危害性是认定犯罪的标准。①

上述五种学说分别从不同的角度阐释了社会危害性概念的内涵。事实说揭示了认定行为具有社会危害性的客观依据，强调了行为造成危害结果的客观性。但是，该说将社会危害性等同于客观危害事实，既混淆了"客观危害"与"社会危害性"两个概念的区别，又缩小了社会危害性概念的外延。其实，社会危害性是社会对行为的价值判断的结果，它不可能仅仅是一种客观事实。法益说将社会危害性解释为法益的侵害或威胁性，似乎有将社会危害性等同于法益的侵害或威胁性之嫌。综合说看似比较全面，但是没有真正界定社会危害性的性质，同时，由于它以事实说和法益说为基础，又不可避免地具有事实说和法益说的缺点。两分说为我们认识社会危害性提供了新的视角，但是，将社会危害性区分为立法意义上的社会危害性和司法意义上的社会危害性，是否意味着存在两种不同的社会危害性，但这两种社会危害性的差别又何在呢？该论者并没有予以说明；而且，如果两种社会危害性不同，就意味着立法认定犯罪的标准和司法认定犯罪的标准不同，这正是否定论者批评的中心。其实，刑事司法程序中各种具体犯罪的社会危害性的判断体现在定罪处刑的过程中，其本质是刑法规范已经确定的社会危害性在

---

① 李立众、李晓龙：《罪刑法定与社会危害性的统———与樊文先生商榷》，载《政法论丛》1998年第6期，第3—6页。

现实生活中的具体实现，以刑法确定的有关犯罪的客观构成要件为标准，也就是司法中的社会危害性和立法中的社会危害性二者完全是统一的。虽然社会危害性在刑事立法阶段和刑事司法阶段发挥的功能不同，但我们不能据此认为有两种不同的社会危害性。① 属性说用"行为"、"社会关系"、"损害"这三个核心词来诠释犯罪的本质特征，既指明了社会危害性属于行为的属性，又从行为无价值的角度界定了该行为属性的本质特征，并揭示了社会危害性包含一定的价值评价性，因此较为合理，笔者表示赞同。

（二）犯罪的社会危害性的概念

贝卡里亚在《论犯罪与刑罚》一书中认为，衡量犯罪的真正标尺既不是"犯罪时所怀有的意图"，也不是"罪孽的轻重程度"，而是"犯罪对社会的危害"。② 在此，贝卡里亚肯定了犯罪的社会危害性概念。然而，虽然"犯罪是对社会的危害，但是，危害社会的不一定就是犯罪"。③ 因此，有必要进一步明确界定犯罪的社会危害性概念。犯罪的社会危害性是指行为构成犯罪所必须具有的社会危害性，是行为对刑法所保护的社会关系的侵犯性。一切不道德行为、一般违法行为和犯罪行为都具有一定程度的社会危害性，或者说，社会危害性是一切不道德行为、一般违法行为和犯罪行为的共同本质，它不能将三者区别开来。因此，只有行为构成犯罪所必须具有的社会危害性，而且其内容是侵犯刑法所保护的社会关系，才能称之为犯罪的社会危害性。犯罪的社会危害性是应当受到刑事责任追究的社会危害性，也是值得科处刑罚的社会危害性。要

---

① 参见詹红星：《社会危害性概念的争议与评析》，载《韶关学院学报》2011 年第 1 期，第 126 页。

② ［意］贝卡里亚：《论犯罪与刑罚》，黄风译，中国大百科全书出版社 1993 年版，第 67 页。

③ 高铭暄主编：《刑法学原理》（第一卷），中国人民大学出版社 1993 年版，第 389 页。

把握犯罪的社会危害性的概念，必须把握以下三个方面的特征：

第一，犯罪的社会危害性是行为事实与价值评价的统一。"无行为则无犯罪"，犯罪首先是行为，因而犯罪的社会危害性首先依附于行为而存在，没有行为，也就没有犯罪的社会危害性可言。然而，行为是生物的基本特征，其本身是中性的、不具有价值性的。行为事实是一种纯客观的存在。① 因而，仅靠行为本身无法判定其社会危害性的有无。由于人是处在社会之中的人，人的本质属性在于社会性。这样，作为行为的作用对象——"社会关系"便进入我们的视域。然而，社会关系是一个包罗万象的概念，并且在具体的人群中社会关系亦具归属性（表现为不同人的社会关系）。这样，个体通过行为对社会关系产生作用及其后果也就难以估摸。所以，脱离一定的价值评价，行为对社会关系的作用及其过程无所谓利与弊。因而，必须把"损害"纳入进来，"损害"既意味着一种客观结果，也代表着一定的价值评价。当某一行为对某一社会关系产生的作用严重背离了社会（国家）的价值追求，为普遍的社会成员所不能容忍时，该行为就被评价为社会危害性（即损害），并被冠以"犯罪"之称谓，以显示行为的无价值性。② 这就是说，光有行为事实，是不能称之为犯罪的社会危害性的，只有行为事实与一定的价值评价相结合，才有犯罪的社会危害性可言。因此，犯罪的社会危害性是行为事实与价值评价的统一。

第二，犯罪的社会危害性是犯罪的客观危害与主观恶性的统一。犯罪的客观危害是指行为对刑法所保护的社会关系所造成的实际损害或造成实际损害的危险。犯罪的社会危害性首先在内容上必须具备客观危害，没有客观危害的行为是不能构成犯罪的，当然也就无犯罪的社会危害性。然而，只有客观危害而无主观恶性的行

---

① 参见陈兴良：《刑法哲学》，中国政法大学出版社 1997 年版，第 86 页。

② 桑俊杰：《社会危害性内涵的多维解读》，载《南昌高专学报》2010 年第 5 期，第 6 页。

为，也是不能构成犯罪的，否则就会导致结果责任，这与现代刑法的理念相违背。

主观恶性中的"恶性"一词源于伦理学概念上的"恶"，但伦理学意义上的"恶"是指对某一行为或事件的否定性评价。而恶性并非针对违背道德的行为作出的评价，它与人性相联系，是对某一行为人的人性或人格的否定评价。最早将"恶性"引入刑法学中的，是刑事人类学派的代表人物加罗法洛。他在关于犯罪构成论的论述中率先使用了"恶性"一词。但随着刑事社会学派的崛起，恶性被一些学者指责为与报应刑论的"以恶报恶"思想同出一辙。从而由"社会危险性"一词取而代之，其含义是指犯罪人的生理、心理特质及其犯罪因素所决定的犯罪倾向或反社会人格。[①] 我国刑法学界对主观恶性的含义有不同看法。本书认为，主观恶性是指行为主体对现实的破坏态度及与之相适应的行为方式上的反社会心理特征。主观恶性表现为犯罪的罪过形式、犯罪目的与动机。而罪过形式又分为犯罪故意和犯罪过失。无论是犯罪故意还是犯罪过失都包含着认识因素和意志因素，其认识因素决定着主观恶性的有无，意志因素决定着主观恶性的程度。当然，单纯的认识因素与意志因素都不能决定行为人的主观恶性，只有认识因素与意志因素相结合才能反映主观恶性。[②] 犯罪的社会危害性也只有是主观恶性与客观危害的统一，才能符合现代刑法的主客观相统一的原则，才能合理地界定犯罪圈的范围和保障人权。

第三，犯罪的社会危害性是质与量的统一。犯罪的社会危害性具有质的规定性。这种质的规定性是由犯罪所侵犯的客体决定的。犯罪的社会危害性之"质"，是指犯罪行为的社会侵害性，它旨在反映行为的否定价值，从而将无价值行为与价值行为相区分。然

---

①　甘雨沛、何鹏：《外国刑法学》（上册），北京大学出版社 1984 年版，第 159 页。

②　参见宋伟卫：《包含抑或并立——人身危险性与主观恶性之辨析》，载《宁波大学学报》（人文社科版）2007 年第 5 期，第 113 页。

而，无价值行为包含不道德行为、一般违法行为和犯罪行为。社会危害性之"质"，在此主要起到区分不道德行为与违法行为（包含一般违法与刑事违法）的作用。那么，某一行为为何会评价为犯罪而非一般违法呢？对此，则需要从社会危害性之"量"的角度考察。社会危害性之"量"，亦即社会侵害性的程度。换言之，行为的社会侵害性达不到"严重"的程度，则不得将之纳入犯罪圈。因此，犯罪的社会危害性是在"质"上达到一定要求、在"量"上达到一定程度的社会危害性，是质与量的统一。只有把握社会危害性的"质"与"量"的统一，立法者才能明确犯罪圈的范围，司法者才能使那些形式上符合刑法规定的犯罪构成而实质上欠缺犯罪性的行为排除在犯罪圈之外，从而对犯罪的成立起到出罪的作用，以限制国家刑罚权的滥用，确保公民的自由和人权。

综上所述，犯罪的社会危害性是行为事实与价值评价的统一，是客观危害性与主观恶性的统一，是质与量的统一。犯罪的社会危害性在我国《刑法》第 13 条关于犯罪的定义中有明确的体现，即一切危害国家主权、领土完整和安全，分裂国家、颠覆人民民主专政的政权和推翻社会主义制度，破坏社会秩序和经济秩序，侵犯国有财产或者劳动群众集体所有的财产，侵犯公民私人所有的财产，侵犯公民的人身权利、民主权利和其他权利，以及其他危害社会的、依法应当受到刑罚处罚的行为都具有犯罪的社会危害性。

（三）犯罪的社会危害性程度的概念

行为的社会危害性有程度之别，一般违法行为的社会危害性达到严重程度，需要用刑法加以规制时，就成为犯罪的社会危害性，而当行为构成犯罪之后，其社会危害性也有程度上的不同，因而就有犯罪的社会危害性程度的概念。犯罪的社会危害性程度是指行为构成犯罪之后的社会危害性大小。对此，我国《刑法》第 61 条是明确予以肯定的。该条规定："对于犯罪分子决定刑罚的时候，应当根据犯罪的事实、犯罪的性质、情节和对于社会的危害程度，依照本法的有关规定判处。"其中"对于社会的危害程度"就是指犯罪对于社会的危害程度，即犯罪的社会危害性程度。

犯罪的社会危害性程度以行为的社会危害性达到犯罪的程度为前提。既然犯罪的社会危害性是客观危害和主观恶性的统一，那么犯罪的社会危害性程度也是客观危害程度和主观恶性程度的统一。认定犯罪的社会危害性程度，就要从犯罪的客观危害程度和主观恶性程度两个方面来进行综合判断。

二、犯罪的社会危害性程度应是刑事责任量的实质根据

关于犯罪的社会危害性程度是否刑事责任量的实质根据，存在肯定论和否定论两种观点。

肯定论者认为，犯罪的社会危害性程度是刑事责任量的实质根据，因为：第一，犯罪的社会危害性是犯罪的本质特征，它决定着刑事责任的产生。犯罪与刑事责任具有前因后果的关系。犯罪是刑事责任产生的前提；刑事责任是发生犯罪后的法律后果，是国家对犯罪所作出的否定性法律评价。而国家之所以对犯罪作出否定性的法律评价，是因为犯罪具有这样一个本质属性，即严重的社会危害性，它是犯罪的实质内容和最基本的特征。将犯罪的社会危害性视为刑事责任的实质根据，充分体现了刑法的阶级本质。为适应国家的政治、经济发展需要适时地将一些原来不认为是犯罪的有害行为规定为犯罪，并进而追究刑事责任，同时把一些原属犯罪的行为视为无罪从而使行为人不负刑事责任，这都是由刑事责任的实质根据——犯罪的社会危害性所具有的历史易变性决定的。第二，犯罪的社会危害性是衡量行为人应否负刑事责任以及负多大刑事责任的实质尺度。刑法规定了犯罪的实质性概念，将犯罪的社会危害性作为本质特征，进而对刑事责任的有无作出实质性的衡量。追究行为人的刑事责任，不仅要指明其行为违反了刑法规范而构成了犯罪，而且还要确定其行为是构成重罪还是轻罪，应负多大的刑事责任以及给予何种程度的刑事制裁。所有这些，仍需要以行为的社会危害

性及其程度为尺度作出评判。① 显然，肯定论者在肯定犯罪的社会危害性是刑事责任的实质根据的基础上，肯定了犯罪的社会危害性程度是刑事责任量的实质根据。

否定论者认为，社会危害性不是也不能成为刑事责任的根据，因为：第一，社会危害性是犯罪的本质属性，而不是一系列客观事实。刑事责任只能由一定的法律事实所引起，而不能由法律事实内在的某种抽象的属性所引起，将刑事责任的根据归结为犯罪的本质属性——社会危害性，是不准确的。第二，对于犯罪来说，作为其本质属性的社会危害性根本离不开刑事违法性，某种行为具有社会危害性但不具有刑事违法性，就不是犯罪。如果承认行为只要具有严重程度的社会危害性便可以追究行为人的刑事责任，社会主义法制必将荡然无存。② 该观点否定了社会危害性是刑事责任的根据，当然也就否定了犯罪的社会危害性程度是刑事责任量的实质根据。

笔者赞同肯定论。因为从刑事责任的产生看，刑事责任产生于犯罪，有犯罪才有国家对犯罪的否定性评价和谴责，才有刑事责任，即犯罪与刑事责任有前因后果的关系，因而作为对犯罪的否定性评价和谴责的刑事责任，其实质根据从犯罪的本质特征中去寻找才是正确的途径。马克思和恩格斯曾鲜明地指出：犯罪是"孤立的个人反对统治关系的斗争"，③ 是"蔑视社会秩序最明显最极端的表现"。④ 也就是说，犯罪的本质特征是严重的社会危害性。国家之所以要对犯罪追究刑事责任，也就是因为犯罪严重危害国家的统治秩序；国家只有对犯罪追究刑事责任，才能惩治和预防犯罪，从而维护国家的统治秩序。因此，从根本上说，犯罪的社会危害性

---

① 参见吴占英：《论刑事责任的法律学根据》，载《湖北成人教育学院学报》2001 年第 3 期，第 27 页。

② 参见张智辉：《论刑事责任根据之争》，载《公安大学学报》1995 年第 6 期，第 14 页。

③ 《马克思恩格斯全集》（第三卷），人民出版社 1960 年版，第 379 页。

④ 《马克思恩格斯全集》（第二卷），人民出版社 1957 年版，第 416 页。

是刑事责任的实质根据，从而犯罪的社会危害性程度是刑事责任量的实质根据。

笔者之所以不赞同否定论，是因为否定论存在两个方面的问题：一是将刑事责任的根据局限于事实根据，没有看到刑事责任除了事实根据之外，还有哲学根据、实质根据等其他根据的存在，因而是片面的，也是对刑事责任根据的误解；二是对肯定论的误解。刑事责任的实质根据说明的是国家为何从根本上要追究犯罪的刑事责任问题，肯定论认为犯罪的社会危害性是刑事责任的实质根据，并不是说具备了刑事责任的实质根据，就一定要追究犯罪人的刑事责任，肯定论也并没有否定犯罪的刑事违法性特征。而否定论从肯定论的观点中推导出肯定论否定了犯罪的刑事违法性，是不符合逻辑的。

三、犯罪的社会危害性程度作为刑事责任量的实质根据之立法体现

在俄罗斯联邦刑法中，犯罪的社会危害性程度是刑事责任量的实质根据，不但表现在犯罪分类上，而且表现在处刑上。首先，从犯罪分类来看，俄罗斯联邦刑法将其规定的种种犯罪行为依照其社会危害性的性质和程度，分为轻罪、中等严重的犯罪、严重犯罪和特别严重的犯罪四类。其次，在处刑方面，《俄罗斯联邦刑法典》第 60 条规定，处刑应考虑犯罪社会危害性的性质和程度；第 64 条规定，当存在大大减轻犯罪社会危害性的程度的情节时，刑罚可以低于本法典分则相应条款规定的低限，或者法院可以判处比该条的规定更轻的刑种，或者不适用本来作为必要附加刑规定的附加刑；第 68 条规定，在对累犯、危险的累犯和特别危险的累犯处刑时，应考虑以前所实施犯罪的社会危害性的性质和程度，以及考虑所犯新罪的社会危害性的性质和程度。

我国刑法将犯罪的社会危害性程度作为刑事责任量的实质根据，主要表现在：首先，从刑法总则规定看，不少规定体现了犯罪的社会危害性程度是刑事责任量的实质根据。例如，《刑法》第 14

条、第 15 条规定，"故意犯罪，应当负刑事责任"，"过失犯罪，法律有规定的才负刑事责任"。显然，刑法是以追究故意犯罪刑事责任为原则，以追究过失犯罪刑事责任为例外的。刑法作出此规定的根据在于：故意犯罪的主观恶性大于过失犯罪，进而故意犯罪的社会危害性大于过失犯罪。或者说，刑法是基于故意犯罪与过失犯罪的社会危害性程度不同而规定不同的刑事责任的。又如，《刑法》第 20 条、第 21 条规定，防卫过当和避险过当应当负刑事责任，但应当减轻或者免除处罚。之所以作出此规定，是因为防卫过当和避险过当构成犯罪，是在正当防卫和紧急避险过程中导致的，相比其他情形的犯罪来说，其主观恶性和社会危害性程度明显较小，因而在刑事责任量上应当减免。再如，《刑法》第 22 条、第 23 条规定，对预备犯可以比照既遂犯从轻、减轻或者免除处罚，对未遂犯可以比照既遂犯从轻或者减轻处罚。如此规定表明，预备犯的刑事责任量一般小于未遂犯，未遂犯的刑事责任量一般小于既遂犯。刑法之所以作出该规定，主要是因为"预备犯在主观上具备的主要是为犯罪实施创造便利条件的意图，在客观上实施的仅是犯罪的预备行为，从主客观统一上看，预备犯的社会危害性一般既大大轻于既遂犯，也显著轻于未遂犯"；[①] 未遂犯的社会危害性也一般小于既遂犯。例如，《刑法》第 61 条规定："对于犯罪分子决定刑罚的时候，应当根据犯罪的事实、犯罪的性质、情节和对于社会的危害程度，依照本法的有关规定判处。"这虽然是刑法对量刑原则的一般规定，但是，由于量刑是以刑事责任量的确定为前提的，因此该规定也蕴涵着犯罪的社会危害性程度是刑事责任量的实质根据。

其次，从刑法分则规定来看，刑法分则对每一具体罪均规定了一定幅度的法定刑，表明刑事责任量的确定应以犯罪的社会危害性程度为根据。这是因为：法定刑是刑事责任的主要实现方式，因而

① 参见高铭暄、马克昌主编：《刑法学》，北京大学出版社、高等教育出版社 2007 年版，第 165—166 页。

78

法定刑的确定是以刑事责任量为根据的，因此法定刑的不同表明刑事责任量的不同，可以说，法定刑是刑事责任量的"晴雨表"。而个罪的刑事责任量的不同又主要是基于个罪的社会危害性程度不同，并且基于个罪的社会危害性程度不同和司法个案中个罪的社会危害性程度可能不同，而区分不同的法定刑及其幅度。总之，只有以犯罪的社会危害性程度为根据，才能确定个罪的刑事责任量，进而配置相应的法定刑，实现罪责刑相适应原则。

四、犯罪的社会危害性程度的评价

前已述及，犯罪的社会危害性程度是客观危害程度和主观恶性程度的统一，那么，要评价犯罪的社会危害性程度，就应当将犯罪的客观危害程度与主观恶性程度这两个方面结合起来考察。

（一）犯罪的客观危害程度的评价

关于客观危害程度的评价因素，学界有不同看法。有的学者认为，考察犯罪的客观危害程度要看三个方面：一是犯罪所侵犯的社会关系的性质；二是犯罪结果的大小；三是体现社会危害性的情节。[1] 而有的学者认为，评价犯罪的危害性的基点有二，即犯罪所造成的实际损害与造成实际损害的危险。与此相适应，对犯罪的客观危害的评价应基于对体现犯罪的实际损害与造成实际损害的危险的种种客观因素的综合考察之上。具体来说，主要有如下六种因素：一是犯罪所侵害的权益；二是犯罪的危险性；三是犯罪所造成的实际损害；四是犯罪的对象；五是犯罪的时间、地点；六是犯罪的实施程度。[2] 笔者认为，前一种观点对客观危害程度的评价因素不全面，后一种观点较为全面，但也有所遗漏；而且，笔者不赞同

---

[1]　参见金瑞锋：《犯罪的社会危害性衡量标准新探》，载《烟台大学学报》（哲学社会科学版）1998 年第 3 期，第 30 页。

[2]　参见邱兴隆：《犯罪的严重性：概念与评价》，载《政法学刊》2001 年第 1 期，第 13—15 页。

将犯罪的危险性作为客观危害程度的评价因素，因为犯罪的危险性是一种可能性，具有不确定性，不属于客观危害的范围。笔者认为，客观危害程度的评价因素应具体包括五个方面，即犯罪侵犯的法益，犯罪对象，犯罪的时间、地点和手段，犯罪的实施程度和犯罪结果。下面就这些因素分别阐述。

1. 犯罪侵犯的法益

法益是法律所保护的利益。任何犯罪都会侵犯刑法所保护的利益，而且这是客观的，因而法益侵害属于客观危害的范围。刑法上的法益不仅包括个人的生命、身体、自由、名誉、财产等利益，而且包括可以还原为个人利益的国家利益和社会利益。① 也就是说，法益可以分为个人法益、国家法益和社会法益。其中社会法益和个人法益又有不同的种类，例如，社会法益又可以分为公共安全、公共秩序、管理秩序等；个人法益又可以分为人身法益和财产法益等。上述不同的法益在社会的价值评价中具有不同的地位和意义，在刑法中也具有不同的序列位置。正因为这样，行为侵犯不同的法益是决定犯罪性质的最重要的因素，从而也成为评价犯罪的客观危害程度的首要因素。

从犯罪所侵犯的法益角度来评价犯罪的客观危害程度，应综合考察法益侵害的如下三个方面：一是法益侵害的性质。法益侵害的性质不同，犯罪的客观危害程度不同。比如，国家安全和公共安全属于不同性质的法益，从立法者的立场看，国家安全更为重要。如果一种犯罪侵犯的是国家安全，而另一种犯罪侵犯的是公共安全，则前一种犯罪的客观危害更大。二是法益侵害的个数。刑法中，有的犯罪只侵害一个法益，有的犯罪侵害两个或两个以上的法益。不同的犯罪，法益侵害的个数不同，犯罪的客观危害程度不同。比如，我国刑法中的抢劫罪与抢夺罪，抢劫罪侵犯的是两个法益，即人身法益和财产法益，而抢夺罪侵犯的是一个法益即财产法益，因

---

① 参见张明楷：《刑法学》（第三版），法律出版社 2007 年版，第 86 页。

此抢劫罪的客观危害程度大于抢夺罪。三是法益侵害的程度。同一种犯罪在不同的发展阶段上，法益侵害的程度不同，犯罪的客观危害程度也就不同。比如，同是故意杀人罪，处在实行未终了阶段比处在实行终了阶段，其侵害人身法益的程度不同，进而处在实行终了阶段的客观危害一般大于处在实行未终了阶段的客观危害。

2. 犯罪对象

犯罪对象是指刑法分则条文规定的犯罪行为所作用的客观存在的具体的人或物。犯罪对象体现刑法所保护的法益，因为人是法益的主体，物是法益的物质表现。① 犯罪对象具有客观实在性，它一经犯罪行为作用，就成为客观的存在，不以人的意志为转移，因而犯罪所作用的对象应是犯罪客观危害程度的评价因素。

从犯罪对象的角度来评价犯罪的客观危害程度，有两种情形要分别考虑：一是某些犯罪的对象是某些特定犯罪的构成要件要素，是区分罪与非罪、此罪与彼罪的界限。这样的犯罪对象不但是评价犯罪的社会危害性有无的标志，而且是评价犯罪的客观危害大小的标志。比如，刑法规定拐骗儿童罪的行为对象必须是不满 14 周岁的儿童。这样，儿童便是拐骗行为罪与非罪的标志，也是犯罪的社会危害性有无的标志。又如，同样是盗窃行为，盗窃枪支的危害大于盗窃一般的财物，因为枪支是管制对象，危害公共安全；同是走私，走私武器、弹药的危害大于走私普通货物，因为武器、弹药可以致人死伤，而普通货物则一般不能。二是某些犯罪的对象不是犯罪构成的要件要素，不是罪与非罪、此罪与彼罪的界限，但同样的犯罪行为针对不同的对象实施，其客观危害程度不同。比如，同样是故意杀人，但是杀害孕妇比杀害其他成年妇女的客观危害要大一些。因此，从犯罪对象的角度来评价犯罪的客观危害程度，要看犯罪对象是特定还是不特定、是特殊还是一般、是多还是少。

---

① 参见张明楷：《刑法学》（第二版），法律出版社 2003 年版，第 159 页。

3. 犯罪的时间、地点和手段

犯罪总是发生在一定的时空之中，也通常会采取一定的手段实施。犯罪的时间、地点和手段是犯罪客观方面的内容，应当是犯罪的客观危害程度的评价因素之一。一般来说，在不同的时间、地点实施同样的犯罪行为，其客观危害程度是不同的。首先，就犯罪的时间而言，同样的犯罪发生在特殊时间，往往可能造成比发生在普通时间更大的损害结果或者不良影响，因而比后者危害更大。例如，战时泄露军事秘密可能直接导致战役失败，而平时泄露军事秘密则不致如此，因此前者的危害大于后者。其次，就犯罪的地点而言，犯罪发生在特殊场合也可能比发生在普通场合的影响更加恶劣，因而客观危害更大。例如，当众强奸与侮辱妇女，所造成的影响远比非当众强奸与侮辱恶劣，因而客观危害大于后者。最后，就犯罪的手段而言，同样的犯罪行为，手段不同，客观危害程度也就不同。例如，用爆炸的手段杀人通常比用刀的方式杀人危害大，因为用爆炸手段杀人通常危害不特定多数人的安全。

4. 犯罪的实施程度

同样的犯罪，犯罪行为的实施程度不同，说明行为距离危害结果发生的远近不同，进而显示其客观危害不同。其原因在于：如果以犯罪结果的发生作为犯罪完成的标志，那么，行为距犯罪结果的发生越近，其造成结果的危险越大，因为其引起结果发生的可能性越现实；相反，行为距犯罪结果的发生越远，其造成结果的危险便越小。基于此，作为犯罪完成形态的既遂的危害大于相同条件下的犯罪未完成形态。而同是犯罪的未完成形态，已进入实行阶段的未遂行为的危害大于未进入实行阶段的预备行为；同是中止犯罪，在实行阶段的中止的危害大于在预备阶段的中止；同是未遂，实施终了的未遂的危害大于未实施终了的未遂。[①]

---

① 参见邱兴隆：《犯罪的严重性：概念与评价》，载《政法学刊》2001年第 1 期，第 15 页。

5. 犯罪结果

刑法理论上对犯罪结果的概念有不同的认识。此处所讲的犯罪结果是指犯罪行为对刑法所保护的社会关系或者法益所造成的具体侵害事实。它包括构成要件的结果和非构成要件的结果、物质性结果和非物质性结果、直接结果和间接结果。犯罪结果与犯罪的社会危害性是不同的，犯罪结果是一种客观事实，而社会危害性则是客观危害性与主观恶性的统一。虽然犯罪结果不能等同于犯罪的社会危害性，但是，犯罪结果却可以从客观方面来体现犯罪的社会危害性程度。在相同性质的犯罪中，衡量犯罪的客观危害程度最直观的标志是犯罪所造成的实际损害。或者说，对于同一性质的不同犯罪行为来说，其客观危害程度的差异主要体现在犯罪结果上。犯罪结果越严重，犯罪的客观危害就越大；反之，客观危害性就越小。例如，同是盗窃罪，盗窃 100 万元的客观危害要大于盗窃 10 万元的客观危害。在诸如放火、爆炸、投毒、杀人、伤害之类的犯罪所造成的结果为有形损害的情况下，所造成的结果越严重，其客观危害便越大；在诸如侮辱、诽谤之类的犯罪所造成的结果是无形损害的情况下，其造成的不良影响越大，其客观危害便越大。

（二）主观恶性程度的评价

与犯罪的客观危害程度不同，犯罪的主观恶性程度反映的是犯罪人应受法律责难的程度。关于主观恶性程度的评价因素，学界也有不同的认识。有的学者认为，考察犯罪人的主观恶性，主要应看以下两个方面：一是罪过形式，二是体现主观恶性大小的情节。[1]有的学者认为，主观恶性的评价因素主要是与犯罪的心理事实相关的因素，主要包括三个因素，即犯罪的罪过形式、犯罪的起因、犯

---

[1]　参见金瑞锋：《犯罪的社会危害性衡量标准新探》，载《烟台大学学报》（哲学社会科学版）1998 年第 3 期，第 30—31 页。

罪的动机和目的。① 有的学者认为，对主观恶性的评价应以犯罪的心理事实为根据，可以作为评价犯罪的主观恶性的根据的心理事实主要有如下几方面：一是犯罪的罪过形式，二是犯罪的动机和目的，三是认识的内容，四是犯罪的起因，五是犯罪人的生理和精神状况，六是犯罪人的身份，七是犯罪人在犯罪中的表现。②

笔者认为，第一种观点比较全面，但"体现主观恶性大小的情节"的表达过于概括和宽泛，比如该观点将行为人行为后的态度，如坦白与抗拒等作为主观恶性的评价因素，是不符合犯罪的主观恶性的内涵的，它应当是人身危险性程度的评价因素。第二种观点忽视了犯罪人在犯罪中的表现也可作为主观恶性程度的评价因素，是不全面的。第三种观点将犯罪人的生理和精神状态、犯罪主体的特定身份作为主观恶性的评价因素值得推敲，因为主观恶性程度是以具有主观恶性为基础的，而犯罪人的生理和精神状态只是表明是否具有主观恶性的因素，犯罪人有特定身份并不表明其主观恶性大。因此，笔者认为，主观恶性程度的评价因素有如下四个方面：一是罪过形式，二是犯罪的动机和目的，三是犯罪起因，四是犯罪人在犯罪中的表现。下面分别就这些因素进行阐述。

1. 罪过形式

罪过形式是评价犯罪人主观恶性程度的主要标志。罪过形式包括犯罪故意和犯罪过失。犯罪故意又包括直接故意和间接故意；犯罪过失又包括疏忽大意的过失和过于自信的过失。这四种不同的罪过形式体现了犯罪人不同的主观恶性程度。直接故意对犯罪性质的认识最充分，对危害结果所持的态度是积极追求，犯罪的主观恶性最大；间接故意对犯罪性质的认识程度低于直接故意，因为其所预

---

① 参见宋伟卫：《包含抑或并立——人身危险性与主观恶性之辨析》，载《宁波大学学报》（人文社科版）2007 年第 5 期，第 114 页。

② 参见邱兴隆：《犯罪的严重性：概念与评价》，载《政法学刊》2001 年第 1 期，第 16—17 页。

见到的是结果发生的可能性而不是必然性，而且，其对危害结果所持的态度也不是积极追求而是消极放任，因此其主观恶性程度较之直接故意为轻；过于自信的过失是对行为的性质有认识，但不如间接故意明确，因为其只是"预见"而不是"明知"，而且其对危害结果所持的态度不是放任不管而是采取一定的措施避免，因此其主观恶性小于间接故意；疏忽大意的过失是对危害结果没有预见，对行为的性质毫无认识，其意志因素不在于对危害结果的态度，而在于未尽应尽的注意义务。之所以行为造成了危害结果，是因为未尽到必要的注意义务，因此其主观恶性自然最小。

2. 犯罪的动机和目的

犯罪的动机和目的是犯罪故意所特有的心理事实。在同样的故意犯罪中，犯罪的动机和目的是影响犯罪主观恶性程度的因素。犯罪的动机是否卑鄙，犯罪目的是否卑劣，直接影响着犯罪人应受法律责难的程度。例如，同是直接故意杀人，出于奸情的动机所反映的主观恶性就比出于安乐死的动机所反映的主观恶性要大；同是直接故意杀人，出于杀一人所反映的主观恶性就比出于连杀多人所反映的主观恶性要小；为生活所迫而实施的抢劫犯罪显然轻于为贪图享乐的动机实施的抢劫犯罪。

3. 犯罪起因

犯罪起因是指引起犯罪人产生犯罪的原因。在特定情况下，犯罪起因对犯罪的主观恶性程度也有一定的影响，因为有的犯罪事出情有可原的原因，从而可以减轻对犯罪人的谴责程度。最明显的例证是，防卫过当、受被害人挑衅以及受胁迫情况下的犯罪，行为人趋恶的意向轻于普通情况下的犯罪，其应受的谴责程度较轻，主观恶性相应较小。① 例如，受被害人挑唆杀人就比一般情况下的杀人所反映的主观恶性要小。

---

① 参见邱兴隆：《犯罪的严重性：概念与评价》，载《政法学刊》2001年第 1 期，第 17 页。

4. 犯罪人在犯罪中的表现

犯罪人在犯罪中的表现，不但可以体现犯罪的客观危害程度，而且可以反映犯罪人的主观恶性程度。这是因为，犯罪人的表现虽然是一种客观事实，但是，这种客观事实是犯罪人主观心理的外化。犯罪的手段、对象、时间、地点的选择，犯罪人对被害人的态度以及在犯罪中的心态等，均是犯罪人主观恶性外化的载体，因而可以作为衡量主观恶性大小的标志。比如，犯罪手段残忍，表明犯罪者心狠手毒、人性沦丧，其应受的谴责显然大于采取普通手段犯罪的人；以幼女、孕妇、老人、生母、女儿等为对象的强奸，表明犯罪人禽兽不如，人性全无，其所应受的谴责远大于以普通妇女为对象的强奸；在大庭广众之中、光天化日之下公然犯罪，表明犯罪人恶胆包天、肆无忌惮，其所应受的谴责当然大于在普通情况下的犯罪；在短期内连续作案，一犯再犯，表明犯罪人恶性严重膨胀，所应受的谴责自然大于非连续犯罪；犯罪人在犯罪过程中自动放弃犯罪或有效地阻止危害结果发生，表明其犯罪意志不坚定，有所反悔或顾忌，其所应受的谴责因而较轻；犯罪人在对被害人实施犯罪之外，以侮辱、戏弄为乐，如在强奸妇女过程中，逼迫受害人做下流表演、拍裸体照甚至往其体内放置异物等，表明犯罪人人格严重扭曲、变态，其应受的谴责就大。①

（三）犯罪的社会危害性程度评价的主次性

犯罪的社会危害性程度评价虽然要综合考虑客观危害和主观恶性两个方面的内容，但是，客观危害程度和主观恶性程度对于犯罪的社会危害性程度评价不应"一视同仁"，而应注意两者之间的主次地位。因为客观危害所反映的犯罪的社会危害性更明显、更直接，也更能准确认定，所以，笔者认为，客观危害性程度在犯罪的社会危害性程度评价中应是主要的，而主观恶性程度应是次要的，

---

① 参见邱兴隆：《犯罪的严重性：概念与评价》，载《政法学刊》2001年第 1 期，第 17 页。

特别是在主观恶性程度很明显的情况下，更要通过影响客观危害程度的因素来评定犯罪的社会危害性程度。比如，某种行为属于刑法规定的故意犯罪，其主观恶性明显，我们就应主要考察决定和影响客观危害的因素，通过这些因素来评价该犯罪的社会危害性程度。

第二节　犯罪人的人身危险性大小
是刑事责任量的实质根据

一、人身危险性的概念

（一）人身危险性概念的界定

"人身危险性"概念是随着刑事实证学派的崛起而产生的新兴概念。无论是刑事人类学派还是刑事社会学派都非常关注犯罪人的人身危险性。例如，刑事人类学派创始人龙勃罗梭受进化论影响，把犯罪人的犯罪原因归结为犯罪人的生物学因素，从而提出了"天生犯罪人"概念。天生犯罪人就是指因退化而具有犯罪倾向性的人。人身危险性就是人基于遗传和体态而产生的犯罪倾向。刑事社会学派的主要代表之一李斯特则认为，犯罪不仅仅是由生物学因素决定的，而且是由社会原因和个人原因所共同决定的，因而"人身危险性是由社会因素和个体因素决定的犯罪人的反社会性或危险性"。[①] 由此可见，虽然刑事人类学派和刑事社会学派在导致人身危险性的原因上存在不同看法，但是，他们都非常关注行为人对社会的危险状态问题，即通过对行为人的主观状态和客观因素的分析，来判断行为人是否具有危害社会的危险或倾向。如果能够判断行为人存在社会危险性，那么就进一步判断其大小，在通过其他

---

① 胡学相、孙雷鸣：《对人身危险性理论的反思》，载《中国刑事法杂志》2013 年第 9 期，第 22 页。

手段不能控制和抑制这种危险状态的情况下，就使用刑罚手段来控制和抑制这种危险状态，以达到保卫社会的目的。即是说，刑事实证学派对人身危险性的研究均是围绕着行为人来进行的。没有行为人的概念，就没有人身危险性概念。因而人身危险性是行为人的基本属性。

人身危险性是指行为人本身所具有的犯罪危险性。在我国刑法学界，对人身危险性的内涵和外延有不同看法，主要有广义说和狭义说。广义说认为，人身危险性是指行为人实施犯罪行为的可能性，包括初犯可能性和再犯可能性。即人身危险性并非再犯可能性的同义词，除再犯可能性以外，人身危险性还包括初犯可能，在此意义上，人身危险性是初犯可能与再犯可能的统一。该说认为，初犯的主体是犯罪人以外的一般人，即未然犯罪人。这里的一般人包括三种人：一是潜在的犯罪人，这是最主要的初犯主体；二是被害人，被害人的初犯可能性主要是指被害人对犯罪人及其家属进行报复的可能性；三是其他守法者的初犯可能性，是指测定其蜕变成为潜在犯罪人是否转化的可能性。① 而狭义说则认为，人身危险性就是犯罪人再次实施犯罪的可能性。② 该说认为，初犯可能性发生在行为人实施犯罪行为之前，属于未然领域，作为一种客观存在的社会现象，应当由犯罪学加以研究。③ 显然，广义说和狭义说的争议主要是围绕"人身危险性是否包括初犯可能性"来展开的。狭义说坚决排斥初犯可能性，而广义说则主张初犯可能性是人身危险性的内容。

笔者认为，按照狭义说的观点，如果以初犯可能发生在行为人

---

① 参见陈兴良：《人身危险性及其刑法意义》，载《法学研究》1993年第2期，第111页。

② 参见邱兴隆、许章润：《刑罚学》，群众出版社1998年版，第259页。

③ 参见林亚刚、何荣功：《论刑罚适度与人身危险性》，载《人民司法》2002年第11期，第39页。

实施犯罪行为之前属于未然领域而排斥它，其理由是不充分的。因为再犯可能也只是犯罪人以后再次实施犯罪行为的一种可能，从根本上讲，它也属于未然领域，两者的性质都是一样的，属于未然之罪。所以，以初犯可能属于未然领域而将它排除在人身危险性之外，在逻辑上是站不住脚的。从当今人身危险性理论的发展来看，"初犯可能"归属于人身危险性的内容，已经成为一种趋势，并且大多数学者从观念上也认可了这种趋势。① 因此，笔者赞同广义说。既然人身危险性包括初犯可能和再犯可能，那么就要明确"初犯可能"和"再犯可能"两者的含义。

第一，初犯可能性。所谓初犯可能性，是针对从来没有实施过犯罪行为的人而言的。已经实施了犯罪行为的人，只存在再犯可能性，不存在初犯可能性。初犯可能性可以从以下两个方面来理解。首先，由于行为人自身生理、心理的因素与特定的客观因素的相互作用，使行为人具备了一种危害社会的危险状态，这种危险状态虽然并没有表现为"实害"，但它强烈显示出对法益侵害的态度和趋势。如果我们不对这种危险状态采取必要的措施，就可能对国家、社会和个人造成实害。其次，初犯可能性还表现为，犯罪人实施犯罪行为之后，该犯罪行为诱发其他人犯罪，从而产生使其他人实施犯罪行为的可能性。由此，这种诱惑他人实施犯罪的可能性，是其犯罪行为所产生的一种客观后果，它既是一种可能性，又是一种客观实在性。②

第二，再犯可能性。再犯可能性，就是再次实施犯罪行为的可能性。只有曾经实施过犯罪行为的人才存在再犯可能性的问题，即再犯可能性的主体只能是已然犯罪之人。与初犯可能相同的是，再犯可能也是对犯罪人的危险状态的一种预判，再犯可能也是属于

① 参见宋伟卫：《包含抑或并立——人身危险性与主观恶性之辨析》，载《宁波大学学报》（人文社科版）2007 年第 5 期，第 111—112 页。

② 参见宋伟卫：《包含抑或并立——人身危险性与主观恶性之辨析》，载《宁波大学学报》（人文社科版）2007 年第 5 期，第 111—112 页。

"未然之罪"。与对初犯可能的判断不同的是，不仅犯罪人的人身情况是再犯可能的判断依据，而且犯罪人已有的犯罪事实情况也是再犯可能的判断依据。

事实上，无论是对初犯可能的判断，还是对再犯可能的判断，其实质就是对具有危险状态的人是否会实施犯罪的判断，两者实际上是基于行为主体的不同，对人身危险性所进行的一种分类。

（二）人身危险性与主观恶性的关系

1. 人身危险性与主观恶性的关系之学界观点及评析

在人身危险性与主观恶性之间具有何种关系的问题上，学界存在"包容说"、"等同说"和"独立说"三种不同的认识。"包容说"认为，人身危险性是属概念，主观恶性是种概念，前者包容后者，主观恶性是人身危险性的内容，并且认为人身危险性的最大意义就在于它是对行为人的主观恶性大小的说明，两者呈正比例关系。① "等同说"认为，主观恶性与人身危险性实为等量互换关系，即主观恶性本为人身危险性的代名词。② "独立说"认为，主观恶性因与客观危害相对应而属于已然之罪的范畴，而人身危险性则属于未然之罪的范畴，将两者作为相互并列的概念方符合逻辑。③ 主观恶性与人身危险性之间不存在谁包容谁的问题，而只是两者都包容于行为人对刑法规范或刑法所保护价值的蔑视态度或背离态度之中，只不过体现或证明行为人这一态度的方位有别而已。④

从上述三种观点来看，"包容说"在主观恶性与人身危险性到

---

① 参见刘勇：《犯罪基本特征新论》，载《改革与法制建设》，光明日报出版社1989年版，第541页。

② 参见吴宗宪：《西方犯罪学史》，警官教育出版社1997年版，第337页。

③ 参见邱兴隆：《罪与罚演讲录》，中国检察出版社2000年版，第205—206页。

④ 参见马荣春：《人身危险性之界定及其与主观恶性、社会危害性的关系》，载《华南师范大学学报》（社会科学版）2010年第5期，第151页。

底是谁包含谁的问题上含混不清，因为从"主观恶性实际上是人身危险性的重要内容"似应推出人身危险性包含主观恶性，但从"人身危险性的最大意义就在于它是对行为人的主观恶性大小的说明"又似应推出主观恶性包容人身危险性。因此这种观点在逻辑上存在矛盾。"等同说"将主观恶性和人身危险性两个概念等同起来，存在明显的错误，因为主观恶性属于已然之罪的范畴，而人身危险性属于未然之罪的范畴。此外，"等同说"与"包容说"还存在如下共同的缺陷：当把主观恶性等同于或包容于人身危险性时，则会导致用人身危险性评价这一项评价来代替主观恶性评价和人身危险性评价这两项评价，从而所配之刑是用功利预防成分来代替报应正义成分，有失偏颇；当把人身危险性等同于或包容于主观恶性时，则会导致用主观恶性评价这一项评价来代替主观恶性评价和人身危险性评价这两项评价，从而所配之刑是用报应正义成分来代替预防功利成分，同样有失偏颇。① 显然，只有明确区分主观恶性与人身危险性两个概念，将两者置于既不包含也不等同的关系之中，才能使刑法评价避免紧缩失轻，从而避免在正义与功利、报应和预防之间顾此失彼。而且，如果把人身危险性等同或包容于行为之时的主观恶性之中，则只需按主观恶性论罪处刑便足矣，但刑法规定累犯、自首等制度已表明人身危险性与行为时的主观恶性同时影响着定罪处刑。因此，弄清主观恶性与人身危险性这两个概念并明确两者之间的关系，是实现罪责刑相适应原则的要求。

2. 人身危险性与主观恶性的区别

从根本上讲，人身危险性是行为人的基本属性，而主观恶性是社会危害性的基本内容，社会危害性是行为的基本属性。这说明人身危险性与主观恶性不是同一层次的概念，人身危险性应该是主观恶性的上位概念。人身危险性与主观恶性的区别主要体现在以下

---

① 参见马荣春：《人身危险性之界定及其与主观恶性、社会危害性的关系》，载《华南师范大学学报》（社会科学版）2010 年第 5 期，第 151—152 页。

三点：

第一，二者的内涵不同。主观恶性是犯罪人主观上所具有的某种属性，这种属性是建立在犯罪人的主观心理态度上的；人身危险性是行为人对社会、对他人的危险状态，是行为人反社会的倾向。主观恶性针对的是已然之罪，它注重的是对过去的评价；而人身危险性针对的是未然之罪，仅是一种犯罪的可能，它所侧重的是对未来的预测。主观恶性通过对犯罪人行为表现出来，通过对犯罪人的故意或者过失的心态、犯罪目的、犯罪动机以及犯罪人在犯罪过程中的表现来考察确定其程度，进而对定罪量刑产生影响；人身危险性作为一种犯罪的可能性，它主要蕴涵于人的个体特征之中，同时也受到社会外界的环境等因素的影响。

第二，二者的稳定性不同。人身危险性不是一成不变的，是随着人的自身因素和外界客观因素而变化的，在不同的时空下，行为人的人身危险性不可能相同。而行为人的主观恶性一般是固定的，主观恶性一旦随着行为的实施而表现出来就确定了，是故意就是故意，是过失就是过失，不会再有变化。从评价的因素上讲，人身危险性评价因素的范围远远大于主观恶性评价因素的范围。对人身危险性的考察因素，既包括主观的，也包括客观的，是多方面、全方位的。人身危险性的评价因素不仅具有复杂性，而且还具有很大的变动性；而主观恶性的评价因素相对较少，并且较为稳定。

第三，二者的评价结果的无关联性。人身危险性与主观恶性的评价结果就是其程度的量值，人身危险性程度的大小与主观恶性程度的大小没有必然的关系。它们之间既不存在正比关系，也不存在反比关系，即人身危险性的大小不能说明主观恶性的大小；反之，主观恶性的大小也不能说明人身危险性的大小。[1]

---

[1] 参见宋伟卫：《包含抑或并立——人身危险性与主观恶性之辨析》，载《宁波大学学报》（人文社科版）2007 年第 5 期，第 114—115 页。

二、犯罪人的人身危险性大小应是刑事责任量的实质根据

关于犯罪人的人身危险性大小应否是刑事责任量的实质根据，存在否定论和肯定论两种不同观点。否定论认为，刑事责任是犯罪的法律后果，刑事责任的根据只能在犯罪的属性中去寻找，而社会危害性是犯罪的本质属性，因此只有犯罪的社会危害性才是刑事责任的唯一根据，① 从而否定了犯罪人的人身危险性大小是刑事责任量的实质根据。而肯定论则认为，犯罪包括已然之罪和未然之罪，刑事责任不应仅仅针对已然之罪，而应同时针对未然之罪。作为已然之罪内容的是行为的严重社会危害性，而作为未然之罪内容的是行为人的人身危险性。因此，刑事责任量的根据应该是二元的，即行为的严重社会危害性和行为人的人身危险性的统一，② 从而肯定了犯罪人的人身危险性大小是刑事责任量的实质根据。

笔者赞同肯定论，主要理由是：第一，从人身危险性概念的提出来看。人身危险性概念是近代学派应防卫社会所需提出来的，而且是社会责任论的基础。社会责任论认为，犯罪是素质与环境相互作用的产物，社会必须对于具有危害社会的危险者加以防卫，而刑罚是防卫社会的手段，"责任是指由于反社会性格而带有社会危险者所应被科处刑罚的法律上的地位。责任的大小完全决定于犯罪人将来反复犯罪的危险性的大小。"③ 可见，人身危险性是近代学派为了防卫社会的考虑而被正式提出，而且在其主张的社会责任论中，行为人的人身危险性大小是刑事责任量的根据。"行为人初次或再次侵害刑法所保护利益的危险对整个社会秩序造成了现实威胁，对整个社会控制策略不断提出挑战，对规范性力量形成了实质

---

① 参见梅传强：《论刑事责任的根据》，载《政法学刊》2004 年第 2 期，第 18 页。

② 参见王晨：《刑事责任根据论纲》，载《当代法学》1992 年第 2 期，第 45 页。

③ 陈子平：《刑法总论》，元照出版公司 2008 年版，第 305 页。

性冲击。"① 此种情况下，刑法不能袖手旁观、无所作为，而应对行为人的人身危险性进行事前预防，防范未然之罪现实化为已然之罪，这是民众对刑法的真切期盼。

第二，从刑法的目的来看。刑法是规定犯罪、刑事责任和刑罚的法律。刑法的目的就是要保护法益不受犯罪侵犯，而要保护法益，就要通过运用刑罚手段来追究犯罪人刑事责任，实现对犯罪的一般预防和特殊预防。而要预防犯罪人再次实施犯罪，就要在确定犯罪人刑事责任的大小时，考虑犯罪人的人身危险性大小，即要以其人身危险性大小作为刑事责任量的根据。

第三，从追究刑事责任的目的来看。追究犯罪人刑事责任的根本目的是保护社会、保护公民的合法权益，追究犯罪人刑事责任的直接目的是预防犯罪，特别是要预防犯罪人再次实施犯罪，而要预防犯罪人再次犯罪，就要以犯罪人的人身危险性大小作为确定刑事责任量的根据，只有这样，才能产生追究犯罪人刑事责任的应有效果，也才能实现追究犯罪人刑事责任的根本目的。正如有的学者所言："刑事责任作为回顾责任与展望责任的统一体，在确定某种行为的刑事责任之有无和大小时，不仅要照顾到某种犯罪行为的社会危害性的大小，而且要考虑到某种犯罪的人身危险性的大小。只有将这两个方面的因素紧密地结合起来，才能正确处理好犯罪行为与刑事责任之间的关系。"②

三、将人身危险性大小作为刑事责任量的实质根据之立法体现

刑法中有哪些规定体现了人身危险性大小是刑事责任量的实质根据？对此，有的学者认为，"行为人的人身危险性对刑事责任程

---

① 陈伟：《穿行于刑法基本原则中的人身危险性》，载《浙江社会科学》2011 年第 3 期，第 54—55 页。

② 李永升：《刑法学的基本范畴研究》，重庆大学出版社 2000 年版，第 212—213 页。

度的影响在我国刑法中是有大量规定的。"例如，《刑法》第 17 条关于未成年人犯罪的规定、第 19 条关于又聋又哑和盲人犯罪的规定、第 20 条和第 21 条关于正当防卫和紧急避险的规定、第 65 条关于累犯的规定、第 67 条关于自首的规定。① 甚至有的学者认为，《刑法》第 68 条关于立功的规定中也含有将人身危险性大小作为刑事责任量的根据之意思。但也有个别学者认为，除《刑法》第 65 条有关累犯的规定外，很难讲立法者作出上述规定是出于对行为人人身危险性的考虑。同时，也没有足够的理由认为未成年人、残疾人、自首、立功的人之人身危险性一定小于成年人、健全的人或者认罪态度不好的人。法律之所以规定对于前者或从轻、或减轻、或免除处罚，有各种各样的原因。如对未成年人、残疾人的从轻、减轻或免除处罚是基于对其认识、控制能力低的体恤；对自首、立功者的从轻、减轻甚或免除处罚是出于节省司法资源的考虑。②

笔者认为，《刑法》第 17 条关于未成年人犯罪刑事责任的规定是基于未成年人的身心特点、未成年人的辨认控制能力、未成年人的易于改造性和出于对未成年人的保护作出的，而并非基于未成年人的人身危险性小于成年人作出的；《刑法》第 19 条关于又聋又哑的人和盲人犯罪的刑事责任规定，是基于又聋又哑的人和盲人的生理缺陷而可能导致其对某些行为的辨认控制能力有所减弱而作出的，也并非基于又聋又哑的人和盲人的人身危险性小于不存在此种生理缺陷的人；《刑法》第 20、21 条关于防卫过当、避险过当的刑事责任规定，是基于防卫人、避险人实施防卫行为、避险行为的起因、目的等方面具有正当性，其社会危害性小于其他犯罪而作出的；《刑法》第 67、68 条关于自首、立功的刑事责任规定，主

① 参见马克昌主编：《刑罚通论》，武汉大学出版社 2001 年版，第 268 页。

② 参见田小宁：《刑罚裁量中的"人身危险性"——概念、评价方法和体系》，载《贵州民族学院学报》2008 年第 5 期，第 39 页。

要是基于刑事政策的考虑。正如我国台湾学者指出："设立自首制度之目的有二，其一是鼓励犯人改过自新，其二为节省犯罪之刑事侦查时间，避免搜证困难。因此当今各国之刑事政策均设有自首之制度，而将其列为法律减轻原因之一。"① 因此，前一种观点认为《刑法》第 17、19、20、21、67、68 条规定体现人身危险性是刑事责任量的根据，是不妥当的。后一种观点只承认有关累犯从重处罚的刑事责任规定才体现人身危险性，从而将一些本来体现人身危险性的规定予以排除，是不全面的。

笔者认为，我国刑法中真正体现将人身危险性大小作为刑事责任量的实质根据的，主要有如下几个规定：

第一，《刑法》第 5 条关于罪责刑相适应原则的规定。该条规定："刑罚的轻重，应当与犯罪分子所犯的罪行和承担的刑事责任相适应。"该规定的具体内容包括刑罚与罪质相适应、刑罚与犯罪情节相适应和刑罚与犯罪人的人身危险性相适应三个方面。② 显然，该条规定表明，犯罪人的人身危险性大小是决定刑罚轻重的实质根据之一，当然也是刑事责任量的实质根据之一。

第二，《刑法》第 24 条关于中止犯的刑事责任规定。该条规定："对于中止犯，没有造成损害的，应当免除处罚；造成损害的，应当减轻处罚。"对于该规定的理论根据，学界存在刑事政策说、违法性减少说、责任减少说、综合说等多种观点。笔者赞同综合说。对于中止犯减免刑事责任的根据是多方面的，主要有三个方面：一是从客观方面说，行为人放弃犯罪或者有效地防止犯罪结果发生，使得犯罪结果没有发生，表明其社会危害性大为减少；二是从主观方面说，行为人自动放弃犯罪意图，是犯罪结果没有发生的主观原因，表明其人身危险性大为减少；三是从刑事政策上说，对

---

① 黄村力：《刑法总则比较研究》，台湾三民书局 1995 年版，第 388 页。

② 参见张明楷：《刑法学》（第二版），法律出版社 2003 年版，第 73—74 页。

中止犯减免处罚，有利于鼓励犯罪人中止犯罪，避免给法益造成实际的损害。① 这就是说，中止犯减免处罚的刑事责任规定，体现了人身危险性大小是刑事责任量的实质根据之一。

第三，《刑法》第 28 条关于胁从犯的刑事责任规定。该条规定："对于被胁迫参加犯罪的，应当按照他的犯罪情节减轻处罚或者免除处罚。"刑法之所以对胁从犯作出减免处罚的刑事责任规定，主要是因为胁从犯不像主犯和从犯，其主观上是被迫参加犯罪，人身危险性较小，所以其刑事责任的量一般应小于主犯和从犯。因此该条规定体现了人身危险性是刑事责任量的实质根据。

第四，《刑法》第 61 条关于量刑原则的规定。该条规定："对于犯罪分子决定刑罚的时候，应当根据犯罪的事实、犯罪的性质、情节和对于社会的危害程度，依照本法的有关规定判处。"该规定中的"情节"包括罪前、罪中和罪后情节。其中罪前和罪后情节考虑的就是犯罪人的人身危险性大小。因此，该条规定体现了人身危险性是刑事责任量的实质根据。

第五，《刑法》第 65 条关于累犯的刑事责任规定。该条规定：对累犯应当从重处罚。我国刑法理论界的通说认为，对累犯从重处罚的依据包括以下三个方面：一是累犯的主观恶性和人身危险性较大；二是累犯的出现会削弱国家法律的权威，不仅使刑法所固有的权威与尊严为社会公众所怀疑，而且是对潜在犯罪人的鼓励，使其进一步产生藐视刑法的心理而将犯罪的倾向逐步变为犯罪的行为；三是累犯对社会心理秩序造成了较大的破坏。② 这三个理由均是对累犯具有较大人身危险性的肯定。显然，该条规定明显地体现了人身危险性大小是刑事责任量的实质根据。

---

① 参见张明楷：《刑法学》（第二版），法律出版社 2003 年版，第 308—309 页。

② 参见赵秉志主编：《刑罚总论问题探索》，法律出版社 2002 年版，第 325—326 页。

四、犯罪人人身危险性大小的评估

（一）犯罪人的人身危险性大小能否评估

对于犯罪人的人身危险性大小能否评估的问题，学界有两种对立的观点。否定论者认为，由于人身危险性以行为人的人格为实体内容，人身危险性的评估与人格责任、人格刑法学具有密切关系，因此对人格责任、人格刑法学的质疑必然会导致对人身危险性的否定。针对人格责任论，日本学者平野龙一认为，"不仅没有明确存在于行为背后的性格和环境使责任变重还是使责任变轻的问题，而且要明确能够就人格形成过程承担责任的存在于其背后的东西在现实上（恐怕在理论上）也是不可能的。"① 显然，平野龙一对人格责任是持怀疑态度的，这直接决定了人身危险性这一概念的虚伪性。野村稔教授也认为，尽管根据人格形成责任论可以推导出刑法解释论上的重要结论，但是否能区别开过去的品行以及人格形成过程中的部分与无责任的部分，是存在疑问的。② 野村稔教授对究竟哪些属于人格责任与无责任部分心存疑虑，这反映出他对人身危险性评估的担忧。

然而，作为人格责任论的支持者，日本大塚仁教授认为，"对实施某犯罪行为的行为人的人格、其迄今为止的人格形成如何，可以根据该行为人的素质和所处的环境，是能够在今日的科学中进行相当程度的正确评价的，即使不完全，在通过努力能够认识的范围内把它作为责任判断的资料来用，则无疑是必要的。不能脱离过去的人格形成来论及行为人人格的意义"。③ 大塚仁教授对人格实体

---

① ［日］大塚仁：《犯罪论的基本问题》，冯军译，中国政法大学出版社 1993 年版，第 171 页。

② 参见［日］野村稔：《刑法总论》，全理其、何力译，法律出版社2001 年版，第 282 页。

③ ［日］大塚仁：《犯罪论的基本问题》，冯军译，中国政法大学出版社 1993 年版，第 171 页。

表达了自己的肯定性意见，虽然他认为，精确测评人身危险性在现今条件下是不可能的，但是不能因此而否定人身危险性的可评估性。我国台湾学者张甘妹专门主持了再犯预测的研究，其课题组通过实证的调查研究后认为："唯近来由于行为科学之发达，论者以为从属人的行为，在某程度内仍能以大量的统计，比较观察之方法，得到因果关联的法则性。根据此过去多数例的经验法则，以推测将来可能发生之现象，并非不可能。"① 我国有学者从实践操作的角度指出："怀疑论者认为犯罪人的人身危险性无法准确判断，存在一定的失败率，但是这不能成为否定为建立对犯罪人科学的考核评估制度而付出的努力的理由。"② 与上述否定论与肯定论的视角不同，该结论是基于实践层面的分析而得出的。他直接从实证材料入手对人身危险性的测评予以检验，不仅其研究方法更具有说服力，其结论的得出也更能为理论界和实务部门所接受。

笔者认为，虽然人身危险性是再犯罪的可能性，是行为人的潜在性质，与人格形成具有密切关系，但是，它是客观存在的；既然是客观存在的，人们就可以发挥人的主观能动性，通过犯罪人已有的事实对其进行评估。简言之，人身危险性评估是完全可能的。当然，正如有的学者所言："与一般预防的需要难以测定一样，个别预防的需要即犯罪人的人身危险性或再犯可能性难以准确预测。"③ 或者说，要准确评估犯罪人的人身危险性大小非常困难。

（二）犯罪人人身危险性大小的评估依据

犯罪人的人身危险性大小是对未然之罪的前瞻，是对犯罪人再犯可能性的预测，因此它必须依据一定的因素来评定，才能得出结

---

① 张甘妹：《再犯预测之研究》，台北法务通讯杂志社 1987 年版，第 14 页。

② 廖斌：《监禁刑现代化研究》，法律出版社 2008 年版，第 326 页。

③ 邱兴隆：《配刑原则统一论》，载《中国社会科学》1999 年第 6 期，第 138 页。

论。笔者认为，人身危险性大小的评定需要依据的因素很多，但可以划分为罪前因素、罪中因素和罪后因素三类。

1. 罪前因素

罪前因素是指犯罪人在犯罪前的一贯表现、犯罪人性格和犯罪原因。首先，从平时表现来看，"冰冻三尺，非一日之寒"。犯罪人在犯罪前的表现对于其再犯可能的预测有一定帮助。犯罪前的表现按照好坏程度可以分为三种：一是表现良好，如一贯遵纪守法、品行端正、乐于助人等。犯罪前表现良好的犯罪人一般再犯可能性小。二是表现一般，如一般能遵守纪律，既不曾受到他人非议，也不曾受到他人赞扬等。犯罪前表现一般的，其再犯可能性一般大于表现良好的。三是表现不好，如经常违纪违法，受到过行政处分，甚至被追究过刑事责任，有犯罪前科等。犯罪前表现不好的，其再犯可能性又大于表现一般的。

其次，从犯罪人性格来看，犯罪人性格固执、偏激，人格不正常乃至于变态，往往表现出对犯罪的执着与对刑罚的藐视，具有这种性格的犯罪人，其人身危险性较大；反之，犯罪人不存在性格缺陷，其人身危险性较小。[①] 边沁认为，下列特征可以说明犯罪人的危险性格：一是欺压弱者；二是加剧痛苦；三是蔑上；四是无缘由的残酷；五是预谋；六是共谋；七是谎言和对信任的损害。[②] 边沁提出的上述七个方面，对于判断犯罪人的危险性格具有一定的参考价值。

最后，从犯罪原因来看，"世界上没有无缘无故的爱，也没有无缘无故的恨"，犯罪总是有原因的。对犯罪人犯罪原因的分析，也有助于预测犯罪人的再犯可能性大小。比如，犯罪人因为生活所迫而犯罪、受被害人挑衅而犯罪、基于义愤而犯罪等，在很大程度

---

① 参见邱兴隆：《刑罚的哲理与法理》，法律出版社 2003 年版，第418—419 页。

② 参见［英］边沁：《立法理论——刑法典原理》，李贵方译，中国人民公安大学出版社 1993 年版，第 15—16 页、第 8—25 页。

上表明其并无强烈的反社会性，其再犯可能性较小。而犯罪人贪图享受而犯罪、基于对社会的不满而犯罪等，则表明其具有较强的反社会性，其再犯可能性较大。

2. 罪中因素

罪中因素是指犯罪人在犯罪过程中所表现出来的各种情节，是犯罪人人身危险性大小最为直接、最为明显的表征，因而是人身危险性评估的最主要依据。罪中因素主要有犯罪性质、犯罪的罪过心理、犯罪目的与犯罪动机、犯罪手段、犯罪对象、犯罪的时间、犯罪的地点、犯罪造成的危害结果、自动放弃犯罪、被迫参加犯罪、教唆他人犯罪等。这些情节既反映犯罪人的主观恶性和客观危害，同时也是预测犯罪人再犯可能性大小的主客观依据。比如，若犯罪人有预谋地实施犯罪，追求犯罪结果发生，犯罪动机卑鄙，犯罪手段残忍，犯罪对象不特定，犯罪造成的后果严重等，则犯罪人的人身危险性一般较大；如果犯罪人在犯罪过程中自动放弃犯罪或者被迫参加犯罪、过失犯罪、轻微犯罪等，则其人身危险性较小。

3. 罪后因素

罪后因素是指犯罪人在犯罪后的态度和表现，集中体现犯罪人的人身危险性的变动情况，它可能继续向上发展而趋于增大，也可能由于某些原因而趋于消减。罪后因素对于预测犯罪人的再犯可能性大小具有重要意义。罪后因素按照犯罪人态度的好坏可以分为以下两种：一是罪后表现恶劣，如罪后潜逃、抗拒抓捕、拒不认罪、杀人灭口、罪后再犯罪等，这种犯罪人的再犯可能性较大；二是罪后表现良好，如自首、坦白交代罪行、积极退赃、积极减少犯罪损害、积极赔偿受害人损失等，这些均是认罪悔罪的表现。这种犯罪人的再犯可能性较小。需要注意的是，犯罪人犯罪后的同类行为在不同的案件中仍然存在差异。比如，同为自首的犯罪人，自首的原因、方式、时间、程度等方面的不同仍然反映犯罪人的人身危险性的差异，因而在评估时应该考虑这些情形，不能对不同情形等而视之。

总之，犯罪人的人身危险性是大还是小，应当是根据上述三类因素综合评估的结果，绝不能单从某一方面表现的好坏加以评定，否则就可能出现误判。

（三）犯罪人人身危险性大小的评估方法

评估方法是将犯罪人的人身危险性作为刑事责任量的实质根据，进而解决量刑的有效性问题的基础。方法是否得当直接关系到评估结果的准确性。正如陈兴良教授所言："由于预测是基于过去和现在的已知，而过去和现在毕竟还不是未来，因此，预测未来难免会出现某些误差。而减少误差的关键在于预测方法的科学性。"①正由于此，国内外已有不少学者致力于人身危险性评估方法的研究，司法实践部门也将已有的研究成果有选择性地运用于人身危险性评估的实践当中。

1. 国外有关犯罪人人身危险性大小的评估方法

犯罪人人身危险性的形成原因很复杂，涉及的因素很多，目前还没有肯定和统一的结论。但是，根据现代犯罪学，尤其是犯罪心理学的研究成果，犯罪人人身危险性的形成，是犯罪人生理、心理及其所处的社会环境中各种不良因素单独或综合作用的结果。因此，对犯罪人人身危险性大小的评估，国外出现了生理的、心理的和行为学或社会学的方法。一是只考量单一因素的生物学方法。主要有德国精神病学家克雷奇默尔和美国谢尔登的体型与犯罪理论和相应的评价方法以及出现于美国的染色体理论、脑电波理论。这些理论认为某种单一、特殊的体型或染色体、脑电波就足以使某一个人构成对社会的危险性并提出了鉴别方法。② 二是心理学方法。自法国的比奈设计出第一个人格量表以来，世界上已有多种人格量表出现，比较成熟而被广泛应用的主要有明尼苏达多相个性量表、卡

---

① 陈兴良：《刑法哲学》（第三版），中国政法大学出版社 2004 年版，第 129 页。

② 参见罗大华主编：《犯罪心理学》，中国政法大学出版社 2003 年版，第 64—70 页。

特尔 16 项个性因素量表、艾森克个性问卷。专用于犯罪人的量表则主要有美国学者伯吉斯的专用于假释成败的量表、美国格卢克夫妇的早期违法行为预测表以及德国学者的多种预测犯罪人犯罪倾向的量表。① 三是行为学或社会学方法。这一方面有影响和价值而且专用于犯罪人的人身危险性测评的，主要是日本犯罪学家吉益修夫的"犯罪生活曲线"理论。吉益修夫按照"犯罪初发年龄"、"犯罪方向"和"再犯及其间隔时间"三个标准的不同组合，将犯罪人所处的犯罪深度分为六个阶段，为对犯罪人再犯可能性和矫正难度的判断提供依据。②

2. 国内有关犯罪人人身危险性大小的评估方法

近些年，我国也有不少学者注意对犯罪人人身危险性评估方法的研究，在借鉴国外研究成果的基础上提出了各自的看法。例如，有的学者认为，"为了确保评估结论的准确性和可靠性，对于人身危险性评估应当采用以临床法和统计法为基础，以经验法为补充相结合的综合方法。具体做法是以临床法为基础，以统计法作为检测手段验证临床法形成的结论，并适当考虑经验法合理内容的情况下，形成人身危险性的评估结论"。③ 其中，临床法是指由受过专门训练的犯罪学家、心理学家等负责调查可能导致个人犯罪的因素，在专业分析的基础上对被追诉人的危险性作出判断，提供给司法工作者参考的方法。统计法是以犯罪预测表作为主要参考的一种评估方法。直觉法是指由司法人员依据自己的专业训练和工作经验，参考相关因素，不借助于其他科学方法和手段，仅凭感觉预估

---

① 参见张安民等：《我国罪犯心理测量研究述评》，载《犯罪与改造》1996 年第 7 期。

② 参见罗大华主编：《犯罪心理学》，中国政法大学出版社 2003 年版，第 142—143 页。

③ 卢建军：《人身危险性评估的基本方法》，载《人民检察》2011 年第 14 期，第 77—78 页。

被追诉人再犯可能性的方法。① 还有学者在分析量表测试用于人身危险性评估的种种不足的基础上，认为"在现有的条件下，合适的方式应该是以事实材料的统计分析为主、量表为辅的方法。必要时，二者可以同时使用。如果二者的结果趋于一致，说明人身危险性测量的信度和效度较高，可以对测评结果无顾虑地使用；如果二者的结果有差异或差异较大，理应慎重对待，在排除了相关干扰因素的情形下，应该最终以事实材料的统计分析为准"。②

上述国外有关犯罪人人身危险性大小的评估方法，分别运用不同的学科知识来评估犯罪人的人身危险性无疑具有一定的价值，但是，犯罪人的人身危险性是多种因素综合作用形成的，因此，只采用某一学科知识形成的方法来评估犯罪人的人身危险性，其结论不可避免地具有片面性，难以准确得出犯罪人人身危险性大小的结论，如果以此为根据来确定其刑事责任的量，必然会出现罪责不均衡的结果，有违人权保障理念。基于此，笔者认为，对于犯罪人人身危险性大小的评估，必须运用多学科知识、多种方法分步进行，尤其是要运用社会学、心理学的方法。运用多种方法分步进行，得出的结论会更准确，而我国有的学者所主张的综合方法，能克服采用单一方法的弊端，符合犯罪人人身危险性形成的机理，为笔者所赞同。然而，笔者赞同多种方法综合运用，并不意味着各种方法同时进行，或以某种方法为主、其他方法为辅，而是认为，应按照量表预测—专家评估—司法判断的步骤分步实施，即先将前述的影响人身危险性评估的各种因素设计为犯罪人人身危险性预测量表，运用该预测量表进行统计分析，得出犯罪人的人身危险性大小的基本数值；然后由犯罪心理学家通过调查、访谈等方法对犯罪人的人身

① 卢建军：《人身危险性评估的基本方法》，载《人民检察》2011 年第 14 期，第 77 页。

② 陈伟：《论人身危险性评估的体系构建》，载《中国人民公安大学学报》（社会科学版）2011 年第 1 期，第 132 页。

危险性大小进行专业评估，该专业评估结果作为是否需要修正、如何修正预测量表数值的依据；最后由司法工作人员在追诉过程中通过与犯罪人的接触，根据自己的司法经验对犯罪人的人身危险性大小作出判断，且在前一步骤已确定的预测量表数值的基础上进一步考虑是否需要修正量表数值及其修正幅度，从而得出作为刑事责任量的根据的犯罪人人身危险性大小的最终结论。

第三节　两种实质根据之间的关系与地位

一、两种实质根据之间关系的学界观点

关于社会危害性与人身危险性之间的关系，自从 20 世纪 80 年代学界讨论刑事责任的根据以来，就一直存在"包容说"和"并立说"两种不同观点。当时有的学者认为，社会危害性是刑事责任的唯一根据，而"社会危害性是由行为侵害性和人身危险性两部分组成，行为侵害性和人身危险性在社会危害性中处于不同的层次。行为侵害性是第一层次的，它的存在与否是判定社会危害性有无的前提；人身危险性是第二层次的，是行为侵害性确定之后需要进一步确定的决定社会危害性大小的主要因素。"[①] 赵秉志教授当时也认为犯罪的社会危害性包含犯罪行为的社会危害性和犯罪人的人身危险性两个方面。[②] 显然，这些学者在社会危害性与人身危险性之间的关系上是持"包容说"的。但是，当时也有学者认为，"刑事责任的根据应该是二元的，即行为的严重社会危害性和行为人的人身危险性的统一。人身危险性是相对存在的，各自具有特

---

① 参见冯筠：《论刑事责任的根据》，载《河北法学》1990 年第 1 期，第 16 页。

② 参见赵秉志：《刑事责任基本理论问题探讨》，载《中央政法管理干部学院学报》1995 年第 1 期，第 5 页。

定、独立的内容，是两个既相互区别又相互联系的概念。"① 陈兴良教授还在其所著的《刑法哲学》一书中提出了犯罪本质二元论，即犯罪的本质是社会危害性和人身危险性的统一，② 并且认为人身危险性应与社会危害性相并列。③ 显然，这些学者在社会危害性与人身危险性之间的关系上是持"并立说"的。

直至目前，仍然有些学者持"包容说"。比如，有的学者认为，"社会危害性有一个内部层次结构问题。在纵向层次方面，分为行为事实层面和价值评价层面两个层次，也可以称为自然属性层面和社会属性层面。在横向结构方面，社会危害性由客观实害性和人身危险性两部分组成"。④ 有的学者更为明确地指出："人身危险性与社会危害性并非并立关系，而是前者包容于后者。"其理由是：第一，人身危险性这一概念是生成于犯罪人之于社会的危险关系即威胁状态，而犯罪的社会危害性又是指社会受犯罪损害或威胁的状态，那么，此概念理当被内含到犯罪的社会危害性之中。第二，刑事近代学派设人身危险性概念的理论用途是为预防犯罪、保卫社会的目的刑论服务。当这一概念支撑起预防犯罪、保卫社会的目的刑论时，它自身已经先于被犯罪的社会危害性来说明了。也就是说，人身危险性的社会危害性基础可以从刑事近代学派的目的刑论那里得到证明。第三，犯罪的社会危害性有统一以指向将来的人身危险性的范畴容量。人身危险性是通过一系列社会危险行为表现出来的，作为一般与个别的关系，抑或从系统与元素的关系，都不

① 王晨：《刑事责任根据论纲》，载《当代法学》1992 年第 2 期，第 45 页。

② 参见陈兴良：《刑法哲学》，中国政法大学出版社 1997 年版，第 144 页。

③ 参见陈兴良：《刑法哲学》，中国政法大学出版社 1997 年版，第 155 页。

④ 童颖颖：《论人身危险性在刑法中的定位》，载《浙江师范大学学报》（社会科学版）2006 年第 4 期，第 75 页。

可将人身危险性与社会危害性截然分开。① 该学者还从社会危害性在刑法学中地位的巩固和提升、定罪量刑及行刑实践等方面阐述了将人身危险性包容于社会危害性中的意义。

但是，现在持"并立说"的学者越来越多，"并立说"几乎处于通说地位。比如，著名刑法学家高铭暄、马克昌教授联合主编的高等学校本科教材《刑法学》在论及刑事责任程度的根据时，就是将人身危险性大小和社会危害性程度并列提出的。② 张明楷教授在其所著的《刑法学》教材中也是将人身危险性大小独立于法益侵犯程度（相当于社会危害性程度）考虑的。③

笔者也倾向于"并立说"。其理由是：首先，从两个概念的起源来看，社会危害性和人身危险性概念起源于不同的时代、不同的社会背景，其最初提出来就有不同的出发点。可以说，社会危害性概念早于人身危险性概念出现。社会危害性概念是刑事古典学派最先运用的。刑事古典学派是在资本主义上升时期形成的反映资产阶级刑法思想和刑事政策的刑法学派。其创始人贝卡里亚在其《论犯罪与刑罚》一书中运用了"社会危害"的概念。他写道："公众所关心的不仅是不要发生犯罪，而且还关心犯罪对社会造成的危害尽量少些。因而犯罪对公共利益的危害越大，促使人们犯罪的力量越强，制止人们犯罪的手段就应该越强有力。这就需要刑罚与犯罪相对称。""我们已经看到，什么是衡量犯罪的真正标尺，即犯罪对社会的危害。这是一条显而易见的真理……"④ 从贝卡里亚的上述论断我们可以推出：既然衡量犯罪的真正标尺是犯罪对社会的危

---

① 参见马荣春：《人身危险性之界定及其与主观恶性、社会危害性的关系》，载《华南师范大学学报》（社会科学版）2010 年第 5 期，第 152 页。

② 参见高铭暄、马克昌主编：《刑法学》（第三版），北京大学出版社、高等教育出版社 2007 年版，第 230 页。

③ 参见张明楷：《刑法学》（第二版），法律出版社 2003 年版，第 388 页。

④ ［意］贝卡里亚：《论犯罪与刑罚》，黄风译，中国大百科全书出版社 1993 年版，第 65—67 页。

害，那么犯罪的社会危害性就是犯罪的本质特征。之所以贝卡里亚要将衡量犯罪的真正标尺定位于犯罪的社会危害性，就是要实现罪刑均衡。其出发点可想而知。而人身危险性概念是近代学派的核心概念。近代学派是西方由自由资本主义向垄断资本主义和帝国主义过渡时期形成的刑法学派。它是基于对古典学派刑法理论的不满而形成的，并在对古典学派的批判与论战中不断发展。近代学派认为犯罪的产生是基于某种或某些原因，所以仅对已经发生的行为进行非难、追究责任，不能防止犯罪，而必须研究犯罪原因；在多种多样的犯罪原因中，行为人的性格是一个重要因素，故防止犯罪有赖于消除犯罪人的危险性格；刑罚是改善性格的一种手段，刑罚的主要目的是预防犯罪人重新犯罪；对于具有危险性格的人不管其有无道义上的责任，基于社会生活的需要，必须令其承担社会责任。可见，人身危险性概念是发端于近代学派，并运用于近代学派的理论之中的。因此，社会危害性和人身危险性属于两个不同的概念和范畴，不能随意将人身危险性纳入社会危害性中。

其次，从两个概念的属性和存在的领域来看，人身危险性属于行为人的范畴，社会危害性属于行为的范畴；前者属于未然的领域，后者属于实然的领域。因此，从根本上讲，对社会危害性程度的评价属于对行为的评价，而对人身危险性大小的评价属于对行为人的评价，两者既然属于不同的评价，就应该有不同的评价系统。

最后，从人身危险性独立于社会危害性具有的积极意义看，在刑事责任量的确定中，将人身危险性大小独立于社会危害性程度考虑，更有利于刑罚特殊预防犯罪目的的实现。因为犯罪人的刑罚量以刑事责任量为根据，如果不将犯罪人的人身危险性大小单独作为确定刑事责任量的根据考虑，实践中就很可能出现重报应、轻预防，而报应只是正义的需求，并不能实现特殊预防。

二、两种实质根据之间的对立统一关系

（一）两者之间在刑罚目的上的一致性

犯罪的社会危害性程度和犯罪人的人身危险性大小作为刑事责

任量的根据都是为了实现刑罚的目的。刑罚的目的包括报应和预防两个方面，报应是刑罚正义的要求，预防是刑罚功利的要求；只有将刑罚的目的定位于报应与预防，才能兼顾正义与功利，才能既回顾已然之罪，又前瞻未然之罪，从而发挥刑罚最大的价值。将犯罪人的人身危险性大小作为刑事责任量的根据就是着眼于刑罚在特殊预防中的功效，直接体现刑罚预防目的的要求。同样，将犯罪的社会危害性程度作为刑事责任量的根据也是为了实现刑罚目的。因为以犯罪的社会危害性大小作为追究犯罪人的刑事责任的根据体现了刑罚的公正性，但我们惩罚犯罪活动不是为了公正而公正，而是为了追求适用刑罚的社会效果，使犯罪人感到罪有应得、罚当其罪，进而认罪服法，同时也使社会上的一般人认识到有罪必罚的法律后果和犯罪与刑罚之间的直接对应关系，从而产生对国家刑罚权应有的尊重，使人们在警戒心理支配下自觉地抵制各种犯罪，直到发挥一般预防的效果。从这一意义上说，刑事责任量的社会危害性根据实际上也成了实现刑罚目的的有力手段。[①] 总之，以犯罪的社会危害性程度作为刑事责任量的根据是立足于刑罚的报应目的，体现社会的公正要求；而以犯罪人的人身危险性程度作为刑事责任量的根据，则是立足于刑罚的预防目的，体现社会的功利要求。而两者结合起来作为刑事责任量的根据正是作为刑罚目的之报应与功利相统一的要求。也正因为这样，确定刑事责任量时就必须兼顾这两种根据，二者不可偏废。

（二）两者之间质的不同产生的对立性

由于社会危害性与人身危险性两者的本质不同，它们之间也会产生对立和冲突。刑事责任量的社会危害性根据是将已经实施的犯罪事实中所体现的行为责任的大小作为根据，而刑事责任量的人身危险性根据是将罪前、罪中和罪后事实所体现的犯罪人的人身危险

---

① 参见胡学相：《论刑事责任的根据内部的关系及特征》，载《中国刑事法杂志》1998 年第 6 期，第 6 页。

性大小作为根据，两者的本质是不同的。在考虑犯罪人的刑事责任量时，既要根据犯罪的社会危害性程度对已然的犯罪进行责任追究，又要根据犯罪人的人身危险性大小来考虑未然之罪，二者对犯罪人的刑事责任轻重的作用有时是一致的，有时却不一致。例如，累犯犯较轻的罪，其犯罪的社会危害性并不十分严重，但是，其人身危险性较大，那么，根据社会危害性程度便要求对其趋轻判刑，而根据其人身危险性大小又要求趋重判刑，在这种情况下，这两种根据就会发生冲突。当这种对立走向极端时就会出现两种现象：或者是"罪行不在大小，关键看态度"；或者出现只看犯罪的罪行而忽视犯罪人的人身危险性程度。前者的结果是：罪行严重的犯罪只要犯罪前一贯表现好或犯罪后坦白交代，就可以宽大无边，以至于对贪污受贿 5 万元以上的犯罪分子也可以免予刑事处分；而后者的结果是一味强调对严重犯罪用刑，而不管其改造的难易程度，从而陷入惩罚越来越严厉、犯罪却越来越猖獗的泥潭。①

三、两种实质根据在确定刑事责任量中的地位

在主张"并立说"的学者中，一般都认为犯罪的社会危害性程度与犯罪人的人身危险性大小在确定刑事责任量中的地位应有主次之分，即犯罪的社会危害性程度是刑事责任量的主要根据，它对刑事责任的轻重起着决定性的作用；犯罪人的人身危险性大小是刑事责任量的次要根据，它在刑事责任量的确定中只起辅助作用。这是因为：

第一，刑事责任的轻重，主要是由犯罪构成的性质决定的，而犯罪构成的本质特征是严重的社会危害性。因此，应将犯罪的社会危害性程度作为刑事责任量的主要根据。但是，刑事责任毕竟是由犯罪人承担的责任，因此，为了更好地实现刑法保护法益的目的，在决定刑事责任轻重时，除了应以社会危害性作为主要根据外，还

①　参见胡学相：《论刑事责任的根据内部的关系及特征》，载《中国刑事法杂志》1998 年第 6 期，第 5—6 页。

要结合犯罪人的人身危险性大小来确定刑事责任的轻重。但是，人身危险性只对刑事责任的轻重起一定程度的影响，而且它是从属于犯罪构成事实的，不能离开犯罪构成事实独立地成为决定刑事责任及其轻重的根据，所以，犯罪人的人身危险性程度是刑事责任量的次要根据。[①]

第二，确定刑事责任量是为了解决犯罪人的刑罚适应问题，而从刑罚的目的看，在报应与预防的两面之中，只有以报应为主、预防为辅，以报应限制预防，才是正当的。因为比较而言，正义与功利之间，刑罚正义是基本的、主要的，而刑罚的功利性是次要的。如果刑罚功利超越刑罚正义，就可能导致重刑威慑，损害刑法人权保障功能。这是与现代刑法以保障人权为己任的发展趋势相违背的。而刑罚以报应为主，是指刑罚侧重于对犯罪的报应。刑罚对犯罪的报应讲求的是刑罚对已然犯罪的惩罚。而已然之罪的本质特征是社会危害性。因此，刑罚以报应为主，实际上就是要以犯罪的社会危害性程度为主要根据来量定刑罚，以实现对已然犯罪的惩罚，从而实现刑罚报应的正义性。因此，从报应与预防的关系看，社会危害性程度应是刑事责任量的主要根据。

第三，以犯罪的社会危害性程度作为主要根据，还由于体现社会危害性的犯罪事实是已经发生了的事实，具有稳定性、可靠性和准确性，以此为主要根据有利于量刑的准确与可靠。而立足于预防的需要以犯罪人的人身危险性程度虽然也是以一定的事实为基础，但往往含有较高的推测性和不确定性的成分，不容易达到准确和稳定的要求。因此，我们在决定行为人的刑事责任量时，应以社会危害性程度为主要根据。

既然两种实质根据在刑事责任量的确定中的地位不同，那么在刑事责任量的确定中，社会危害性根据与人身危险性根据发生冲突时，更要以社会危害性程度为主要根据，以人身危险性程度为次要根据；而且二者的地位应在立法和司法中反映出来。具体而言，在

---

① 参见胡学相：《论刑事责任的根据内部的关系及特征》，载《中国刑事法杂志》1998 年第 6 期，第 7 页。

立法中确定刑事责任量时，主要应考虑犯罪的社会危害性程度，同时兼顾犯罪人的人身危险性大小；在司法活动中，也主要考虑犯罪的社会危害性程度，不能因为犯罪人的人身危险性很大，就确定其很重的刑事责任，导致罪刑不均衡。

第四章　刑事责任量的
刑事政策根据

　　刑事政策对于刑法立法和刑事司法具有指导作用。无论是立法上刑事责任量的确定，还是司法上刑事责任量的裁量，都要以刑事政策为根据。研究刑事责任量的刑事政策根据，对于刑事政策在刑事责任量的确定中的适当运用，以及立法上刑事责任量的合理确定和司法上刑事责任量的适当裁量均具有实际意义。

第一节　刑事责任量的刑事政策根据概述

一、刑事政策的概念界定

　　一般认为，"刑事政策"概念最早出现在 18 世纪末 19 世纪初德国法学教授克兰斯洛德（Kleinschrod）与费尔巴哈的著作中。克兰斯洛德认为，刑事政策是立法者根据各个国家的具体情况而采取的预防犯罪、保护公民自然权利的措施。费尔巴哈认为，刑事政策是国家据以与犯罪作斗争的惩罚措施的总和，是"立法国家的智慧"。① 不过，迄今最有力的说法是："刑事政策"概念是由费尔巴哈在其所著的《德国刑法教科书》（1801 年版）中首先使用，随后由德国的亨克及李斯特等刑法学者加以普遍推广，逐渐由其他欧

---

　　① 参见［法］米海依尔·戴尔玛斯－马蒂：《刑事政策的主要体系》，卢建平译，法律出版社 2000 年版，第 1 页。

陆法系国家所陆续使用。① 日本大谷实教授也认为，"刑事政策一词，在 18 世纪末的德国便开始使用，但现在意义上的刑事政策的称呼则始于费尔巴哈。他将心理学、实证哲学、一般刑事法及刑事政策作为刑事法的辅助知识，赋予了刑事政策的独立地位"。②

从刑事政策概念在德国产生时起，国外就有不少学者研究刑事政策问题，并逐渐使之形成一门学问即刑事政策学。关于刑事政策的定义，国外学者存有各种不同的观点。例如，首次提出"刑事政策"概念的费尔巴哈认为，刑事政策是"国家据以与犯罪作斗争的惩罚措施的总和"。③ 这一概念后来被德国许多刑法学者沿袭。法国刑法学家马克·安塞尔教授认为，"刑事政策是由社会，实际上也就是由立法者和法官在认定法律所要惩罚的犯罪、保护'高尚公民'时所作的选择"。④ 这一观点在欧陆法系国家影响颇深，至今仍被许多现代刑事政策学者所认可，如法国的米海依尔·戴尔玛斯－马蒂认为，"刑事政策就是社会整体据以组织对犯罪现象反应的方法的总和，因而是不同社会控制形式的理论与实践"。⑤ 现今西方最流行的刑事政策定义为："刑事政策是对犯罪现象的综合分析，对犯罪现象以及与违法犯罪行为作斗争的方法措施的解析；它同时也是建立在一定理论基础之上的旨在解决广义的犯罪现象的

---

① 参见张甘妹：《刑事政策》，台湾三民书局 1998 年版，第 1 页。

② ［日］大谷实：《刑事政策学》，黎宏译，法律出版社 2000 年版，第 7 页。

③ 转引自［法］米海依尔·戴尔玛斯－马蒂：《刑事政策的主要体系》，卢建平译，法律出版社 2000 年版，第 1 页。

④ ［法］马克·安塞尔：《新刑法理论》，卢建平译，香港天地图书有限公司 1990 年版，第 6 页。

⑤ ［法］米海依尔·戴尔玛斯－马蒂：《刑事政策的主要体系》，卢建平译，法律出版社 2000 年版，第 1 页。

打击与预防所提出的问题的社会和法律的战略。"① 日本学者木村龟二教授认为，刑事政策有广狭二义，"广义之刑事政策乃在探求犯罪之原因而确立其对策"；"狭义之刑事政策乃在探求犯罪原因，研究犯罪对策，而批判现行刑罚制度之价值，且以确立改革刑罚制度之诸原则，并补充现行刑罚制度的犯罪对策之各种原则"。② 大谷实教授认为，"所谓刑事政策，是国家机关（国家和地方公共团体）通过预防犯罪、缓和犯罪被害人及社会一般人对于犯罪的愤慨，从而实现维持社会秩序的目的的一切措施政策，包括立法、司法及行政方面的对策"。③

从以上德国、法国、日本等国著名学者的观点来看，尽管他们对刑事政策的定义有所不同，但他们均是从整体上给刑事政策下定义，即把刑事政策看成国家、社会打击、预防犯罪的防御体系或系统工程，认为刑事政策的主体是国家或社会（整体），刑事政策的内容是国家或社会（整体）针对犯罪现象采取的方法、措施或对策的总和。

我国学者对刑事政策的定义也有各种不同的观点。例如，台湾学者林纪东在其《刑事政策学》一书中将刑事政策分为广义、狭义二说：广义的刑事政策乃是"探求犯罪的原因，从而树立防止犯罪的对策"；狭义的刑事政策乃是"探求犯罪的原因，批判现行刑罚的制度及各种有关制度，从而改善或运用现行刑罚制度及各种有关制度，以期防止犯罪的对策"。④ 张甘妹在其《刑事政策》一书中也认为刑事政策大体上可以概括为广义及狭义二种，"就广义言，刑事政策得谓为国家以预防及镇压犯罪为目的所为一切手段或方

---

① ［法］克里斯蒂娜·拉赛杰：《刑事政策学》，法国大学出版社 1989 年版，第 7 页。

② 转引自许福生：《刑事政策学》，中国民主法制出版社 2006 年版，第 6 页。

③ ［日］大谷实：《刑事政策学》，黎宏译，法律出版社 2000 年版，第 7 页。

④ 林纪东：《刑事政策学》，台湾正中书局 1998 年版，第 3—4 页。

法"，"狭义之刑事政策，得谓为国家以预防及镇压犯罪为目的，运用刑罚以及具有与刑罚类似作用之诸制度，对于犯罪人及有犯罪危险人所作用之刑事上之诸对策"。① 我国著名刑法学家马克昌教授主编的《中国刑事政策学》认为，我国的刑事政策"是指中国共产党和人民民主政权，为了预防犯罪，减少犯罪，以至消灭犯罪，以马列主义、毛泽东思想为指导，根据我国的国情和一定时期的形势，而制定的与犯罪进行有效斗争的指导方针和对策"。② 杨春洗教授主编的《刑事政策论》认为，"刑事政策是国家或执政党依据犯罪态势对犯罪行为和犯罪人运用刑罚和有关措施以期有效地实现惩罚和预防犯罪目的的方略"。③ 肖扬主编的《中国刑事政策和策略问题》认为，"刑事政策和策略，简略来说就是一个国家在同犯罪作斗争中，根据犯罪的实际状况和趋势，运用刑罚和其他一系列抗制犯罪的制度，为达到有效抑制和预防犯罪的目的，所提出和实行的方针、准则、决策、措施和方法等"。"目前在我国，刑事政策和策略是党和国家制定的，或者政法机关制定并由党和国家肯定、推行的运用刑事法律武器同犯罪作斗争的一系列方针、措施、政策、办法的总和。"④ 曲新久教授认为，"所谓刑事政策，是指国家基于预防犯罪、控制犯罪以保障自由、维持秩序、实现正义的目的而制定、实施的准则、策略、方针、计划以及具体措施的总称"。⑤ 梁根林教授认为，刑事政策是"国家和社会整体以合理而有效地组织对犯罪的反应为目标而提出的有组织地反犯罪斗争的战略、方

---

① 张甘妹：《刑事政策》，台湾三民书局 1997 年版，第 2—3 页。

② 马克昌主编：《中国刑事政策学》，武汉大学出版社 1992 年版，第 5 页。

③ 杨春洗主编：《刑事政策论》，北京大学出版社 1994 年版，第 7 页。

④ 肖扬主编：《中国刑事政策和策略问题》，法律出版社 1996 年版，第 2 页。．

⑤ 曲新久、张国鑫：《如何科学认识刑事政策》，载《人民法院报》2004 年 5 月 20 日。

针、策略、方法以及行动的艺术、谋略和智慧的系统整体"。①

综观我国学者的上述观点，与国外学者对刑事政策的定义相比，有以下几个方面不同：一是从定义的中心词来看，国外学者一般将刑事政策定义为"原则"、"方法"或"对策"，而我国学者一般将刑事政策定义得更为宽泛，包括"方针"、"对策"、"方略"、"措施"等。二是从界定刑事政策的制定主体来看，国外学者一般将国家和社会作为刑事政策的制定主体，而我国内地学者多将"政党"或"执政党"纳入制定刑事政策的主体范围。特别是在给我国的刑事政策下定义时，更是明确将党（指中国共产党）作为刑事政策的制定主体之一。

从以上国内外学者关于刑事政策概念的各种定义可以看出，在世界范围内，不同历史时期、不同国家和地区的学者，由于其历史、文化和社会等背景的不同，对刑事政策概念的理解有着较大的差异；即使是同一时期、同一国家和地区的学者给刑事政策所下的定义也不尽一致。笔者认为，既然通常意义上的"政策"是指国家或政党为实现一定历史时期的路线而制定的行动准则，② 那么，刑事政策应是刑事上的政策，即国家或政党根据一定时期的犯罪态势而采取的有效应对犯罪的方针、策略、措施的总称，是惩治和预防犯罪的行动准则。

二、刑事政策应当作为刑事责任量的根据

在关于刑事责任量的根据的各种观点中，实质根据、法律根据和事实根据均有人提及，但是，没有人提出刑事政策是刑事责任量的根据的观点。然而，笔者认为，刑事政策应当作为刑事责任量的根据。

---

① 梁根林：《刑事政策：立场与范畴》，法律出版社 2005 年版，第 23 页。

② 中国社会科学院语言研究所词典编辑室：《现代汉语词典》（第 5 版），商务印书馆 2005 年版，第 1741 页。

第一，刑事政策应当作为刑事责任量的立法根据。

首先，从政策对立法的意义上看，政策是法律制定的依据，在法律议案的提出和起草过程中，都要依据当时国家和执政党的基本政策。国家和执政党的基本国策和行动纲领在立法上多体现为法律的基本原则。具体到刑事政策对刑法立法的意义方面，理论上一般认为，刑事政策是刑法的灵魂与核心，刑法是刑事政策的条文化与定型化，有什么样的刑事政策就会有什么样的刑法，因而刑事政策对于刑法的制定与适用有着直接的指导意义。① 例如，我国1979年《刑法》第1条就明确规定"惩办与宽大相结合的刑事政策"是刑法的制定依据。刑法的制定、修改和完善，虽然从根本上说取决于社会生活条件的需要与变化，但是，刑法的立、改、废也是以刑事政策为指针的。例如，20世纪80年代初期，随着我国部分犯罪日趋严重化，我们党适时提出了整顿社会治安和依法从重从快的方针，随后便导致了我国刑法、刑事诉讼法的一系列变化。② 既然刑事政策是刑法立法的根据，而对于某类或某种犯罪刑事责任轻重程度的立法确定属于刑法立法的重要内容，那么，刑事政策就应当是刑事责任量的立法根据。

其次，从政策的贯彻上看，虽然贯彻政策的形式很多，法律只是实现政策的形式之一，但是，法律是实现国家政策和执政党政策的最为重要的手段。如果没有法律的体现和贯彻，仅仅依靠政策本身的力量和资源，是很难达到其所要达到的政治、经济等方面的目的的。具体到刑事政策的贯彻，它更需要刑法，更需要通过刑法的修改完善来实施。而刑法的修改完善，不但包括犯罪圈范围在立法上的变化，而且包括刑事责任程度和方式在立法上的变化，即包括刑事责任量的立法变化。这就说明，刑事责任量的立法变化也是贯

---

① 参见陈兴良：《刑法的人性基础》，中国方正出版社1996年版，第388页。

② 参见卢建平：《刑事政策与刑法关系的应然追求》，载《法学论坛》2007年第3期，第59页。

彻刑事政策的需要。既然如此，那么，只有将刑事政策作为刑事责任量的立法根据，才能通过刑事责任量的立法变化来反映和贯彻一定时期的刑事政策。

第二，刑事政策应当作为刑事责任量的司法根据。

首先，刑事司法需要刑事政策的指导。就刑事政策与刑事司法的关系来讲，虽然刑事司法高于刑事政策，刑事政策只能在刑事司法的框架内运作，但是，我国刑事司法活动是一个典型的"三段论"推理过程，其大前提是刑事法律，小前提是案件事实的抽象，结论是司法结果。刑事司法严格遵循这样的形式逻辑，是贯彻罪刑法定原则的要求。但是，任何刑法条文都是对具体现实的抽象化，司法人员在面对具体案件具体情况时，要经历一个对具体事实再抽象的过程，这样就会导致如下问题：在确定大前提过程中，其范围的周延存在符合与不符合的"灰色地带"，这是由人类立法语言的天生缺陷所衍生的现象。立法再完善，也只是对这个地带范围加以缩小，但却永远也无法消除。对于"灰色地带"的范围，不同的司法人员在实际操作中，可能会有不同的看法，而且处于这个范围的自由裁量，无论是偏向定罪还是偏向非罪，无论是偏重还是偏轻，都是合法的。对于这样的"灰色地带"，单凭刑法规定和量刑情节是不能解决问题的。① 在这种情况下，司法人员就需要刑事政策的指引。例如，1998 年最高人民法院《关于审理盗窃案件具体应用法律若干问题的解释》第 6 条第 2 项规定了"可不作为犯罪处理"的情况，即是说对所列情形作为犯罪处理也是合法的，那么对"被胁迫参加盗窃活动，没有分赃或者获赃较少的"的理解差异就直接关系到行为的罪与非罪。究竟多少赃物算"较少"，刑法和司法解释都没有规定。这种情况只有以国家的刑事政策为指导，各个地方的司法人员才能作出基本一致的判断。因此，刑事政策对于刑事司法是有实际意义的，某些情况下刑事司法离不开刑事

---

① 参见黄京平：《宽严相济刑事政策的时代含义及实现方式》，载《法学杂志》2006 年第 4 期，第 48 页。

政策的指导。

其次，司法上刑事责任量的确定需要刑事政策的指导。司法上，某种行为被认定为犯罪之后，就存在刑事责任程度的确定问题。而刑事责任程度的确定当然要以刑法规定和案件事实为根据。然而，刑法规定不是万能的，也不可能规范社会存在的一切行为。虽然人们强调通过立法来达到"正义"，但"正义"的实现是相当困难的，尤其是要通过规范条文的表述来实现更是困难。奥地利社会学家路德维格·贡普洛维奇指出："法律是从具有不同力量的不同社会族群之间的冲突中产生的一种社会生活的形式。"[①] 这表达了法律作为冲突的产物，是一种折中结果的观点。这也从一个侧面与法律的稳定性相协调。因为凡是偏激的规则都不可能长久，只有"中庸"的路线才是可行的。既要体现"正义"，又不得不通过中性的语言来表达，而要通过中性语言来表达，就必然会增加法律的抽象性。在这种情况下，法律实施如果不借助政策的引导，必然出现不和谐。刑事政策正是根据不同时期的不同要求，对法律的实施予以引导，使其具有不同的倾向性。[②] 更进一步说，只要法律是有局限性的，法律是抽象的、原则性的规定，政策就有存在的必要。刑法与刑事政策的关系也是如此。只要刑法存在局限性，刑法规定存在抽象、概括性，刑法存在"灰色地带"，就容易导致司法人员对同样的问题产生不同的意见；即使是案件事实非常清楚，刑法规定明确，由于司法人员的认识局限性，也会出现对同样的案件事实和刑法规定有不一样的看法，从而导致对同样犯罪的刑事责任程度的认识不一。这种情况下，刑事政策对于刑事司法就有重要的价值。司法人员只有以刑事政策为导向，形成一致的价值取向，才会形成统一认识，实现刑事责任量的确定的合理和平衡。因此，刑事

---

① ［美］E. 博登海默：《法理学法律哲学与法律方法》，中国政法大学出版社 1999 年版，第 186 页。

② 黄伟明：《刑事政策与刑事立法关系的动态分析》，载《法学论坛》2003 年第 3 期，第 40 页。

政策不但应是刑事责任量的立法根据，也应是刑事责任量的司法根据。

三、以刑事政策作为刑事责任量的根据应注意的问题

虽然刑事责任量的确定应以刑事政策为根据，但是，运用刑事政策根据时应注意以下几个问题：

第一，以刑事政策为根据确定刑事责任量不能违背罪责刑相适应原则。罪责刑相适应原则要求罪与责之间、责与刑之间实现均衡，其价值蕴涵是刑责的公平正义。罪责刑相适应原则是我国刑法明文规定的基本原则，无论是刑法立法还是刑事司法，都应贯彻该原则。因此，无论是立法上以刑事政策为根据进行刑事责任量的确定，还是司法上以刑事政策为根据进行刑事责任量的确定，均不能无视罪责刑相适应原则的要求而追求应对犯罪的功利目标，只有在坚持罪责刑相适应原则的前提下适当考虑刑事政策的要求，才能保障刑法的正义性。

第二，以刑事政策为根据确定刑事责任量不能背离刑法的目的。刑法目的是立法者通过创制和适用刑法所要达到的价值目标，具有统领刑法立法和刑事司法的功能。立法者通过创制刑法的方式对犯罪与刑罚作出规定，实际上既确认刑罚权又限制刑罚权，保证刑罚权的合法性和有限性，因而刑法具有两个方面的目的：一方面，是要通过对犯罪与刑罚的规定来确认刑罚权，并通过行使刑罚权来惩罚和预防犯罪，以保护法益；另一方面，是要通过对犯罪与刑罚的规定来限制刑罚权，以保障人权。简单说，刑法具有保护法益和保障人权的双重目的。[①] 刑事责任量的确定既是刑法立法的内容，也是刑事司法的内容，当然应围绕刑法目的的实现展开，即使应以刑事政策为根据，也不能背离刑法目的，否则就可能损害刑法的法益保护和人权保障机能。

---

① 参见彭辅顺：《刑法目的的若干思考》，载《法学论坛》2009 年第 1 期，第 131 页。

第三，以刑事政策为根据确定刑事责任量应以实质根据为基础。刑事政策根据和实质根据都是刑事责任量的根据，但是，两种根据的功能取向是不同的。由于刑事政策是国家和执政党应对犯罪的方针、措施和策略，因而其功能取向是维护社会秩序的稳定和社会的和谐发展，其功利性是不言而喻的。然而，刑事责任量的确定以犯罪的社会危害性程度和犯罪人的人身危险性程度作为实质根据，其功能取向虽然具有惩治和预防犯罪的功利性，但笔者以为其更具有公正性，具有保障人权的意蕴。而在刑事法领域，公正与功利之间，公正始终是第一位的。因此，刑事责任量的确定应以实质根据为主，刑事政策根据为补充，否则就可能损害刑法的公正性。

第四，刑事责任量的司法确定还应注意处理好刑事政策根据和法律根据的关系。司法上进行刑事责任量的确定既要以刑事司法为根据，又要以刑事政策为根据，但是，两种根据不能等量齐观，法律根据应当优于刑事政策根据，因为"以事实为根据，以法律为准绳"是我国司法工作的基本原则，所以，如果司法上进行刑事责任量的确定，法律根据和刑事政策根据不分主次，甚至将刑事政策根据凌驾于法律根据之上，违背刑法规定进行刑事责任量的裁量，违反了上述司法工作的基本原则，也会导致刑事政策取代刑法的后果。

四、刑事责任量的刑事政策根据的分类

刑事责任量的刑事政策根据可以从不同的角度进行分类。从政策的指导功能来看，刑事政策可分为刑事立法政策、刑事司法政策和刑事执行政策；从政策所处的层次来看，刑事政策可分为基本刑事政策和具体刑事政策。① 由于本章只从刑事政策的层次角度来探讨刑事责任量的刑事政策根据，故下文只简述基本刑事政策和具体

---

① 参见杨春洗主编：《刑事政策论》，北京大学出版社 1994 年版，第 173 页。

刑事政策及其关系。

基本刑事政策，是指党和国家制定的、在较长时期内对防控一切犯罪具有普遍指导意义的方针和策略。这种刑事政策"通常是长期的、稳定的，是预防和控制犯罪的规律性东西"，① 是指导全部刑事立法、刑事司法及刑事执行活动的，也是贯穿于全部刑事政策之中的、带有整体性的、全局性的指导意义，因此又可称为总刑事政策，② 或者说，基本刑事政策既是刑事立法政策，又是刑事司法政策，还是刑事执行政策。

我国的基本刑事政策经历了一个从"镇压与宽大相结合"到"惩办与宽大相结合"再到"宽严相济"的演进过程。新中国成立初期的基本刑事政策是"镇压与宽大相结合"。当时在人民民主专政的国家政体下，镇压反革命成为首要的政治任务。而脱胎于革命根据地法制建设经验的"镇压与宽大相结合"政策，由于凝结了中国共产党区别对待、分化瓦解的对敌斗争策略，适应了"镇反"和"肃反"的需要，于是成为这一时期的基本刑事政策。而同时期制定的《惩治反革命条例》、《惩治贪污条例》等单行刑事法律也都贯彻了镇压与宽大相结合的刑事政策。但是，随着社会主义改造基本完成，社会主义制度初步建立，新生政权已经得到巩固，镇压反革命分子已不是首要任务，该政策需要退出历史舞台，于是其演变为"惩办与宽大相结合"的刑事政策。1956 年 9 月，刘少奇同志在中共八大的政治报告中首次提出了"惩办与宽大相结合"的刑事政策，标志着"镇压与宽大相结合"的刑事政策向"惩办与宽大相结合"的刑事政策的正式转化。"在实践上，该政策明确提出了两个要求：一是惩办与宽大必须兼顾，不可偏废；二是惩办

---

① 周洪波、单民：《论刑事政策与刑法》，载《当代法学》2005 年第 6 期，第 56 页。

② 参见马克昌主编：《中国刑事政策学》，武汉大学出版社 1992 年版，第 77—78 页。

与宽大都必须有必要的限度，即宽有边，严有度。"① 此后，"惩办与宽大相结合"刑事政策指导我国刑事立法、司法长达 20 多年，直到在 2005 年 12 月 5 日至 6 日召开的全国政法工作会议上，时任中央政法委书记罗干同志提出宽严相济的刑事政策，并明确将其视为中国在维护社会治安的长期实践中形成的基本刑事政策。2006 年 10 月 11 日通过的《中共中央关于构建社会主义和谐社会若干重大问题的决定》明确指出："实施宽严相济的刑事司法政策，改革未成年人司法制度，积极推行社区矫正。"至此，宽严相济的刑事政策正式确立。宽严相济的刑事政策并非只是对惩办与宽大相结合的刑事政策简单的名词置换，而是我们处在新时期，面对刑事案件数量急剧增加，就刑事法律如何保持社会良好运行状态所提出的新理念，是对惩办与宽大相结合政策的继承和发展。

具体的刑事政策是相对于基本刑事政策而言的，它是指党和国家制定的、对防控某一类犯罪或对刑事活动的某一方面或某一阶段具有指导意义的方针、措施和策略。具体刑事政策针对性较强，但适用范围较窄。② 我国具体的刑事政策较多，主要有：（1）严打政策，即指对严重危害社会治安的严重犯罪分子依法从重从快惩处。"严打"的对象限于严重危害社会治安的严重犯罪。"严打"是宽严相济刑事政策"严"的一面的表现，它虽然是一项具体刑事政策，但并不是独立于宽严相济刑事政策之外的，更不是与之对立的。（2）死刑政策。"死刑政策是由党和国家制定的对死刑的设置与适用具有普遍指导意义的行动准则，是我国刑事政策的重要组成部分。我国当前死刑政策的完整表述是'保留死刑，严格限制和

---

① 卢建平、刘春花：《刑事政策与刑法的二重协奏——1949 年以来中国刑事政策的演进与刑法的变迁》，载《河北学刊》2011 年第 4 期，第 138—139 页。

② 参见马克昌主编：《中国刑事政策学》，武汉大学出版社 1992 年版，第 77—78 页。

慎重适用死刑'"，① 或者说是"少杀、慎杀"。由于它只限于如何配置和适用死刑等问题，因此属于具体刑事政策。保留死刑，体现宽严相济政策"严"的一面，但严格控制和慎重适用死刑相对来说则体现"宽"的一面。判处死刑立即执行和判处死缓都是宽严相济刑事政策的贯彻。（3）教育、感化、挽救的方针，即对违法犯罪的未成年人实施教育、感化、挽救的刑事政策，它并不对所有的犯罪适用，它也是一项具体刑事政策。与上述两项具体刑事政策相比，该政策体现着宽严相济刑事政策"宽"的一面。② （4）反腐败刑事政策，即坚决反对腐败、以零容忍态度惩治腐败，对腐败犯罪从严查处、绝不姑息。坚持"受贿、行贿一起抓"、"'老虎'、'苍蝇'一起打"的方针，就是该政策的核心内容，它体现着宽严相济刑事政策"严"的一面。（5）反恐刑事政策，即"严厉打击暴力恐怖活动"的方针，"坚持打早打小打苗头，端窝点、打团伙、追逃犯，绝不给暴力恐怖分子以任何喘息之机"，③ 也体现着宽严相济刑事政策"严"的一面。

基本刑事政策与具体刑事政策是纲与目的关系。基本刑事政策是第一位的，具体刑事政策是第二位的。基本刑事政策是长期的、全局性的；具体刑事政策是短时期的、局部的。基本刑事政策决定了具体刑事政策，具体刑事政策也会影响基本刑事政策。在我国具体刑事政策中，如死刑政策、综合治理政策、严打政策等，都同时体现基本刑事政策的要求，服务于基本刑事政策。具体刑事政策的功能并不是消极的、被动的。只要某个时期突出强调、加大执行某一具体刑事政策的力度，就会影响防控犯罪的全局，甚至对防控犯

---

① 参见赵秉志：《关于中国现阶段慎用死刑的思考》，载《中国法学》2011 年第 6 期，第 6 页。

② 参见马克昌：《论宽严相济刑事政策的定位》，载《中国法学》2007 年第 4 期，第 121—122 页。

③ 参见中共中央政治局委员、中央政法委书记孟建柱于 2014 年 5 月 30 日在北京召开的反恐怖工作专题会议上的讲话。

罪全局起关键性作用。

第二节　刑事政策在刑事责任量
立法中的贯彻

一、基本刑事政策在刑事责任量立法中的贯彻

前已述及，我国基本刑事政策在过去是惩办与宽大相结合的刑事政策，在现在是宽严相济的刑事政策。基本刑事政策在刑事责任量立法中的贯彻，也就是基本刑事政策对于刑事责任量立法的指导和贯彻。刑事责任量立法也就是刑事责任轻重程度立法。我国刑事责任轻重程度立法状况既反映在刑法总则对刑罚结构和从重从宽处罚的规定上，又反映在刑法分则对个罪的法定刑配置上。因此，考察基本刑事政策在刑事责任量立法中贯彻的情况，应当从刑法总则的刑罚结构、从重从宽处罚规定和刑法分则个罪的法定刑配置状况来看。

（一）惩办与宽大相结合刑事政策在刑事责任量立法中的贯彻：以 1997 年《刑法》为分析样本

惩办与宽大相结合作为一项基本刑事政策，其内容大致包括两个方面：一是首恶必办，胁从不问；二是坦白从宽，抗拒从严，立功折罪，立大功受奖。① 即一方面是对罪行严重的犯罪分子、首恶分子和拒不交代罪行的犯罪分子坚决予以惩办；另一方面是对罪行较轻的、被胁迫犯罪的、自首、立功的犯罪分子，从宽处罚。其精神实质是：根据不同情况实行区别对待，既不能片面强调惩办，也不能片面强调宽大，而必须将惩办与宽大两方面结合起来。

1979 年《刑法》第 1 条开宗明义地规定了惩办与宽大相结合

---

① 参见马克昌、王煜之：《论惩办与宽大相结合的刑事政策在惩治腐败中的运用》，载《法律学习与研究》1990 年第 3 期，第 21—22 页。

的刑事政策，显然该法是以惩办与宽大相结合刑事政策为制定依据的。1997 年《刑法》虽然删除了 1979 年《刑法》第 1 条中的"依照惩办与宽大相结合的政策"，但是，当时惩办与宽大相结合作为基本刑事政策并未发生改变，所以其刑事政策根据仍然是惩办与宽大相结合刑事政策。基于此，惩办与宽大相结合刑事政策在刑事责任量立法中的贯彻，完全可以从 1997 年《刑法》来看。通过对 1997 年《刑法》的文本考察，我们可以发现，惩办与宽大相结合刑事政策在刑事责任量立法中的贯彻，既有值得肯定之处，也有其不足。

1997 年《刑法》是在 1979 年《刑法》施行十多年后，我国社会政治、经济、文化、法制环境等方面发生了巨大变化、犯罪态势趋重、单行刑法过多凌乱的背景下，对 1979 年《刑法》进行全面系统修订而成的。其刑事责任量方面的立法，贯彻惩办与宽大相结合刑事政策值得肯定之处有如下几个方面：一是该法设置了刑种多样、有轻有重、轻重衔接、主附配合的刑罚体系，能够满足惩办各种性质、情节不同的犯罪的需要，有利于贯彻区别对待的政策精神，且为追究轻重程度不同的刑事责任提供了法律依据。二是刑事责任量立法贯彻了"区别对待"的政策精神。例如，该法对不同责任年龄、不同刑事责任能力的犯罪人在刑事责任量上实行区别对待；对预备犯、中止犯、未遂犯的刑事责任量实行区别对待；对主犯、从犯、胁从犯、教唆犯的刑事责任量实行区别对待；通过设置累犯、自首、立功制度对罪后具有不同表现的犯罪人在刑事责任量上实行区别对待；等等。三是该法分则规定了 412 个罪名，对不同性质、不同情节的犯罪规定了轻重不同的法定刑种及刑度，也体现了区别对待的政策精神。

然而，惩办与宽大相结合刑事政策在刑事责任量立法中的贯彻也存在明显缺陷，即作为刑事责任基本实现方式的刑罚结构总体上存在"当轻不轻"、"当重不重"、"重者过重"的局面。"当轻不轻"表现在轻刑当轻而不轻。首先，从管制刑来看，管制刑是我国独创的刑种，作为一种限制自由刑，由于其具有不予关押的特点而具有轻刑的性质。它本是一种符合现代刑罚轻缓化方向的刑罚方法，但是刑法中管制刑适用不多。其次，就罚金而言，罚金是我国刑罚体系中的一种附加刑，不属于主刑刑种，其直接的后果是：罚金刑的适用范围局限性大，罚金单处的情形很少，影响其在刑罚体系中充分发挥作用。

"当重不重"首先表现在死缓制度上。按照刑法规定，死缓实际上相当于有期徒刑 24 年，不包括审判前羁押的时间，实际被关押的年限大概是在 18 年左右。于是，一个人如果被认为罪行极其严重，要么是被判处死刑立即执行，要么被判处死缓，关上最多不超过 20 年就可重返社会。"当重不重"其次表现在无期徒刑上。无期徒刑实际上并非真正意义上的"无期"。我国的无期徒刑实际上相当于有期徒刑 22 年，这不包括审判前羁押的时间。无期徒刑犯经过一次或多次减刑，实际被关押的年限也就在 15 年左右。无期徒刑不无期的一个直接严重后果便是死刑的适用率难以降低。"当重不重"再次表现在有期徒刑上。有期徒刑上限太短。有期徒刑是我国适用最广泛的刑种，较之其他刑种具有更大的弹性，但有期徒刑的弹性空间还应进一步发挥。我国的有期徒刑最高可以达到 15 年，实际执行年限一般在 10 年左右。数罪并罚最高不超过 20 年，实际执行年限一般是 13 年左右。有期徒刑的上限太短，直接导致了两个弊端：一是对于严重犯罪难以体现罪责刑相适应原则，在一人犯数罪的情况下尤其明显；二是加大了无期徒刑和死刑的适用频度，不利于刑罚整体上的轻缓化。①

"重者过重"最突出的表现是死刑过重。死刑是重刑的主要表现，它的存在在相当大的程度上决定着一个国家的刑罚结构的性质。我国 1997 年《刑法》中可以判处死刑的罪名多达 68 个，比1979 年《刑法》中的死刑罪名多出 41 个。1997 年《刑法》对于死刑之所以没有进行大幅度的削减主要出于对社会治安的严峻形势

---

① 参见王拓：《宽严相济刑事政策的刑法化研究》，载《武警学院学报》2008 年第 1 期，第 71—72 页。

和经济犯罪的严重状况的考虑，当然也有民意的因素。然而，从理论上来讲，死刑确实应当削减，否则与世界的趋势背道而驰。此外，没收财产也属于"重刑过重"的情况。没收财产是附加刑中的一种重刑，但其使用范围极为广泛，在危害国家安全犯罪，破坏社会主义市场经济秩序犯罪，侵犯公民人身权利、民主权利罪，侵犯财产罪，妨害社会管理秩序罪以及贪污贿赂罪六大类犯罪中共有59 个条文 69 个罪名适用没收财产刑。但是，从理论上说，广泛适用没收财产刑不符合现代教育刑思想，有悖于刑罚理性的要求，也不利于刑罚现代化。

由此可见，1997 年《刑法》虽然在刑事责任量立法方面贯彻惩办与宽大相结合刑事政策有值得肯定之处，但也有值得改进之处。

（二）宽严相济刑事政策在刑事责任量立法中的贯彻：以《刑法修正案（七）》和《刑法修正案（八）》为分析样本

宽严相济刑事政策是在我国创建和谐社会理念的推动下，对严打政策反思的基础上，为应对复杂的犯罪现象，追求刑法效益的条件下产生的。宽严相济的刑事政策包含"宽"与"严"两个方面的重要内容。① 但是，"宽"与"严"两个方面是有所侧重的。中央之所以提出贯彻宽严相济刑事政策，实质上是对"严打"刑事政策进行理性反思的结果，也是对惩办与宽大相结合刑事政策的逻

---

① 时任中共中央政治局常委、政法委书记罗干在 2005 年 12 月召开的全国政法工作会议上的讲话中，提出宽严相济的刑事政策时说："贯彻宽严相济的刑事政策，一方面必须坚持'严打'方针不动摇，对严重刑事犯罪依法严厉打击，什么犯罪突出就重点打击什么犯罪，在稳准狠上和及时性上全面体现这一方针；另一方面，要充分重视依法从宽的一面，对轻微违法犯罪人员，对失足青少年，要继续坚持教育、感化、挽救方针，有条件的可适当多判一些缓刑，积极稳妥地推进社区矫正工作。"显然，宽严相济的刑事政策包含"宽"与"严"两个方面的重要内容。

辑回归。当然，这种回归不是对惩办与宽大相结合刑事政策简单的名词置换，而是一种扬弃。这主要表现为：惩办与宽大相结合刑事政策的"惩办"在前，"宽大"在后，其侧重点在"惩办"上；而宽严相济的刑事政策中，"宽"在前，"严"在后，其侧重点在"宽"上。另外，过去的惩办与宽大相结合的刑事政策强调的是犯罪化、重刑化和监禁刑化，而现在的宽严相济的刑事政策强调更多的则是非犯罪化、轻刑化和非监禁化。[①] 因此，在宽严相济的刑事政策中，"宽"和"严"二者之间，当前是侧重于"宽"的。

宽严相济刑事政策正式确立后，2008 年 11 月 28 日中共中央政治局通过了《关于深化司法体制和工作机制改革若干问题的意见》，提出"要把宽严相济刑事政策上升为法律制度"。于是，我国立法机关先后出台了《刑法修正案（七）》和《刑法修正案（八）》，这两个刑法修正案比较明显地贯彻了宽严相济的刑事政策。

从刑事责任量立法的角度考察，宽严相济刑事政策在刑事责任量立法中的贯彻主要体现在以下几个方面：

第一，根据宽严相济刑事政策调整了原来的刑罚结构，改变了"当重不重"的局面。"刑罚结构，是指各种刑罚种类的搭配与架构，是刑罚实际运作中历史形成并且由法律明文规定的刑罚的规模与强度。"[②] 我国原来刑罚结构内部协调性不足，尤其是有期徒刑与无期徒刑之间、自由刑与死刑之间在力度上不够协调。《刑法修正案（八）》对此作了调整，主要表现为：其一，延长了数罪并罚后有期徒刑的刑期。1997 年《刑法》规定，有期徒刑数罪并罚不超过 20 年，而《刑法修正案（八）》对此作了修改，适当延长了数罪并罚后有期徒刑的刑期，即数罪并罚后，有期徒刑总和刑期不满 35 年的，最高不超过 20 年；但如果总和刑期在 35 年以上的，

[①] 参见黄京平：《宽严相济刑事政策的时代含义及实现方式》，载《法学杂志》2006 年第 4 期，第 11 页。

[②] 陈兴良：《本体刑法学》，商务印书馆 2001 年版，第 654 页。

最高可判处 25 年。这缩短了有期徒刑与无期徒刑之间的距离，增进了有期徒刑与无期徒刑之间的衔接。其二，延长了死缓改为有期徒刑的刑期。1997 年《刑法》规定，在死缓两年考验期内，如果确有重大立功表现，考验期满后减为 15 年以上 20 年以下有期徒刑。但是，《刑法修正案（八）》延长了死缓直接转为有期徒刑后的刑期，即在死缓两年考验期内，如果确有重大立功表现，考验期满后减为 25 年有期徒刑。这有力地改变了原来死缓减刑后的刑罚过轻的局面。其三，对被判处死刑缓期二年执行的累犯以及因故意杀人、强奸、抢劫、绑架、放火、爆炸、投放危险物质或者有组织的暴力性犯罪被判处死刑缓期二年执行的犯罪分子，人民法院根据犯罪情节等情况同时决定对其限制减刑，即缓期执行期满后依法减为无期徒刑的，减刑以后最低实际执行期限不能少于 25 年；缓期执行期满后依法减为 25 年有期徒刑的，减刑以后最低实际执行期限不能少于 20 年。

第二，根据宽严相济刑事政策减轻了未成年犯罪人、老年犯罪人的刑事责任量。表现为：一是《刑法修正案（八）》将不满 18 周岁的未成年犯罪人排除出累犯的范围，从而改变了 1997 年《刑法》对未成年累犯也应从重处罚的规定。二是《刑法修正案（八）》规定："已满 75 周岁的人故意犯罪的，可以从轻或者减轻处罚；过失犯罪的，应当从轻或者减轻处罚。""审判时已满 75 周岁的人，不适用死刑，但以特别残忍手段致人死亡的除外。"这降低了老年犯罪人的刑事责任量。三是《刑法修正案（八）》规定，对不满 18 周岁和已满 75 周岁的人犯罪，只要符合缓刑的条件就必须适用缓刑，这也降低了未成年犯罪人和老年犯罪人的刑事责任量。

第三，根据宽严相济刑事政策降低了一些个罪的法定刑，从而使一些罪的刑事责任量减轻。例如，1997 年《刑法》对绑架罪一律判处 10 年以上有期徒刑，显得过重，在个别案件中难以做到宽严相济，如善待并主动释放被绑架人，未造成实际后果的等。因此，《刑法修正案（七）》在原法定刑基础上增加了一档量刑幅度，即对"情节较轻"的绑架罪，处 5 年以上 10 年以下有期徒刑，并处罚金。这使得刑法对绑架罪的惩治重中有轻、严中有宽，刑罚结构的设置更为科学，贯彻了宽严相济的刑事政策。又如，对于破坏计算机信息系统后果特别严重的犯罪，1997 年《刑法》规定为"处 5 年以上有期徒刑"，而《刑法修正案（七）》将破坏计算机信息系统情节特别严重的犯罪的法定刑修改为"处 3 年以上 7 年以下有期徒刑"，这样，其法定最高刑就由 15 年有期徒刑降低为 7 年有期徒刑。此外，值得一提的是，《刑法修正案（八）》还废除了走私文物罪，走私贵重金属罪，走私珍贵动物、珍贵动物制品罪，走私普通货物、物品罪，票据诈骗罪，金融凭证诈骗罪，信用证诈骗罪，虚开增值税专用发票、用于骗取出口退税、抵扣税款发票罪，伪造、出售伪造的增值税专用发票罪，盗窃罪，传授犯罪方法罪，盗掘古文化遗址、古墓葬罪等 13 个经济性非暴力犯罪的死刑，使我国的死刑罪名从 68 个削减到 55 个。

第四，根据宽严相济刑事政策提高了一些个罪的法定刑，从而使一些罪的刑事责任量加重。主要表现为：其一，通过提高黑社会性质组织犯罪及其关联犯罪的法定刑，加大对黑社会性质组织犯罪的打击力度。例如，《刑法修正案（八）》将组织、领导黑社会性质组织罪的法定刑由原来的 3 年以上 10 年以下有期徒刑改为 7 年以上有期徒刑；将包庇、纵容黑社会性质组织罪的法定刑由原来的 3 年以下有期徒刑、拘役或者剥夺政治权利改为 5 年以下有期徒刑；情节严重的，由原来的 3 年以上 10 年以下有期徒刑改为 5 年以上有期徒刑。又如，敲诈勒索是涉黑的犯罪分子经常实施的违法犯罪活动，它不仅侵犯了公民的财产权而且通常还侵害到公民的人身权和隐私权。然而，原刑法对敲诈勒索罪所设置的法定刑轻于其他侵犯财产类犯罪（如盗窃罪、诈骗罪），而且只规定了自由刑而没有规定财产刑。《刑法修正案（八）》增设了财产刑，即对于敲诈勒索数额较大或多次敲诈勒索情节一般的，在自由刑基础上并处或单处罚金；对于数额巨大或者有其他严重情节的，在自由刑基础上并处罚金；增设了一个幅度的法定刑，即针对敲诈勒索数额特别巨大或者有其他特别严重情节的，处 10 年以上有期徒刑并处罚金。再如，近些年来，黑社会性质组织成员的犯罪手段日趋多样化，许多涉黑犯罪分子为规避刑法规定，使用冷暴力、软暴力对他人实施精神上的恐吓形成心理威慑从而达到其不法目的。针对此种现象，《刑法修正案（八）》对纠集他人多次寻衅滋事严重破坏社会秩序的犯罪分子增加了一个更高幅度的法定刑，即 5 年以上 10 年以下有期徒刑，可以并处罚金。其二，通过提高巨额财产来源不明罪的法定刑，加大惩治贪贿的力度。1997 年《刑法》对巨额财产来源不明罪的法定刑规定为"处 5 年以下有期徒刑或者拘役"。实践中，5 年的最高法定刑已经使该罪成为腐败犯罪的避难所，严重违背了立法初衷。于是，《刑法修正案（七）》将该罪的法定最高刑提高到 10 年有期徒刑。这既考虑了严厉打击腐败犯罪的需要，又考虑到了这种犯罪的特殊性，反映了立法政策对贪贿犯罪严厉惩治的态度。

二、具体刑事政策在刑事责任量立法中的贯彻

（一）"严打"政策在刑事责任量立法中的贯彻

"严打"政策是依法从重从快严厉打击严重刑事犯罪的方针之简称，其形成于 20 世纪 70 年代末 80 年代初，当时我国改革开放刚刚开始，社会经济建设刚刚起步，却遭遇了严重社会治安问题的困扰。面对严重的社会治安问题，当时的最高领导人邓小平于 1982 年、1983 年两次提出要对严重经济犯罪和严重刑事犯罪"必须依法从重从快集中打击"。根据邓小平的指示，1982 年 3 月 8 日，五届全国人大常委会通过了《关于严惩严重破坏经济的罪犯的决定》，为严打严重经济犯罪提供法律依据。1982 年 4 月 13 日，中共中央、国务院《关于打击经济领域中严重犯罪的决定》公布，拉开了严打严重经济犯罪斗争的序幕。1983 年 9 月 2 日，全国人大常委会通过了《关于严惩严重危害社会治安的犯罪分子的决定》和《关于迅速审判严重危害社会治安的犯罪分子的程序的决定》，

为从重从快严厉打击严重刑事犯罪提供法律依据，并正式启动了全国范围内的集中统一的严打斗争。

迄今为止，"严打"政策指引下的严打斗争在中国持续了20多年，其间经历了三场集中统一、声势浩大的全国性战役和不同形式的专项斗争。第一场"严打"从1983年8月开始，为期3年多，"严打"的重点是杀人，强奸，抢劫，爆炸，流氓，致人重伤或者死亡，拐卖人口，非法制造、买卖、运输、盗窃、抢夺枪支、弹药、爆炸物，组织反动会道门，引诱、容留、强迫妇女卖淫，传授犯罪方法等危害社会治安的犯罪。第二场"严打"斗争自1996年4月至1997年2月，"严打"的重点为杀人、抢劫、强奸等严重暴力犯罪，流氓犯罪，涉枪犯罪，毒品犯罪，流氓恶势力犯罪以及黑社会性质的犯罪等严重刑事犯罪。第三场"严打"从2001年4月开始，为期2年，其重点是带黑社会性质的团伙犯罪和流氓恶势力犯罪，爆炸、杀人、抢劫、绑架等严重暴力犯罪，盗窃等严重影响群众安全的多发性犯罪。此外，全国各地还在不同时期根据本地区的社会治安和犯罪态势开展了不同形式、不同范围、不同重点的专项"严打"行动。①

"严打"政策的出台和实施，对我国的刑法立法乃至刑事法治产生过巨大和深远的影响。为适应国家严打的需要，全国人大常委会自1982年开始制定了一系列的单行刑法，1997年八届全国人大五次会议还对1979年《刑法》进行了全面系统的修订，② 以便为"严打"提供法律依据。从单行刑法和1997年《刑法》来看，"严打"政策在刑事责任量立法中的贯彻主要体现在以下几个方面：

第一，通过增设加重构成、提高法定刑的方式，加重一些经济犯罪、治安犯罪的刑事责任量，以体现严打精神。例如，1982年全国人大常委会《关于严惩严重破坏经济的罪犯的决定》将1979

---

① 参见梁根林：《当代中国少年犯罪的刑事政策总评》，载《南京大学法律评论》2009年春季卷，第76页。

② 1997年《刑法》诞生于第二次"严打"的背景。

年《刑法》中的走私、投机倒把牟取暴利罪（第 118 条，法定最高刑为 10 年有期徒刑）、盗窃罪（第 152 条，法定最高刑为无期徒刑）、贩毒罪（第 171 条，法定最高刑为 15 年有期徒刑）、盗运珍贵文物出口罪（第 173 条，法定最高刑为无期徒刑）的法定刑补充或者修改为：情节特别严重的，处 10 年以上有期徒刑、无期徒刑或者死刑，可以并处没收财产。该《决定》还对受贿罪的法定刑进行了修改，对情节特别严重的受贿罪处无期徒刑或者死刑。[①] 1997 年《刑法》通过细化走私犯罪、金融犯罪、诈骗犯罪、药品犯罪、毒品犯罪、淫秽物品犯罪、涉枪犯罪、涉淫犯罪的方式，普遍提高其个罪的法定刑，加重其刑事责任量。

　　第二，通过授权司法机关在法定最高刑以上处刑的方式，加重严重危害社会治安犯罪的刑事责任量，以体现严打精神。例如，1983 年全国人大常委会《关于严惩严重危害社会治安的犯罪分子的决定》规定，对下列严重危害社会治安的犯罪分子，司法机关可以在刑法规定的最高刑以上处刑，直至判处死刑：（1）流氓犯罪集团的首要分子或者携带凶器进行流氓犯罪活动，情节严重的，或者进行流氓犯罪活动危害特别严重的；（2）故意伤害他人身体，致人重伤或者死亡，情节恶劣的，或者对检举、揭发、拘捕犯罪分子和制止犯罪行为的国家工作人员和公民行凶伤害的；（3）拐卖人口集团的首要分子，或者拐卖人口情节特别严重的；（4）非法制造、买卖、运输或者盗窃、抢夺枪支、弹药、爆炸物，情节特别严重的，或者造成严重后果的；（5）组织反动会道门，利用封建迷信，进行反革命活动，严重危害社会治安的；（6）引诱、容留、强迫妇女卖淫，情节特别严重的。此种规定为司法机关游离于法定刑之外严厉打击严重刑事犯罪提供了自由裁量的法律依据。

　　第三，通过规定从重处罚的方式，适当加重一些经济犯罪、治安犯罪行为人的刑事责任量，以体现严打精神。例如，1982 年全

---

　　① 1979 年《刑法》第 185 条规定的受贿罪，其法定最高刑为 5 年以上有期徒刑。

国人大常委会《关于严惩严重破坏经济的罪犯的决定》第 1 条第 2 款规定，国家工作人员利用职务犯走私、投机倒把牟取暴利罪，盗窃罪，贩毒罪，盗运珍贵文物出口罪，情节特别严重的，按照该条第 1 款规定从重处罚。1988 年全国人大常委会《关于惩治走私罪的补充规定》第 11 条规定，国家工作人员利用职务上的便利犯走私罪的，从重处罚。1997 年《刑法》第 279 条规定："冒充人民警察招摇撞骗的，依照前款的规定定罪处罚。"该法第 365 条规定："因走私、贩卖、运输、制造、非法持有毒品罪被判过刑，又犯本节规定之罪的，从重处罚。"该法第 361 条第 2 款规定："前款所列单位的主要负责人，犯前款罪的，从重处罚。"

我国以"严打"政策为指针的上述刑事责任量立法，体现了刑事责任的严厉性，而且使我国刑事责任量立法步入了积重难返的重刑时代。

（二）死刑政策在刑事责任量立法中的贯彻

死刑是剥夺犯罪分子生命权的刑罚方法，是刑罚体系中的极刑，也是刑事责任量加重的极端形式，如果用之不严、不慎，就会导致严重侵犯人权的恶果。因此，自新中国成立以来，我国虽然保留了死刑，但一贯坚持少杀、防止错杀的死刑政策。我国的死刑政策在刑事责任量立法中的贯彻，可以从以下四个阶段的刑法立法来看。

1. 1979 年《刑法》

1979 年《刑法》是新中国第一部系统规定犯罪、刑事责任和刑罚的刑法典。彭真同志在五届人大二次会议上所作的《关于七个法律草案的说明》中的下列观点很好地诠释了 1979 年《刑法》的死刑政策："我国现在还不能也不应废除死刑，但应尽量减少使用。早在 1951 年，中共中央和毛泽东同志就再三提出要尽量减少死刑。现在，建国将近三十年，特别在粉碎'四人帮'以后，全国形势日益安定，因此刑法（草案）减少了判处死刑罪的条款。""为了贯彻少杀的方针和力求避免发生不可挽救的冤案、假案、错案，这次恢复了死刑一律由最高人民法院判决或者核准的规定。同时，还保留了我国特有的死刑也可以缓刑的规定。"① 可见，1979年《刑法》颁布时的死刑政策是"保留死刑，坚持少杀，防止错杀"。

"保留死刑，坚持少杀，防止错杀"的死刑政策在 1979 年《刑法》对刑事责任量立法中的贯彻表现在：第一，将适用死刑的对象范围限定为"罪大恶极的犯罪分子"，同时规定对审判时怀孕的妇女不得适用死刑、对犯罪时不满 18 周岁的未成年人原则上不得适用死刑。这就使得绝大多数犯罪人被排除在适用死刑的范围之外，或者说不适用刑事责任量加重的极端形式。第二，对于应当判处死刑的犯罪分子，如果不是必须立即执行的情况，规定了死缓制度，这就进一步减少实际被杀掉的人数。第三，在反革命罪，危害公共安全罪，侵犯公民人身权利、民主权利罪，侵犯财产罪四个类罪中规定了 28 个死刑罪名，并且对这 28 个死刑罪名大多规定了诸如"对国家和人民危害特别严重、情节特别恶劣"、"致人重伤、死亡"、"使公私财产遭受重大损失"等限制适用死刑的条件；并且在对个罪设定死刑的同时，在同一量刑幅度上还规定了无期徒刑、10 年以上有期徒刑供法官选择适用，没有绝对适用死刑的罪名。这也进一步限制了死刑这种刑事责任量加重的极端形式在个罪中的实际适用。整体而言，1979 年《刑法》对刑事责任量立法较好地贯彻了"保留死刑，坚持少杀，防止错杀"的死刑政策。

2. 1979 年以后至 1997 年之前颁布的单行刑法

1979 年《刑法》颁行后不久，随着刑事案件、恶性案件大幅增加，我国的死刑政策从"保留死刑，坚持少杀，防止错杀"调整为"重判、多杀、快杀"。在这种死刑政策的指引下，我国便以单行刑法的形式对 1979 年《刑法》进行修改补充。自 1981 年起，全国人大常委会陆续颁布了《关于惩治军人违反职责罪暂行条例》

---

① 彭真：《关于七个法律草案的说明》，载《彭真文选》，人民出版社1991 年版。

等 23 个单行刑法，这一系列单行刑法的颁行，使得我国刑法中的死刑格局发生了重大变化。集中体现在以下两个方面：

第一，死刑的适用范围急剧扩张。随着单行刑法的陆续颁布，我国刑法中可以适用死刑的分则章数从 1979 年《刑法》的 4 章发展到 7 章，增加了破坏社会主义经济秩序罪、妨害社会管理秩序罪和军人违反职责罪中的死刑罪名，从而使适用死刑的章数占到了总章数的 78% ；单行刑法对 52 个罪名规定可以适用死刑，从而使这一时期的死刑罪名总数达到 80 个左右，占同时期罪名总数的 31% 。①

第二，出现了以死刑作为绝对确定法定刑的条款。1979 年《刑法》对死刑的规定，是将死刑与无期徒刑、10 年以上有期徒刑配置在一起供法官选择适用的。但是，此后颁布的一些单行刑法对死刑的规定，如 1991 年全国人大常委会《关于严禁卖淫嫖娼的决定》对组织卖淫罪、强迫卖淫罪的死刑规定；1991 年全国人大常委会《关于严惩拐卖、绑架妇女、儿童的犯罪分子的决定》对拐卖妇女、儿童罪，绑架妇女、儿童罪的死刑规定；1992 年全国人大常委会《关于惩治劫持航空器犯罪分子的决定》对劫持航空器罪的死刑规定等，均是绝对确定的法定刑，法官只能对犯罪人适用死刑，毫无自由裁量的余地。这是一些单行刑法将一些个罪的刑事责任量加重到极点的突出表现。

由此可见，1979 年以后至 1997 年之前颁布的 23 个单行刑法虽然贯彻了"重判、多杀、快杀"的死刑政策，但是，其导致刑事责任量立法进入了重刑主义的误区，不利于犯罪人的人权保障，也不符合国际社会刑法发展的潮流。

3. 1997 年《刑法》

1997 年《刑法》颁布时，我国的死刑政策未发生改变，但是，随着人权保障观念的增强，1997 年《刑法》对原来的死刑规定还

———————

① 参见张文、米传勇：《中国死刑政策的过去、现在及未来》，载《法学评论》2006 年第 2 期，第 40 页。

是作了一些修改和调整。

首先，从刑法总则规定看。刑法总则中的修改主要体现在以下几个方面：一是修改了死刑适用的基本条件，即将 1979 年《刑法》的"罪大恶极"修改为"罪行极其严重"。二是缩小了死刑适用的对象范围，删除了 1979 年《刑法》"已满 16 岁不满 18 岁的，如果所犯罪行特别严重，可以判处死刑缓期二年执行"的规定，将不满 18 周岁的犯罪人完全排除在死刑适用范围之外。三是放宽了死缓减为无期徒刑或者有期徒刑的条件、严格了死缓犯执行死刑的条件：将死缓减刑条件由 1979 年《刑法》的"确有悔改"或者"确有悔改并有立功表现"降低为"没有故意犯罪"，将死缓期满立即执行死刑的条件由"抗拒改造情节恶劣、查证属实"修改为"故意犯罪"。通过以上修改，1997 年《刑法》真正做到了对未成年人犯罪不适用死刑，提高了死缓减为无期徒刑或者有期徒刑的可能，从而减少了死缓犯被实际执行死刑的数量。

其次，从刑法分则的规定看。除削减了盗运珍贵文物罪，流氓罪，破坏武器装备、军事设施罪等少数几个死刑罪名外，其修改主要是调整了死刑罪名适用死刑的条件。体现在两点：一是提高了某些犯罪的死刑适用标准，如贪污罪、受贿罪。二是明确了某些犯罪判处死刑的标准，如盗窃罪、抢劫罪、强奸罪等。另外，还将掠夺、残害战区无辜居民罪的犯罪构成修改为仅限于战时，并且在死刑的量刑幅度内增加了 10 年以上有期徒刑作为死刑的选择刑种。经过以上调整，1997 年《刑法》中的死刑罪名为 68 个，占罪名总数的 16.5%。死刑罪名的个数，尽管从数量上看有所下降，但是1997 年《刑法》的死刑罪名与原有的死刑罪名（80 个）在实质上并没有太大的变化，数量上的减少主要是立法技术所致。1997 年《刑法》对分则规定的调整，并没有从根本上改变中国刑法广泛适用死刑的状况。① 更值得一提的是，绝对确定的死刑有增无减，由

---

① 参见张文、米传勇：《中国死刑政策的过去、现在及未来》，载《法学评论》2006 年第 2 期，第 41 页。

过去的 3 个上升到 5 个。例如，1997 年《刑法》第 121 条规定：以暴力、胁迫或其他方法劫持航空器的，……致人重伤、死亡或者使航空器遭到严重破坏的，处死刑；第 239 条规定：以勒索财物为目的绑架他人，或者绑架他人作为人质的，……致使被绑架人死亡或者杀害被绑架人的，处死刑，并处没收财产；第 240 条规定：拐卖妇女、儿童的，……情节特别严重的，处死刑，并处没收财产；第 383 条规定：个人贪污数额在 10 万元以上，情节特别严重的，处死刑，并处没收财产。这种绝对确定适用死刑的立法模式的法条增加，表明刑事责任量增加到极点的个罪进一步增加。

4. 1997 年以后的刑法修正

自 1997 年《刑法》颁布到宽严相济的刑事政策确立之前，我国的死刑政策仍然是"保留死刑，坚持少杀，防止错杀"。但是，宽严相济的刑事政策正式确立后，2007 年 1 月 15 日，最高人民法院颁布了《关于为构建社会主义和谐社会提供司法保障的若干意见》。该《意见》第 18 条强调，要"严格执行'保留死刑、严格控制死刑'的政策，对于具有法定从轻、减轻情节的，依法从轻或减轻处罚，一般不判处死刑立即执行；对于因婚姻家庭、邻里纠纷等民间矛盾激化引发的案件，因被害方过错行为引发的案件，案发后真诚悔罪并积极赔偿被害人损失的案件，应慎用死刑立即执行。"2010 年 2 月 8 日，最高人民法院公布《关于贯彻宽严相济刑事政策的若干意见》再次强调："对于罪行极其严重的犯罪分子，论罪应当判处死刑的，要坚决依法判处死刑。要依法严格控制死刑的适用，统一死刑案件的裁判标准，确保死刑只适用于极少数罪行极其严重的犯罪分子。拟判处死刑的具体案件定罪或者量刑的证据必须确实、充分，得出唯一结论。对于罪行极其严重，但只要是依法可不立即执行的，就不应当判处死刑立即执行。"这表明我国的死刑政策在宽严相济基本刑事政策的背景下已经作出了微调，即由原来的"保留死刑，坚持少杀，防止错杀"改为"保留死刑，严格控制和慎重适用死刑"。

1997 年《刑法》颁行以来，全国人大常委会颁布了 1 个决定①和八个刑法修正案。2011 年《刑法修正案（八）》出台之前，尽管颁布了七个刑法修正案，但刑法中的死刑规定一直维持在 1997 年《刑法》时的状态，既没有增加新的死刑罪名，也没有削减死刑罪名，总则的死刑规定也没有任何变化。然而，《刑法修正案（八）》的颁布改变了这种状态。主要体现在：一是刑法总则中增加了审判时已满 75 周岁的老年人原则上不适用死刑的规定，这实际上减轻了审判时已满 75 周岁的老年人的刑事责任量。二是刑法分则中削减了走私文物罪，走私贵重金属罪，走私珍贵动物、珍贵动物制品罪，走私普通货物、物品罪，票据诈骗罪，金融凭证诈骗罪，信用证诈骗罪等 13 个罪名的死刑，其法定最高刑由原来的死刑改为无期徒刑，实际上减轻了 13 个死刑罪名的刑事责任量。"这是我国继 2007 年 1 月 1 日最高人民法院收回死刑核准权后又一极具震撼性的死刑改革的重大举措"，② 我国的死刑控制又迈出了重要的一步。

（三）教育、感化、挽救政策在刑事责任量立法中的贯彻

新中国成立以来，党和国家一向重视对未成年人的特殊保护，即使是对犯罪的未成年人也采取了不同于成年犯的特殊刑事政策，即坚持教育为主、惩罚为辅的原则。1979 年中共中央第 58 号文件首次提出对未成年犯要实行"教育、挽救、改造"的方针。1982 年中共中央再次发文要求对未成年犯"必须坚决实行教育、感化、挽救的方针，着眼于挽救"。这一文件的发布，标志着未成年犯的特殊刑事政策正式定型。③ 1991 年颁布的《未成年人保护法》首

---

① 1998 年 12 月 29 日全国人大常委会《关于惩治骗购外汇、逃汇和非法买卖外汇犯罪的决定》。

② 赵秉志：《关于中国现阶段慎用死刑的思考》，载《中国法学》2011 年第 6 期，第 6 页。

③ 参见梁根林：《当代中国少年犯罪的刑事政策总评》，载《南京大学法律评论》2009 年春季卷，第 79 页。

次从法律上确认了这一刑事政策，该法第 38 条明确规定："对违法犯罪的未成年人，实行教育、感化、挽救的方针，坚持以教育为主、惩罚为辅的原则。"1999 年制定的《未成年人犯罪预防法》第 44 条规定："对犯罪的未成年人追究刑事责任，实行教育、感化、挽救方针，坚持教育为主、惩罚为辅的原则。"以法的形式再次确认了这一刑事政策。

教育、感化、挽救的方针以及教育为主、惩罚为辅的原则的基本要求是：对待未成年犯不能像对待成年犯那样立足于其罪行、罪责适用成比例、相适应的报应性刑罚，而应当首先分析其犯罪原因，并根据该原因对其进行认罪服法、悔过自新的教育，通过严厉而慈爱的教育，矫正其犯罪心理，将其培养成遵纪守法的公民；对未成年犯即使要依法追究其刑事责任，也必须立足于教育、感化、挽救，惩罚只是达成教育、感化、挽救的辅助手段，并服务和服从于教育、感化、挽救的目的。①

我国党和国家对未成年犯的教育、感化、挽救的方针在刑事责任量立法中的贯彻，可以从现行刑法中有关未成年犯的规定来看。首先，现行《刑法》第 17 条第 3 款规定："已满 14 周岁不满 18 周岁的人犯罪，应当从轻或者减轻处罚。"这个规定表明，只要是未成年人犯罪，其刑事责任量就应当减轻。其次，《刑法》第 49 条规定，犯罪的时候不满 18 周岁的人不适用死刑。这就将未成年犯完全排除在死刑这种刑事责任的极端形式之外。再次，根据《刑法修正案（八）》对《刑法》第 65 条第 1 款的修改，不满 18 周岁的人犯罪不构成累犯。按照刑法规定，累犯应当从重处罚。显然，该规定也在一定程度上相对减轻了未成年人犯罪的刑事责任量。最后，根据《刑法修正案（八）》对《刑法》第 72 条的修改，对于被判处拘役、3 年以下有期徒刑的未成年人，如果犯罪情节较轻、有悔罪表现、没有再犯罪的危险以及宣告缓刑对所居住社区没有重

---

① 参见梁根林：《当代中国少年犯罪的刑事政策总评》，载《南京大学法律评论》2009 年春季卷，第 79 页。

大不良影响，就应当适用缓刑。缓刑是一种刑罚适用制度，上述规定也是对未成年犯刑事责任量的减轻。

当然，从刑事责任量的立法来看，我国刑法对未成年人犯罪的刑事政策的贯彻也还存在不彻底性，主要表现为刑法未对未成年人犯罪不得适用无期徒刑、不得判处罚金、不得没收财产作出明确规定。未成年人保护国际公约主张尽可能限制对未成年人适用长期监禁，认为把少年投入监禁机关始终应是万不得已的处置办法，但期限应是尽可能最短的必要时间。因此，我国刑法有必要对未成年人犯罪作出不适用无期徒刑的规定。此外，未成年人一般没有固定的收入和财产，对其适用罚金、没收财产刑，违背了罪责自负的原则，所以，刑法也应明确规定不得对未成年人适用这两种附加刑。

（四）反腐刑事政策在刑事责任量立法中的贯彻

"腐败是一种社会历史现象，是一个世界性的痼疾，"[①] 其本质是"公共权力的非公共运用。权力行使者没有把公共权力用在为公众谋取利益上，而是伸出了'掠夺之手'，严重背离了权力所有者授予权力行使者代为行使权力的初衷。"[②] 中国共产党的性质和宗旨决定其同各种消极腐败现象是水火不相容的。因此，新中国成立之初，以毛泽东同志为核心的党中央领导集体就确立了严惩腐败的刑事政策，在反贪污、反浪费、反官僚主义的"三反"运动中查处了一大批腐败分子，表明了严惩腐败的决心。党的十一届三中全会后，以邓小平同志为核心的党的第二代中央领导集体确立了"一手抓经济，一手抓惩治腐败"的方针，开展了以打击走私、套汇、贪污受贿等严重经济犯罪活动为重点的专项行动。党的十三届四中全会以后，以江泽民同志为核心的党的第三代中央领导集体把

---

① 本书编写组：《继续保持反腐败高压态势：习近平同志在十八届中央纪委三次全会上重要讲话精神学习读本》，人民出版社 2014 年版，第 12 页。

② 郝银钟：《遏制腐败犯罪新思维》，中国法制出版社 2013 年版，第 14 页。

"提高拒腐防变能力"作为党必须解决好的历史性课题，作出了开展反腐败斗争的重大决策，努力从源头上防治腐败。党的十六大以后，以胡锦涛为总书记的党中央提出，坚决惩治腐败是我们党执政能力的重要体现，有效预防腐败更是我们党执政能力的重要标志，从而确立了"标本兼治、综合治理、惩防并举、注重预防"的方针。党的十八大以来，以习近平同志为总书记的党中央在上述方针的基础上提出，坚定不移惩治腐败是我们党有力量的表现，要依法依纪严惩腐败，"坚持以零容忍态度惩治腐败"，要坚持"'老虎'、'苍蝇'一起打"。① 由此可见，反对腐败、严惩腐败是中国共产党五代中央领导集体一贯坚持的刑事政策。它具有重典反腐、运动反腐、专项治理、"抓大放小"等基本特点。② 与此相适应，新中国成立60余年来始终高度重视反腐败的刑事立法工作，在不同的历史时期出台了反腐刑事法律规范，来适应惩治腐败的现实需要。反腐刑事政策在刑事责任量立法中的贯彻可以从以下四个立法阶段来看：

第一，1952年的《中华人民共和国惩治贪污条例》（以下简称《惩治贪污条例》）。新中国成立之初，为贯彻以毛泽东同志为核心的党的第一代中央领导集体确立的严惩腐败的刑事政策，在全国开展了"三反"运动。在严惩腐败的刑事政策指引下，中央人民政府于1952年颁布了《惩治贪污条例》。该条例对贪污罪设置了有期徒刑、无期徒刑、死刑等刑种，为严惩贪污等腐败犯罪提供了法律依据。

第二，1979年刑法颁布之后到1997年刑法之前的单行刑法。为贯彻以邓小平同志为核心的党的第二代中央领导集体提出的

---

① 本书编写组：《更加科学有效地防治腐败：习近平同志在十八届中央纪委二次全会上重要讲话精神学习读本》，人民出版社2013年版，第3—5页。

② 孙国祥：《〈联合国反腐败公约〉与我国反贪污贿赂刑事政策思考》，载《南京大学学报》（人文社会科学报）2008年第2期，第127—128页。

"一手抓经济，一手抓惩治腐败"的政策，为严厉惩处索贿受贿等腐败犯罪和对此开展的专项行动，全国人大常委会先后于1982年、1988年通过了两部有关惩治腐败犯罪的单行刑法——《关于严惩严重破坏经济的罪犯的决定》和《关于惩治贪污罪贿赂罪的补充规定》，对腐败犯罪进行了大量的修改补充。其一，增设了挪用公款罪、单位受贿罪、巨额财产来源不明罪和隐瞒境外存款罪，对其刑事责任量作出了具体规定。其二，提高受贿罪的法定最高刑。1979年刑法规定的受贿罪的法定最高刑是15年有期徒刑，但随着受贿犯罪的发展态势需要以更重刑罚应对，1982年全国人大常委会颁布的《关于严惩严重破坏经济的罪犯的决定》便将受贿罪的法定最高刑由15年有期徒刑修改为死刑。1988年全国人大常委会颁布的《关于惩治贪污罪贿赂罪的补充规定》在受贿罪的死刑规定不变的基础上，还增加规定了"并处没收财产"。其三，提高行贿罪的法定最高刑。1979年刑法规定的行贿罪的法定最高刑只是3年有期徒刑，而1988年全国人大常委会颁布的《关于惩治贪污罪贿赂罪的补充规定》将行贿罪的法定最高刑修改为无期徒刑，并处没收财产。其四，细化贪污罪的刑事责任量的规定。1979年刑法第155条对贪污罪的刑事责任量设置为三档法定刑，即一般情节的贪污，法定刑为5年以下有期徒刑或者拘役；数额巨大、情节严重的贪污，法定刑为5年以上有期徒刑；情节特别严重的贪污，法定刑为无期徒刑或者死刑。犯贪污罪的，都要并处没收财产或者判令退赔。1988年《关于惩治贪污罪贿赂罪的补充规定》将贪污罪的刑事责任量以"情节轻重"为标准、以犯罪数额为界限细化为四档：（1）个人贪污数额在5万元以上的，处10年以上有期徒刑或者无期徒刑，可以并处没收财产；情节特别严重的，处死刑，并处没收财产。（2）个人贪污数额在1万元以上不满5万元的，处5年以上有期徒刑，可以并处没收财产；情节特别严重的，处无期徒刑，并处没收财产。（3）个人贪污数额在2千元以上不满1万元的，处1年以上7年以下有期徒刑；情节特别严重的，处7年以上10年以下有期徒刑。个人贪污数额在2千元以上不满5千元，犯罪后自首、立功或者有悔改表现、积极退赃的，可以减轻处罚，或者免予刑事处罚，由其所在单位或者上级主管机关给予行政处分。（4）个人贪污数额不满 2 千元，情节较重的，处 2 年以下有期徒刑或者拘役；情节较轻的，由其所在单位或者上级主管机关酌情给予行政处分。从而，贪污罪的刑事责任量的规定更为明确具体。其五，对国家工作人员利用职务犯 1979 年刑法所规定的走私、套汇、投机倒把牟取暴利罪，盗窃罪，贩毒罪，盗运珍贵文物出口罪，情节特别严重的，从重处罚。

第三，1997 年刑法。为贯彻以江泽民同志为核心的党的第三代中央领导集体的反腐政策，1997 年修订刑法时对腐败犯罪作出了较为系统的规定。腐败犯罪的刑事责任量的规定呈现出新的特点：其一，腐败犯罪的类型更为细化，分别规定不同的刑事责任量。在 1979 年刑法、单行刑法的基础上，1997 年刑法分章规定了贪污贿赂罪和渎职罪，根据受贿主体不同将受贿犯罪区分为受贿罪，单位受贿罪，公司、企业人员受贿罪；根据行贿对象不同将行贿犯罪区分为行贿罪，对单位行贿罪，对公司、企业人员行贿罪；根据渎职犯罪主体不同规定了民事、行政枉法裁判罪，执行判决、裁定失职罪，执行判决、裁定滥用职权罪，徇私舞弊减刑、假释、暂予监外执行罪等许多新的渎职犯罪类型，对这些犯罪分别规定了不同的法定刑，从而使腐败犯罪的罪刑体系更为完整。其二，对腐败犯罪的刑事责任量一般设置两档以上法定刑，更为体现罪责刑相适应原则，也更便于司法适用，限制法官的自由裁量权。其三，腐败犯罪的刑事责任量表现出"严而不厉"。通过 1997 年刑法的全面修订，虽然腐败犯罪的刑事法网更为严密，处罚更为严格，但是并没有通过提高法定最高刑来应对腐败，死刑、无期徒刑的适用范围仍然保持在 1997 年刑法之前的状况。

第四，1997 年之后的刑法修正案。为贯彻以胡锦涛同志为总书记的党中央确立的"标本兼治、综合治理、惩防并举、注重预防"的反腐方针，全国人大常委会通过的《刑法修正案（六）》、《刑法修正案（七）》、《刑法修正案（八）》等刑法修正案对腐败犯罪的惩处作出了进一步补充完善,从而建立了"一个相对合理、科学的反腐败刑法体系"。① 腐败犯罪的刑事责任量的规定再现新变化:其一,进一步增加腐败犯罪类型,规定相应的刑事责任量。《刑法修正案(七)》增设了利用影响力受贿罪,《刑法修正案(八)》增设了对外国公职人员、国际公共组织官员行贿罪和食品监管渎职罪,从而使惩治和预防腐败犯罪的刑事法网更加严密。其二,通过加重巨额财产来源不明罪的刑事责任量来惩治腐败。1988年《关于惩治贪污罪贿赂罪的补充规定》对巨额财产来源不明罪的法定刑幅度设置为"5年以下有期徒刑或者拘役,并处或者单处没收其财产的差额部分",1997年刑法对该罪的法定刑仍然保持"5年以下有期徒刑或者拘役",但是,随着从严反腐的需要,《刑法修正案(七)》对巨额财产来源不明罪的法定刑增设了一个"5年以上10年以下有期徒刑"的法定刑幅度,从而使该罪的法定最高刑从5年有期徒刑提高到10年有期徒刑,这更有利于惩治腐败犯罪。

第三节 刑事政策在刑事责任量司法确定中的贯彻

刑事责任量的司法确定是一种重要的司法活动,它既是定罪的要求,也是量刑的前提。因此,无论是基本刑事政策还是具体刑事政策,都应贯彻其中。本节选取宽严相济刑事政策,死刑政策,对未成年人犯罪的教育、感化、挽救方针以及反腐刑事政策来讨论刑事政策根据在刑事责任量司法确定中的贯彻问题。

一、宽严相济刑事政策在刑事责任量司法确定中的贯彻

宽严相济刑事政策作为基本的刑事政策,刑事责任量的司法确

① 赵秉志:《论我国反腐败刑事法治的完善》,载《当代法学》2013年第3期,第51页。

定当然必须贯彻它。而要贯彻好该政策，笔者认为，应将"当宽则宽，当严则严，坚持区别对待"这种政策的核心思想和基本精神贯彻到刑事责任量的司法确定中，同时又要注意严格依法，保证宽严有度。

（一）刑事责任量的司法确定应注意当宽则宽，当严则严，坚持区别对待

"当宽则宽，当严则严"，是宽严相济刑事政策的重要内容。时任中央政法委书记罗干在 2005 年 12 月召开的全国政法工作会议上的讲话中说："贯彻宽严相济的刑事政策，一方面必须坚持'严打'方针不动摇，对严重刑事犯罪依法严厉打击，什么犯罪突出就重点打击什么犯罪，在稳准狠上和及时性上全面体现这一方针；另一方面，要充分重视依法从宽的一面，对轻微违法犯罪人员，对失足青少年，要继续坚持教育、感化、挽救方针，有条件的可适当多判一些缓刑，积极稳妥地推进社区矫正工作。"在 2006 年 3 月十届全国人大四次会议上，时任最高人民法院院长肖扬谈到 2006 年工作安排时提出：加强刑事审判工作，依法惩罚犯罪，一是坚持"严打"方针不动摇；二是坚持宽严相济的刑事政策，对犯罪情节轻微或具有从轻、减轻、免除处罚情节的，依法从宽处罚。时任最高人民检察院检察长贾春旺在该年全国人大会议上的工作报告中也强调指出：检察工作中认真贯彻宽严相济的刑事政策，坚持区别对待，对严重刑事犯罪坚持严厉打击，依法快捕快诉，做到该严则严；对主观恶性较小、犯罪情节轻微的未成年人、初犯、偶犯和过失犯，贯彻教育、感化、挽救方针，做到当宽则宽。2007 年 1 月，最高人民法院出台了《关于为构建社会主义和谐社会提供司法保障的若干意见》。该《意见》指出，人民法院在刑事审判工作中要坚持宽严相济，确保社会稳定。要依法严厉打击严重刑事犯罪，维护国家安全和社会稳定；在依法严打的同时，要加强刑事司法领域的人权保障；要"当宽则宽"，最大限度地减少社会对立面。重视依法适用非监禁刑罚，对轻微犯罪等主观恶性、人身危险性不大，

有悔改表现，被告人认罪悔罪取得被害人谅解的，尽可能地给他们改过自新的机会，依法从轻、减轻处罚，对具备条件的依法适用缓刑、管制、单处罚金等非监禁刑罚，并配合做好社区矫正工作。可见，上述中央有关部门领导人的讲话和文件在有关宽严相济刑事政策的阐述中，均含有司法工作应"当宽则宽、当严则严"的重要精神。

　　区别对待是任何政策的基础，没有区别就没有政策。① 区别对待是宽严相济刑事政策的核心内容。对此，2005 年 12 月，罗干在全国政法工作会议上首次提出宽严相济刑事政策时就指出：宽严相济"是指对刑事犯罪区别对待，作到既要有力打击和威慑犯罪，维护法制的严肃性，又要尽可能减少社会对抗，化消极因素为积极因素，实现法律效果和社会效果的统一。"2006 年 12 月，最高人民检察院发布了《关于贯彻宽严相济刑事司法政策的若干意见》。这是最高人民检察院制定出台的第一个关于贯彻宽严相济刑事司法政策的专门指导性文件。这一文件强调贯彻宽严相济刑事司法政策应当坚持四个原则，其中就有"区别对待"的原则。② 显然，宽严相济的刑事政策是以"区别对待"为基本精神的。

　　具体到刑事责任量的司法确定中，"当宽则宽"是指对于轻微的犯罪行为和偶犯、过失犯、中止犯、从犯、胁从犯、防卫过当犯、避险过当犯，以及未成年人、聋哑人或者盲人、孕妇或哺乳期的妇女、严重疾病患者等犯罪人，予以轻缓化的合法、合理、合情的处理。从犯罪性质、情节、后果、年龄、主观恶性、悔罪表现等方面因素来考虑，"宽"的具体适用范围有以下几个方面：（1）对于轻微刑事犯罪，刑事责任量的确定考虑从宽；（2）对于偶犯、过失犯、中止犯、从犯、胁从犯、防卫过当犯、避险过当犯，刑事

---

　　① 参见陈兴良：《宽严相济的刑事政策研究》，载《法学杂志》2006 年第 1 期，第 21 页。

　　② 参见 2006 年 12 月 28 日最高人民检察院发布的《最高人民检察院关于贯彻宽严相济刑事司法政策的若干意见》。

责任量的确定考虑从宽；（3）对于未成年人、老年人、在校学生、盲聋哑人、怀孕、哺乳自己婴儿的妇女，刑事责任量的确定考虑从宽；（4）对于犯罪后自首，立功，认罪服法，有悔罪表现，积极退赔或协助挽回损失，刑事责任量的确定考虑从宽。

"当严则严"是指对有组织犯罪、黑恶势力犯罪、严重暴力犯罪、跨国境犯罪、恐怖主义犯罪、严重影响群众安全的多发性犯罪以及对于人身危险性大的犯罪人采取从严的刑事政策，对其进行严厉打击。从犯罪的社会危害性来看，从"严"犯罪的具体范围主要包括：（1）危害国家安全罪；（2）部分危害公共安全罪，如放火，决水，爆炸，投毒，破坏火车、汽车、电车、船只、航空器、轨道、桥梁、隧道、公路、机场等，劫持船只、汽车、航空器，非法制造买卖枪支，重大责任事故和重大劳动安全事故罪等；（3）严重危害民生的犯罪，如生产、销售假种子、假农药、假药、有毒有害食品等犯罪；（4）严重危及人身、财产安全的暴力犯罪，如杀人、抢劫、绑架等；（5）有组织的犯罪，主要是恐怖组织犯罪和黑社会性质组织犯罪；（6）贪污贿赂犯罪；（7）职务犯罪。

在刑事责任量的司法确定中，对上述不同的刑事犯罪采取当宽则宽、当严则严的政策，本身是区别对待各种刑事犯罪的主要表现，但是，坚持区别对待，应不仅限于此，对于严重刑事犯罪进行严厉打击时，也应注意区别对待；对于从宽范围的犯罪进行从宽处理时也应注意区别对待，这样才能将区别对待的政策精神贯彻到刑事责任量的司法确定中的每个环节和方面。

（二）刑事责任量的司法确定应严格依法，保证宽严有度

宽严相济刑事政策中的"宽"，是在刑事法律中界定的"宽"，而不是随意的"宽"，"严"也是刑事法律中界定的"严"，绝非法外施严。也就是说，无论是"宽"还是"严"，都要严格依法，保证宽严有度。严格依法是刑事法治的本质要求，它本身并不是宽严相济刑事政策的基本内容，但与宽严相济刑事政策的运用具有极

为密切的联系。这是因为，尽管刑事政策是刑事法的灵魂与核心，刑事政策对于刑事法的适用有着直接的指导作用，但在刑事法治社会，刑事法又是刑事政策不可逾越的界限。笔者认为，严格依法与宽严相济刑事政策的关系主要表现为：严格依法是宽严相济刑事政策适用的限度，它框定了宽严相济刑事政策中宽与严的限度。无论是从宽处理还是从严要求都必须严格依照法律进行，做到宽严合法，于法有据。而在严格依法的限度内，宽严相济的刑事政策对法的适用又具有指导意义，可以灵活运用宽严相济刑事政策，审时度势，对法律问题作出处理。具体到刑事责任量的司法确定问题，虽然要以宽严相济刑事政策为指导，但无论是区别对待，还是"当宽则宽、当严则严"，都应在法律限度内依法处理，从而实现政策指导和严格依法的有机统一。

对刑事责任量的司法确定严格依法，就是要严格依照刑事实体法与刑事程序法的规定进行刑事责任量的确定，不能因为贯彻宽严相济的刑事政策而任意突破法律的限制，更不能抛开法律不顾，任意对犯罪人进行刑事责任量的确定。具体来说，应做到以下三个方面：

首先，刑事责任量的司法确定应坚持罪责刑相适应原则和适用刑法平等原则。罪责刑相适应原则不但要求考虑犯罪行为的客观危害程度，而且要求考虑犯罪人的人身危险性大小，将责任与预防作一体化的考量，实现刑罚个别化，其本质要求就是区别对待。而宽严相济的刑事政策要求宽严协调，要求根据法律和具体的案件情况来惩罚犯罪，该严则严，该宽则宽，宽严相济，罚当其罪，其核心也是区别对待。因此，"罪责刑相适应原则与宽严相济刑事政策有着天然的紧密关系，这一原则既是刑事司法贯彻宽严相济刑事政策的底线和标准，也是宽严相济刑事政策对刑事司法的一个具体而又较高的要求。"[①]　因此，刑事责任量的司法确定中贯彻宽严相济政

---

① 赵秉志：《宽严相济刑事政策视野中的中国刑事司法》，载《南昌大学学报》（人文社会科学版）2007 年第 1 期，第 2 页。

策，对于"如何宽、如何严、宽多少、严多少、宽严如何相济"等问题的把握，必须受到罪责刑相适应原则的制约，绝不能因为贯彻宽严相济的刑事政策而违背罪责刑相适应原则。

适用刑法平等原则是我国刑法明文规定的三大基本原则之一，它要求对犯罪人定罪、量刑与行刑一律平等，不允许任何人有超越法律的特权。因此，刑事责任量的确定即使贯彻宽严相济的刑事政策，也不允许对犯罪人做无原则的区别对待，应该是在严格依法前提下的区别对待；当然，也应注意的是，平等并不意味着没有区别，只要是依法区别对待犯罪人进行刑事责任量的确定，同样符合适用刑法平等原则。"当宽则宽、当严则严"的政策也应该是平等地适用于犯罪人，否则，就违背了适用刑法平等原则。

其次，刑事责任量的确定应严格以刑法规定为依据。我国刑法对刑事责任量的法律根据作出了种种规定，运用宽严相济的刑事政策进行刑事责任量的确定时应严格以刑法规定为依据，不能突破刑法规定随意进行，即使刑法存在不完善之处，在法律未作完善之前，也不能变更适用，否则就会损害刑事法制的尊严，导致以政策取代法律的后果。

最后，刑事责任量的确定应严格依照法定程序进行，不能因为犯罪人符合宽严相济刑事政策中从宽的条件，而无视程序规则的要求进行处理。否则，会损害程序正义，同样对刑事法治会造成不良后果。

二、教育、感化、挽救方针在刑事责任量司法确定中的贯彻

教育、感化、挽救方针既是对待未成年人犯罪的特殊刑事政策，也是宽严相济刑事政策的具体化，因此，对未成年人犯罪刑事责任量的司法确定中贯彻该方针，也是贯彻宽严相济刑事政策的要求。而要贯彻该方针，就要注意以下几个方面：

第一，未成年人犯罪刑事责任量的司法确定首先应考虑从宽量定。基于未成年人的身心特点，我国刑法明确规定了对未成年人犯

罪应当从轻或者减轻处罚，对未成年人犯罪不适应死刑，未成年人犯罪不构成累犯。这是对未成年人犯罪的处罚原则，也是教育、感化、挽救方针在刑法中的具体化。在刑事司法中按照法律优于政策的原则，未成年犯罪刑事责任量的司法确定首先就应考虑刑法中这些有利于未成年人的规定，进行从宽量定。

第二，未成年人犯罪刑事责任量的司法确定在从宽量定的前提下，应考虑未成年人犯罪个案具体情况。未成年人犯罪个案情况千差万别，其刑事责任量从宽的幅度如何把握，应具体情况具体对待，不能千篇一律，但不管如何确定从宽的幅度，不管如何确定刑事责任的大小，都应以有利于教育、感化、挽救未成年人为指针。

第三，未成年人犯罪刑事责任量的司法确定还应从处理方式有利于教育、感化、挽救未成年人的角度加以限制。对未成年人犯罪总是要作出这样或那样的处理，是定罪处刑还是定罪免刑，是选择监禁刑还是非监禁刑，都要基于对未成年人的挽救，或者说，首先应考虑这种处理方式是否有利于未成年人的挽救，再考虑刑事责任量的确定，从而使处理方式一定程度上成为刑事责任量定的制约。

三、反腐刑事政策在刑事责任量司法确定中的贯彻

贯彻反腐刑事政策，严惩腐败分子是离不开司法机关依法积极而为的。如果没有司法机关对腐败案件的切实查处，再好的刑事政策、再完善的刑事法律也只是纸上谈兵，不能发挥其应有的功能。因此，自新中国成立以来，我国一直重视司法机关在贯彻反腐政策、查处腐败案件方面的重要作用。司法机关对腐败案件的积极查处和承办从 1988 年至 2014 年最高人民法院工作报告中的一系列数字可见一斑。

1988 年至 1992 年，为了促进廉政建设，人民法院坚持把惩治国家工作人员贪污、受贿等犯罪作为打击的重点，认真执行全国人大常委会《关于惩治贪污罪贿赂罪的补充规定》，5 年共审结贪污、受贿案件 101831 件，除正在上诉的、退回检察院补充侦查和撤诉

的以外，判决发生法律效力的人犯 77547 人。① 1993 年至 1997 年，全国法院把打击贪污、贿赂等犯罪作为推动反腐倡廉，直接为改革开放和经济建设服务的一项重要任务，坚持依法从严惩处的方针，重点惩处了发生在党政领导机关、行政执法机关、司法机关和经济管理部门中国家工作人员贪污、贿赂、挪用公款、徇私舞弊等犯罪。五年共受理检察机关起诉的贪污、贿赂、挪用公款案件的被告人 169433 人，判处犯罪分子 158806 人。在判处的罪犯中，贪污、贿赂犯罪数额在万元以上的 39518 人。其中，10 万元以上不满 100万元的 3448 人，100 万元以上的 174 人，犯罪数额最大的达 2100万元；共判处县（处）级以上干部 1610 人，其中，司（局）级 171 人，省（部）级 6 人，一批罪行严重的贪污、贿赂等犯罪分子受到了严惩。② 1998 年至 2002 年，依法严惩贪污贿赂等职务犯罪，共判处犯罪分子 83308 人。其中，县（处）级以上公务人员 2662人，比前五年上升 65%。③ 2003 年至 2007 年，审结贪污、贿赂、渎职犯罪案件 12 万件，同比上升 12.15%。④ 2008 年至 2012 年，审结贪污贿赂、渎职犯罪案件 13.8 万件，判处罪犯 14.3 万人。⑤2013 年，人民法院充分发挥刑事审判在惩治腐败中的职能作用，加大对贪污贿赂等犯罪的打击力度，审结国家工作人员贪污贿赂、渎职侵权犯罪案件 2.9 万件，判处罪犯 3.1 万人，其中包括薄熙来受贿、贪污、滥用职权案，刘志军受贿、滥用职权案等一批大案要

① 参见 1993 年 3 月 22 日任建新在八届全国人大一次会议上所作的最高人民法院工作报告。

② 参见 1998 年 3 月 10 日任建新在九届全国人大一次会议上所作的最高人民法院工作报告。

③ 参见 2003 年 3 月 11 日肖扬在十届全国人大一次会议上所作的最高人民法院工作报告。

④ 参见 2008 年 3 月 10 日肖扬在十一届全国人大一次会议上所作的最高人民法院工作报告。

⑤ 参见 2013 年 3 月 10 日王胜俊在十二届全国人大一次会议上所作的最高人民法院工作报告。

案，促进了反腐败斗争的深入开展。[①]

由此可见，从 1988 年到 2014 年，司法机关查处了大量的腐败犯罪案件，每届法院任期内被查处的腐败犯罪案件数量、犯罪人数一届比一届上升，大案要案一届比一届多，被查处的高官也一届比一届多。然而，我们在看到司法机关查处腐败犯罪案件取得成绩的同时，也应看到司法机关在刑事责任量的确定方面对反腐刑事政策的贯彻还存在"宽"有余而"严"不足的问题，主要表现为如下几个方面：

第一，在刑事责任量的确定中，从宽情节适用充分，从严情节适用不足。首先，从司法实践适用从宽情节看，腐败犯罪案件只要有法定的从宽情节，一些司法机关会毫不吝啬地将该情节的从宽作用最大化。如规定可以从轻或者减轻处罚的，一律减轻处罚，甚至可以连降几个量刑幅度直减到最低刑处罚，最后适用缓刑了结。[②]例如，《刑法》第 383 条规定，贪污数额在 10 万元以上的，处 10 年以上有期徒刑或者无期徒刑，可以并处没收财产；贪污数额在 5 万元以上不满 10 万元的，处 5 年以上有期徒刑，可以并处没收财产。受贿罪的处罚也是如此。而笔者收集到的某省会城市 2006 年至 2013 年因职务犯罪被判处 3 年以下有期徒刑而适用缓刑的 60 份判决书（涉案人员共 71 人）中，因贪污受贿适用缓刑的 64 人中，法院认定金额为 10 万元以上的有 39 人，占 60.9%；金额为 5 万元以上不满 10 万元的有 20 人，占 31.3%。

有的司法机关对腐败犯罪具有刑法规定可以免除处罚情节的，尽量免除处罚或者不起诉。有的被告人没有法定的从宽情节，司法机关也往往以"认罪态度好"、"退清赃款、赃物"等理由予以大幅度地从宽确定其刑事责任量。以致目前受贿数百万元，判处 10

---

①　参见 2014 年 3 月 10 日周强在十二届全国人大二次会议上所作的最高人民法院工作报告。

②　孙国祥：《宽严皆失：贪污贿赂犯罪的量刑失衡之乱象及纾解》，载《甘肃政法学院学报》2009 年第 9 期，第 27 页。

年左右有期徒刑的情况非常普遍。在无法定减轻处罚情节的情况下，未报经最高人民法院核准而擅自适用减轻处罚的情况时有发生，甚至对贪污受贿 10 万元以上，无任何法定从轻、减轻处罚条件的犯罪分子，仅因犯罪时间较短、归案后坦白交代就认定犯罪情节轻微，免予刑事处罚。①

其次，从司法机关对从严情节的适用看，腐败犯罪案件中有不少法定或酌定从严情节，例如索贿、作案次数多、作案时间长、枉法背职、给国家和社会造成重大损失等情节均是从严惩处情节，但在刑事责任量的确定中，这些从严情节一般被忽视或很少适用。例如，笔者收集到的某省会城市 2006 年至 2013 年因职务犯罪被判处 3 年以下有期徒刑而适用缓刑的 60 份判决书（涉案人员共 71 人）中，被适用从宽情节的有 60 人，而被适用从严情节的仅有 9 人。

第二，对腐败犯罪的缓刑适用率很高。腐败犯罪案件大案率比例越来越高，常态应该是刑事责任量越来越重，但实际上，腐败犯罪的缓刑适用率始终居高不下。缓刑本是给犯罪较轻、有悔改表现的犯罪人一个改造自新的机会。符合缓刑条件的腐败犯罪人适用缓刑当然可以，但因其主观恶性深、社会影响大而应严格依法慎重适用。1996 年最高人民法院曾颁发《关于对贪污、受贿、挪用公款犯罪分子依法正确适用缓刑的若干规定》（法发〔1996〕21 号）强调，国家工作人员贪污、受贿 1 万元以上，除具有投案自首或者立功表现等法定减轻情节的之外，一般不适用缓刑。但这些年来贪污受贿犯罪缓刑适用率太高、太滥的情况非常严重。据最高人民法院统计，2003 年至 2006 年，全国因职务犯罪被判处 3 年以下有期徒刑或者拘役并宣告缓刑的有 43277 人，缓刑适用率为 50.56%。其中，贪污贿赂案件的缓刑适用率为 51.55%，远高出同期刑事案件平均 20.91% 的缓刑适用率。一些地方适用缓刑的比例高达 60%，

---

① 王军：《刑事抗诉若干问题研究》，载张仲芳主编：《刑事司法指南》（总第 35 集），法律出版社 2008 年版，第 20 页。

有的接近 70%，①甚至个别地方个别罪名缓刑适用率在 80% 以上。例如，笔者收集到的某省会城市 2006 年至 2013 年因职务犯罪被判处 3 年以下有期徒刑而适用缓刑的 60 份判决书（涉案人员共 71 人）中，受贿罪的缓刑适用率达到 82%。腐败犯罪的缓刑适用率畸高，严重影响了对腐败犯罪的从严惩处。

　　第三，贪官被核准死刑越来越少，被判无期徒刑、有期徒刑成为常态。根据《刑法》第 383 条的规定，贪污受贿 10 万元以上，情节特别严重的，处死刑。但从近年来的司法实务看，贪污受贿的涉案金额不断被"刷新"，被判处死刑特别是判处死刑立即执行的贪官却越来越少。据笔者对 1982 年至 2012 年被查处的近 500 名省部级贪官适用死刑情况统计，被核准死刑执行的省部级贪官只有胡长清、成克杰、王怀忠、郑筱萸 4 人，被适用死缓的也不到 20 人。而受贿数百万元的贪官被判处 10 年以上有期徒刑、无期徒刑占了绝大多数。

　　第四，构成犯罪不起诉率高。1996 年《刑事诉讼法》第 142 条第 2 款规定，对于犯罪情节轻微，依照刑法规定不需要判处刑罚或者免除刑罚的，人民检察院可以作出不起诉决定。从目前的情况看，检察机关相对不起诉主要集中在贪污贿赂等职务犯罪案件。据某地级市检察机关 2005 年至 2007 年审查起诉工作统计，公安机关移送起诉的案件，不起诉率仅为 2%；检察机关自侦案件的不起诉率则高达 15.3%。②一些构成犯罪的腐败犯罪案件，犯罪人只要在指定时间内将违法所得财物上交到指定账户，退出赃款，或者认罪态度好，就可以不追究刑事责任。

　　为解决上述追究腐败犯罪刑事责任过程中出现的"宽"有余

---

　　①　熊选国：《全面加强刑事大案要案审判工作，为经济社会和谐稳定发展提供有力司法保障》，载最高人民法院刑事审判第一、二、三、四、五庭主办：《刑事审判参考》（总第 57 集），法律出版社 2007 年版，第 116 页。
　　②　黄超等：《刑事从宽的实证分析——以陕西省宝鸡市检察机关为例》，载《中国刑事法杂志·检察论坛》2008 年 10 月号。

而"严"不足的问题，切实贯彻好严惩腐败的刑事政策，笔者认为，在对腐败犯罪刑事责任量的确定过程中，司法机关应注意做好以下几个方面的工作：

第一，对腐败犯罪从宽情节应严格依法认定。自首是法定从宽处罚情节，也是司法机关查处腐败犯罪最常用的从宽情节。许多腐败案件的贪污受贿数额特别巨大，本应被判处无期徒刑而被判处了10年左右有期徒刑；本应被判处10年以上有期徒刑，而被判处了10年以下有期徒刑，问题就出在自首从宽处罚情节的认定没有严格依照法定的条件进行。有的司法机关在对自首进行认定时，过于强调"犯罪嫌疑人尚未受到讯问，未被采取强制措施"、"罪行尚未被司法机关发觉"，而较少关注"自动投案"、"如实供述自己的罪行"这两个更重要的条件，造成无论犯罪嫌疑人在接受纪检监察机关组织调查期间是否主动交代罪行，只要是案件经过纪检监察机关再移送司法机关的基本上都被认定为自首。结果本来不该认定自首的，司法机关做了自首认定，从而导致很多案件因有自首情节而得到宽大处理。针对这种自首认定不严的情况，最高人民法院、最高人民检察院2009年曾颁布了《关于办理职务犯罪案件认定自首、立功等量刑情节若干问题的意见》，强调被告人"没有自动投案，在办案机关调查谈话、讯问、采取调查措施或者强制措施期间，犯罪分子如实交代办案机关掌握的线索所针对的事实的，不能认定为自首"。"两高"的这个意见对于自首的认定无疑具有指导司法实践的意义。但笔者认为，对于自首的认定，更为重要的是应进行实质的证据审查，不能仅凭调查机关、侦查机关出具的自首材料就一概认定，还应当对以下证据进行审查：（1）投案经过的原始凭证；（2）办案机关已掌握罪行的证据；（3）如实交代的罪行是办案机关尚未掌握的罪行的证据；（4）与办案机关已经掌握的罪行属于不同种罪的证据。只有经过对这些证据的审查判断，符合条件的，才能认定为自首。

第二，规范从宽情节的从宽幅度。犯罪人在具有从宽情节的情况下，应通过细化从宽条件来规范从宽幅度。一是对具有自首、立功等多功能法定从宽情节的，何种情况从轻，何种情况可以减轻，减轻可以减到什么程度，应通过最高人民法院做司法解释或者《量刑指导意见》进一步规范。例如，对主动归案的，可以考虑减轻处罚；对被动型的自首，一般只能考虑从轻处罚。二是对具有认罪态度好、积极退赃等酌定从宽情节的，要具体情节具体适用。例如，犯罪人在案发后主动交代了同种罪，如犯罪被认定受贿 50 万元，但侦查机关开始只掌握其 5 万元受贿犯罪事实，归案后被告人主动交代了其余 45 万元受贿事实，酌定从宽的幅度就应该大一些。对贪污、挪用犯罪而言，财产的损失或追回、弥补，直接反映了其社会危害性大小，可以根据宽严相济刑事政策予以区别对待，对那些积极退赃者，可予以从宽处理，而对被动退赃者，可以不从宽处理。

第三，重视从严情节的适用。在腐败犯罪刑事责任量的确定过程中，司法机关重视从严情节、用好从严情节是贯彻从严反腐刑事政策的客观要求。司法实践中，有的司法机关出于某种需要，不注意查证、认定、适用从严情节而使腐败犯罪人得到宽大处理，严重影响了从严反腐政策的贯彻。笔者认为，为解决"宽"有余而"严"不足的问题，必须重视从严情节的适用，因为许多腐败案件犯罪人被不起诉、适用缓刑、死缓等宽大处理，都是由于司法机关只用从宽情节、不用从严情节的结果。而要重视从严情节的适用，首先侦查机关就要做好从严情节的查证工作，为法院认定从严情节提供坚实的证据保障；其次，起诉机关要认真审查判断从严情节的证据，把从严情节作为是否作不起诉决定的裁量依据，如果案件起诉到法院，应将从严情节的证据一并提交到法院；最后，法院应通过庭审客观认定从严情节，一旦认定了从严情节，就应作为刑事责任量的确定依据。

第四，严格控制不起诉和缓刑适用。首先，加强对腐败犯罪案件不起诉的监督。对拟作出不起诉决定的案件，应当充分听取侦查部门、起诉部门以及受害单位或个人的意见，经由检察机关人民监督员讨论，听取各方面的意见进行综合判断。其次，对腐败犯罪滥用缓刑应从两方面加以限制：一是对应判处 5 年以上有期徒刑者，因有减轻处罚情节而已经获得减轻处罚者，一般不宜再适用缓刑；二是设置禁止适用缓刑的具体情形。最高人民法院曾规定，贪污、受贿犯罪分子具有下列情形之一，不符合缓刑适用条件的，不得适用缓刑：（1）致使国家、集体和人民利益遭受重大损失或者影响恶劣的；（2）有退赃条件拒不退还或者退赃不积极的；（3）犯罪动机、手段等情节恶劣，或者将赃款用于非法经营、走私、赌博、行贿等违法犯罪活动的；（4）共同犯罪中情节严重的主犯；（5）曾因职务、经济违法犯罪行为受过行政处分或者刑事处罚的；（6）犯罪涉及的财物属于国家救灾、抢险、防汛、防疫、优抚、扶贫、移民、救济、捐助、社会保险、教育、征地、拆迁等专项款项和物资的；（7）其他不宜适用缓刑的情形。这些禁止性规定体现了对贪污受贿犯罪人必须严格依法适用缓刑的精神，应当认真落实。

第五章　刑事责任量的法律根据

刑事责任量的法律根据是刑事责任量的司法根据之一。在当今罪刑法定原则的要求下，司法机关追究犯罪人一定量的刑事责任必须有其实体法律依据，这个实体法律依据也就是刑事责任量的法律根据。对刑事责任量的法律根据进行研究，对于司法机关依法量定刑事责任、确定刑事责任的实现方式、正确适用刑罚、保障犯罪人的人权具有重要意义。

第一节　刑事责任量的法律根据概述

一、刑事责任量的法律根据之学界观点及评析

关于刑事责任量的法律根据，我国刑法学界主要有三种观点：第一种观点认为，刑事责任量的法律根据是指决定刑事责任大小的法律根据。由于决定刑事责任有无的法律根据是刑法规定的法定的犯罪构成，而犯罪构成事实不但决定着刑事责任的质，而且决定着刑事责任的基本量，因此，决定刑事责任质的法律根据也是决定刑事责任量的主要法律根据。其他决定刑事责任量的法律根据有有关法定从轻、减轻、免除或从重处罚情节的法律规定。另外，刑法关于相对确定的法定刑及第 63 条规定，实际上为犯罪构成以外的因素作为刑事责任大小的根据，提供了间接的法律依据。[1] 第二种观点认为，法律根据，即指追究刑事责任所依据的刑法规定，既包括

---

[1]　参见吴占英：《论刑事责任的法律根据》，载《湖北成人教育学院学保》2001 年第 3 期，第 26—27 页。

刑法总则的规定，如有关追究刑事责任、量刑的规定，也包括刑法分则和分则性法规中有关各种具体犯罪的刑罚规定。追究刑事责任的种类、范围、幅度应以法律明文规定为限，不得超越。① 第三种观点认为，刑事责任的法律根据（就应否承担刑事责任而言）是刑法规定的犯罪构成。行为符合犯罪构成是刑事责任量的主要根据，而不是唯一根据。影响刑事责任轻重的因素，如自首、立功等，也是刑事责任量的根据。②

上述第一种观点对刑事责任基本量的法律根据有明确的认识，而且对刑事责任量的增减根据也有一定的认识，但是，该观点不但对刑事责任增量和减量的法律根据缺乏明确的区分，并且将"相对确定的法定刑"作为刑事责任量的法律根据，有将刑事责任量的法律根据与刑罚的法律根据混同之嫌。第二种观点也看到了刑事责任量的法律根据是刑法规定，并且比较全面，但是没有注意区分刑事责任基本量、增量和减量的法律根据，因而有模糊笼统之感，并且"分则性法规中有关各种具体犯罪的刑罚规定"的表述不准确，因为刑法是基本法律，不存在法规，更不存在法规对刑罚的规定，至多只能说附属刑法中有关追究刑事责任的规定。第三种观点实际上只看到了刑事责任质的法律根据是法定的犯罪构成和刑事责任量的主要事实根据是行为符合犯罪构成，而对刑事责任量的法律根据却缺乏进一步讨论。

二、刑事责任量的法律根据的分类

刑事责任量的法律根据是司法机关追究犯罪人刑事责任大小的实体法律依据。而在刑法中，对追究犯罪人刑事责任大小的规定不仅仅是法定的犯罪构成，而且包括犯罪构成之外的影响刑事责任大

---

① 参见李方晓：《刑事责任根据之探讨》，载《人民检察》2001 年第 5 期，第 46 页。

② 参见张明楷：《刑法学》（第二版），法律出版社 2003 年版，第 387 页。

小的刑法规定，如刑法对未成年人、老年人犯罪的刑事责任规定，对精神病人的刑事责任规定，对犯罪未完成形态的刑事责任规定，对共同犯罪人的刑事责任规定，对自首、立功、累犯的刑事责任规定等。

前已述及，刑事责任量可以分为刑事责任基本量、刑事责任增量、刑事责任减量和刑事责任变量。与之相适应，刑事责任量的法律根据可以分为刑事责任基本量的法律根据、刑事责任增量的法律根据、刑事责任减量的法律根据和刑事责任变量的法律根据。所谓刑事责任基本量的法律根据，是指以犯罪构成的既遂为模式、符合犯罪的基本构成时刑事责任大小的法律根据。刑事责任基本量的法律根据是犯罪的基本构成。如我国《刑法》第 263 条对抢劫罪的基本构成的规定是抢劫罪刑事责任基本量的法律根据。所谓刑事责任增量的法律根据，是指在刑事责任基本量的基础上使刑事责任量增加的法律根据。如我国《刑法》第 264 条对盗窃公私财物"数额巨大"的规定、第 263 条对"入户抢劫"的规定等是刑事责任增量的法律根据。刑事责任增量的法律根据是犯罪的加重构成。所谓刑事责任减量的法律根据，是指在刑事责任基本量的基础上使刑事责任量减少的法律规定。如我国《刑法》第 232 条对故意杀人罪"情节较轻"的规定。刑事责任减量的法律根据是犯罪的减轻构成。所谓刑事责任变量的法律根据，是指在刑事责任基本量、增量或减量的基础上使刑事责任量发生增减变化的法律根据。如刑法对累犯、中止犯、自首、立功等的规定。下文分别就这四类刑事责任量的法律根据进行具体阐述。

第二节　刑事责任量的法律根据的展开

一、刑事责任基本量的法律根据：基本构成

前已提出，刑事责任基本量的法律根据是基本构成，那么，什么是基本构成？为什么说基本构成是刑事责任基本量的法律根据？

下文就此展开讨论。

（一）基本构成的概念

1. 犯罪构成的含义与特征

俄罗斯联邦刑法学者认为，"所谓犯罪构成，是指决定社会危害行为构成犯罪的所有主客观要件的总和"。"每一个犯罪都有其特定的犯罪构成，从结构上看，犯罪构成是四个要件的总和，即犯罪客体、犯罪客观方面、犯罪主体及犯罪主观方面。一个行为要构成犯罪，这四个要件缺一不可，且不同的要件从不同的角度反映了犯罪不同的特征。"[1] 我国刑法学界的通说认为，犯罪构成是指依照我国刑法的规定，决定某一行为的社会危害性及其程度而为该行为构成犯罪所必需的一切客观要件和主观要件的有机统一。[2] 犯罪构成与犯罪概念既有联系又有区别。犯罪概念是从总体上划清罪与非罪的界限的，是犯罪构成的基础，而犯罪构成则是犯罪概念的具体化。犯罪构成具有如下几个特征：

第一，犯罪构成是一系列主客观要件的有机统一体。首先，犯罪构成是由主客观要件组成的。其中"要件"是成立犯罪所必须具备的条件；各个要件中又包含若干要素。换言之，若干要素组成一个要件，若干要件组成一个犯罪构成。其次，犯罪构成不是主客观各个要件、要素的简单相加，而是按照一定的内在逻辑关系相互联系、相互作用而形成为一个有机统一整体。在这个整体中，每个构成要件对于犯罪成立来说，是不可缺少的。

第二，犯罪构成具有法定性。虽然我国刑法中没有"犯罪构成"这一术语，但是，犯罪构成是刑法规定的。刑法总则和分则共同规定犯罪构成，其中总则规定一切犯罪所必须具备的要件；分

---

[1] ［俄］Jl. B. 伊诺加莫娃—海格主编：《俄罗斯联邦刑法（总论）》（第二版），黄方等译，中国人民大学出版社2010年版，第35页。

[2] 参见高铭暄、马克昌主编：《刑法学》（第三版），北京大学出版社、高等教育出版社2007年版，第56页。

则规定具体犯罪所需要具备的特殊要件。我们不能因为刑法中没有"犯罪构成"术语而否定犯罪构成的法定性。犯罪构成的法定性既是罪刑法定原则的要求，也是犯罪构成理论的来源。

第三，犯罪构成是行为具有的社会危害性达到应当追究刑事责任程度的法律标志。犯罪的本质特征是严重的社会危害性，故认定犯罪的实质标准是行为具有严重程度的社会危害性；但是如果由司法工作人员直接根据行为的社会危害性来认定犯罪，就必然会陷入罪刑擅断的局面，因此必须由刑法来规定犯罪的法律标志，而这个法律标志就是犯罪构成。刑法规定犯罪构成就能使犯罪的社会危害性具体化和标准化，从而便于司法工作人员判断犯罪的社会危害性和对犯罪人进行刑事责任追究。

第四，犯罪构成是认定犯罪的唯一法律标准。由于犯罪构成是主客观要件的有机统一体，是犯罪的社会危害性的法律标志，因此，犯罪构成是认定犯罪的法律标准。[1] 任何行为，只要符合刑法规定的犯罪构成，就构成犯罪；而不符合犯罪构成的行为，就不能以犯罪论处，进而追究行为人的刑事责任。

2. 基本构成的界定

我国刑法学界按照刑法分则所规定的具体犯罪的社会危害程度的不同，将犯罪构成分为普通的犯罪构成与加重的犯罪构成、减轻的犯罪构成。[2] 其中普通的犯罪构成，也称为独立的犯罪构成，"是指刑法条文对具有通常社会危害程度的行为所规定的犯罪构成。相对于危害严重或危害较轻的犯罪构成，它是犯罪构成的基本形态"。[3] 正因为它是犯罪构成的基本形态，笔者称之为基本构成。例如，《刑法》第 263 条中规定的"以暴力、胁迫或者其他方法抢

---

[1]　参见张明楷：《刑法学》（第二版），法律出版社 1997 年版，第 99 页。

[2]　参见张小虎：《犯罪论的比较与建构》，北京大学出版社 2006 年版，第 89 页。

[3]　马克昌主编：《犯罪通论》，武汉大学出版社 1999 年版，第 94 页。

劫公私财物的",属于基本构成。当然,目前我国也有学者不太主张这种分类。① 但笔者认为,这种分类既有一定的学术研究价值,也有一定的司法实践价值,不可抛弃。本书采用这种分类有利于对刑事责任量的法律根据进行深入研究。

(二)基本构成应是刑事责任基本量的法律根据

从刑事责任与犯罪构成的关系来看,犯罪构成与刑事责任具有前因后果的关系,即犯罪构成是"因",刑事责任是"果",行为只有符合犯罪构成,才能产生刑事责任,也才能依照刑法规定追究行为人的刑事责任。而犯罪构成是刑法规定的,因此,应当可以肯定,犯罪构成是刑事责任的法律根据。无论是基本构成还是加重或减轻构成,均是刑事责任的法律根据。但是,从刑事责任量上看,犯罪构成并不是刑事责任量的唯一法律根据。刑事责任量的法律根据具有多样性。在多样性的根据中,基本构成只是刑事责任基本量的法律根据。其理由是:第一,刑事责任基本量是行为构成犯罪时的刑事责任大小,或者说达到追究刑事责任程度时的刑事责任大小。而行为构成犯罪、其社会危害性达到追究刑事责任程度也就是指行为符合刑法规定的、不考虑加重或减轻构成和情节的基本构成。第二,从刑法分则规定的罪状和法定刑看,罪状是具体犯罪构成要件的表述,法定刑是具体犯罪的刑事责任的法律后果或基本实现方式。罪状可以分为两大类:一类是基本罪状,即对具体犯罪构成特征的描述;另一类是加重、减轻罪状,即对加重或减轻适用法定刑条件的描述。② 无论是基本罪状还是加重或减轻罪状,其后都会有相应的法定刑作为刑事责任的实现方式。而基本罪状对应的法

---

① 参见张明楷:《刑法学》(第二版),法律出版社 2007 年版,第 106页。

② 参见张明楷:《刑法学》(第二版),法律出版社 2003 年版,第 507页。

定刑则是基本法定刑①；基本法定刑是刑事责任基本量的法律表现，也是行为符合基本构成时的刑事责任实现方式。因此，刑事责任基本量的法律根据就应当是基本构成。

二、刑事责任增量的法律根据：加重构成

（一）加重构成的概念与分类

1. 加重构成的概念

关于加重构成的概念，学界有不同的表述。第一种观点认为，加重构成是基本构成要件的转化，从而加重处罚的构成形式。其认为犯罪构成一般都是以基本要件的形式进行表述的。但是，法律规范也可能再在基本构成的基础上附加某些要件；具备这些附加要件时，法律后果会有量的区别，这就是构成要件的转化。加重构成是构成要件的转化，而不是量刑中诸如"情节严重"、"情节恶劣"、"情节轻微"等加重、从重的情节。② 第二种观点认为，加重构成是指在基本犯的构成基础之上具有了加重要件（加重因素）的一种相对独立的犯罪构成形态。③ 第三种观点认为，加重的犯罪构成是指以普通的犯罪构成为基础，具有较重社会危害程度而从普通的犯罪构成中衍生出来的犯罪构成。④ 第四种观点认为，"加重的犯罪构成是指刑法分则条文所规定的作为加重社会危害的具体犯罪的成立条件，其与加重法定刑相对应。"⑤

上述前三种观点都表达了加重构成要以基本构成为基础，但又具有相对独立性的意思。其中第一、二种观点还指明了加重构成的

---

① 即指紧随基本罪状的法定刑。

② 李海东：《刑法原理入门（犯罪论基础）》，法律出版社 1998 年版，第 46 页。

③ 周光权、卢宇蓉：《犯罪加重构成基本问题研究》，载《法律科学》2001 年第 5 期，第 68 页。

④ 马克昌主编：《犯罪通论》，武汉大学出版社 1999 年版，第 94 页。

⑤ 张小虎：《犯罪论的比较与建构》，北京大学出版社 2006 年版，第 90 页。

特殊性。第三、四种观点在表述上均有一定的缺陷。其中第四种表述缺乏定义的属概念，不符合定义的一般规则，且"作为加重社会危害的具体犯罪的成立条件"的表达不通顺。第三种表述虽有定义的属概念，但对加重构成的本质特征的表达不够准确。笔者认为，加重构成应是指刑法分则条文明文规定的、说明行为的社会危害性超出基本构成从而成为其法定刑加重的要件。其基本特征如下：

第一，加重构成要以基本构成存在为基础，其加重是相对于基本构成而言的，加重构成与基本构成具有紧密的联系。如结果加重构成，在事实上，基本犯罪行为与造成加重结果的行为是一个行为，两个构成的客观行为不可分离，而且，两种犯罪构成的性质一致（尽管内容有别）属于同一罪名。

第二，加重构成虽从基本构成派生出来，但已成为一种相对独立的加重法定刑的要件。加重构成在基本构成的基础上，具有加重因素，即具有超出基本构成的因素，包括客观方面、主体、主观方面的构成变化。因此，加重构成相对独立于基本构成，其特点是有一个或几个与基本构成不同并能影响刑事责任程度的因素。

有的学者认为，应将加重构成与量刑规则进行区分。刑法分则条文单纯以情节（特别）严重、情节（特别）恶劣、数额或数量（特别）巨大、首要分子、多数、违法所得数额巨大作为升格条件时，只能视为量刑规则；刑法分则条文因为行为、对象等构成要件要素的特殊性使行为类型发生变化，进而导致违法性增加，并加重法定刑时，才属于加重的犯罪构成（构成要件）。[①] 显然，这种观点将情节、数额等抽象的加重构成排除在加重构成范围之外，有意限制加重构成的范围。但是，笔者不同意这种观点。按照通常意义上加重构成的含义，加重构成是说明行为的社会危害性超出了基本构成的因素，无论是抽象的加重构成还是具体的加重构成，加重因

---

① 参见张明楷：《加重构成与量刑规则的区分》，载《清华法学》2011年第 1 期，第 9 页。

素中无论行为类型是否发生了变化，只要能够说明行为的社会危害性超出了基本构成，就应属于加重构成。而情节、数额等抽象的加重构成同样是导致行为的社会危害性或违法程度增加的因素，因此，没有理由将之排除在加重构成的范围之外。笔者认为，凡是引起法定刑升格的条件，都属于加重构成。此外，上述观点将情节（特别）严重、情节（特别）恶劣、数额或数量（特别）巨大、首要分子、多数、违法所得数额巨大称为"量刑规则"也没有准确表达这种法定刑升格条件所具有的含义。

2. 加重构成的分类

（1）从加重构成的内容上划分

刑法分则条文所规定的加重构成按照其内容不同，大致可以分为情节加重构成、数额加重构成、数额与情节混合加重构成、后果加重构成等类型。

情节加重构成是指刑法分则条文规定的以"情节严重"、"情节特别严重"或者法定的严重情形作为加重法定刑的要件。例如，《刑法》第310条规定的窝藏、包庇罪中的"情节严重"是使本罪法定刑加重到"3年以上10年以下有期徒刑"的要件。《刑法》第390条规定的行贿罪中的"情节特别严重"是使本罪法定刑加重到"10年以上有期徒刑或者无期徒刑，可以并处没收财产"的要件。《刑法》第263条规定的抢劫罪中的"入户抢劫"、"在公共交通工具上抢劫"等八种情形是使抢劫罪法定刑加重到"10年以上有期徒刑、无期徒刑或者死刑，并处罚金或没收财产"的要件。

数额加重构成是指刑法分则条文规定的以"数额巨大"、"数额特别巨大"等作为加重法定刑的要件。例如，《刑法》第271条规定的职务侵占罪中的"数额巨大"是使职务侵占罪法定刑加重到"5年以上有期徒刑，可以并处没收财产"的要件。《刑法》第172条规定的持有、使用假币罪中的"数额特别巨大"是使本罪法定刑加重到"10年以上有期徒刑，并处5万元以上50万元以下罚金或者没收财产"的要件。

数额与情节混合加重构成是指刑法分则条文规定的以"数额

169

巨大或者有其他严重情节"、"数额特别巨大或者有其他特别严重情节"作为法定刑加重的要件。例如，《刑法》第 266 条规定的诈骗罪中的"数额巨大或者有其他严重情节"是使本罪法定刑加重到"3 年以上 10 年以下有期徒刑，并处罚金"的要件；"数额特别巨大或者有其他特别严重情节"是使本罪法定刑加重到"10 年以上有期徒刑或者无期徒刑，并处罚金或者没收财产"的要件。

后果加重构成是指刑法分则条文规定的以"造成严重后果"（"后果严重"）或"造成特别严重后果"（"后果特别严重"）作为加重法定刑的要件。例如，《刑法》第 123 条规定的"造成严重后果"是使暴力危及飞行安全罪的法定刑加重到"5 年以上有期徒刑"的要件；《刑法》第 132 条规定的"造成特别严重后果"是使铁路营运安全事故罪的法定刑加重到"3 年以上 7 年以下有期徒刑"的要件。值得注意的是，后果加重构成不同于结果加重构成。结果加重构成是以超出犯罪的基本构成要求的危害结果作为加重法定刑的要件。由于危害结果既包括具体的、有形的物质性结果，如故意伤害致死中的致人死亡；又包括抽象的、无形的非物质性结果，如对人格、名誉的损害，[①] 其外延比"严重后果"或"特别严重后果"要广得多，而"严重后果"或"特别严重后果"只是危害结果的一种较为抽象形态，因此，后果加重构成只是结果加重构成的一种抽象类型。

（2）从加重构成的加重程度上划分

加重构成按照其加重程度不同，可以分为一级加重构成、二级加重构成和三级加重构成。一级加重构成是指在基本构成的基础上加重法定刑的要件。例如诈骗罪中的"数额巨大或者有其他严重情节"是诈骗罪的一级加重构成。二级加重构成是指在一级加重构成的基础上加重法定刑的要件。例如诈骗罪中的"数额特别巨大或者有其他特别严重情节"是诈骗罪的二级加重构成。三级加

---

① 高铭暄、马克昌主编：《刑法学》，北京大学出版社、高等教育出版社 2010 年版，第 83 页。

重构成是指在二级加重构成的基础上加重法定刑的要件。例如贪污罪中的"个人贪污数额在 10 万元以上"是贪污罪的三级加重构成。

（3）从加重构成的立法模式上划分

加重构成按照其立法模式不同，可以分为抽象的加重构成和具体的加重构成。抽象的加重构成是指刑法分则条文对加重因素规定得模糊、抽象的加重构成。例如，以"情节严重"、"情节特别严重"、"严重后果"、"特别严重后果"为加重因素的加重构成。具体的加重构成是指刑法分则条文明确规定了具体、特定的加重因素的加重构成。例如，《刑法》第 358 条对组织卖淫罪、强迫卖淫罪的法定刑加重到"10 年以上有期徒刑或者无期徒刑，并处罚金或者没收财产"，列举了五种特定情形，即组织他人卖淫，情节严重的；强迫不满 14 周岁的幼女卖淫的；强迫多人卖淫或者多次强迫他人卖淫的；强奸后迫使卖淫的；造成被强迫卖淫的人重伤、死亡或者其他严重后果的。前一种情形即属于抽象的加重构成，后四种情形属于具体的加重构成。具体的加重构成比抽象的加重构成在限制法官的自由裁量权方面具有积极意义。

（二）加重构成应是刑事责任增量的法律根据

前已述及，刑事责任量是以社会危害性程度和人身危险性大小作为实质根据的。根据罪责刑相适应原则，如果一种行为的社会危害性程度越大，那么其刑事责任的量就应越大。因而就有在刑事责任基本量基础上增加刑事责任量的问题。也就是说，刑事责任增量是行为在社会危害性程度加大的情况下，要求刑事责任量在基本量上增加，其增加在法律上表现为法定刑幅度的提高，而法定刑幅度的提高又是以体现犯罪行为的社会危害程度加大的加重构成为根据的，因此，刑事责任增量的法律根据应是在基本构成基础上的加重构成。体现行为的社会危害程度的加重构成的条件越高，刑事责任增量就越大，法定刑幅度就越高。例如，在《刑法》第 266 条规定的诈骗罪中，刑事责任基本量的法律表现为"3 年以下有期徒刑、拘役或者管制"；一级加重构成为"数额巨大或者有其他严重情节"，其刑事责任增量的法律表现为"3年以上10年以下有期徒刑，并处罚金"；二级加重构成为"数额特别巨大或者有其他特别严重情节"，其刑事责任量的法律表现为"10年以上有期徒刑或者无期徒刑，并处罚金或者没收财产"。显然，由于二级加重构成比一级加重构成的条件体现行为的社会危害程度更大，其刑事责任量就应更大，这就表现为法定刑幅度更高。

（三）几种常见的加重构成

1. 作为刑事责任增量根据之"情节严重"、"情节特别严重"

（1）情节严重

我国刑法中，"情节严重"一语的使用率非常高，它存在两种类型：一是作为基本构成要件要素的情节严重，例如，假冒专利罪、假冒注册商标罪、非法经营罪、诬告陷害罪、侮辱罪、诽谤罪等犯罪中的情节严重，这里的情节严重是罪与非罪的界限，具有限制犯罪圈范围的功能；二是作为刑事责任增量根据之加重构成或法定刑升格条件的情节严重，例如，破坏生产经营罪、伪证罪、骗取出境证件罪等犯罪中的情节严重，这里的情节严重是重罪与轻罪的界限，具有确定刑事责任量的大小和处罚程度的功能。在将情节严重作为刑事责任增量根据的犯罪中，行为只要具备一般情节或较轻情节，就具有严重的社会危害性，就成立犯罪，应该受到刑事责任追究；而行为具有严重情节，就具有更重的社会危害性，应该受到更重的刑事责任追究。

刑法将"情节严重"作为一些犯罪的加重构成，有利有弊。其好处在于："情节严重"的模糊性、抽象性，可以避免遗漏一些违法性加重的因素，可以使稳定的刑法适应社会变化的需要，可以使司法者根据社会变化情况调整处罚程度，有利于法益保护。但是，其弊端也是非常明显的。"情节严重"的模糊性、抽象性增加了法官的判断难度，一些法官不敢对情节是否严重下结论，这就要求最高司法机关作出解释,① 以明确该法律文字所"承载"的意义;而在缺乏有权司法解释的情况下,"情节严重"就很可能成为司法工作人员滥用权力的挡箭牌,造成罪刑不均衡的严重后果,既损害刑法的安定性,也不利于保障国民对自己行为后果的预测可能性。

既然"情节严重"具有高度的抽象性、模糊性,那么,司法机关及其工作人员如何解释作为加重构成的"情节严重"呢?黑格尔曾指出:"概念的各因素彼此是不可分离的","概念的每一因素只有从其他因素,并且与其他因素合并以观,才能被掌握"。② 因此,笔者认为,对于作为加重构成的"情节严重"概念的解释,既不能纯凭办案经验,更不能凭借主观想象,而首先应从刑法分则规定的具体加重构成中去提炼其解释规则,因为具体化的加重构成实际上是刑法分则条文对"情节严重"的具体化。这可以从《刑法》第318条、第321条等规定的加重构成中看出。例如,《刑法》第318条规定:有下列情形之一的,加重组织他人偷越国(边)境罪的法定刑:①组织他人偷越国(边)境集团的首要分子;②多次组织他人偷越国(边)境或者组织他人偷越国(边)境人数众多的;③造成被组织人重伤、死亡的;④剥夺或者限制被组织人人身自由的;⑤以暴力、威胁方法抗拒检查的;⑥违法所得数额巨大的;⑦有其他特别严重情节的。这里的"其他特别严重情节"属于兜底规定,同时意味着前六种情形是"情节严重"的具体化。又如,《刑法》第321条规定:有下列情形之一的,加重运送他人偷越国(边)境罪的法定刑:①多次实施运送行为或者运送人数众多的;②所使用的船只、车辆等交通工具不具备必要的安全条件,足以造成严重后果的;③违法所得数额巨大的;④有其

---

① 参见张明楷:《刑法分则的解释原理》,中国人民大学出版社2004年版,第243页。

② [德]卡尔·拉伦茨:《法学方法论》,陈爱娥译,商务印书馆2005年版,第335页。

他特别严重情节的。这里的"其他特别严重情节"也意味着前三种情形是"情节严重"的具体化。因此，作为加重构成的"情节严重"包括的内容，是可以从刑法分则规定的具体化的加重构成中去归纳、提炼的。也只有这样，才能对抽象情节加重构成进行合理、合法的解释。

从刑法分则对伪造货币罪，强奸罪，拐卖妇女、儿童罪，抢劫罪，聚众斗殴罪，组织他人偷越国（边）境罪，运送他人偷越国（边）境罪，盗掘古文化遗址、古墓葬罪，强迫卖淫罪等一些犯罪的加重构成具体化规定中考察，我们可以发现，作为加重构成的"情节严重"，立法上一般包括以下方面的内容：

①犯罪集团的首要分子。例如，刑法分则对伪造货币集团，拐卖妇女、儿童集团，组织他人偷越国（边）境集团，盗掘古文化遗址、古墓葬集团的首要分子规定了加重法定刑。

②多次实施同种犯罪。例如，刑法分则对"多次抢劫"，"多次聚众斗殴"，"多次盗掘古文化遗址、古墓葬"，"多次组织、运送他人偷越国（边）境"，"多次强迫他人卖淫"规定了加重法定刑。

③参与犯罪的人数多、规模大，社会影响恶劣。例如，刑法分则对"聚众斗殴人数多，规模大，社会影响恶劣"规定了加重法定刑。

④采用非法的方式或手段实施犯罪。例如，刑法分则对"入户抢劫"、"持枪抢劫"、"组织他人偷越国（边）境"、"剥夺或者限制被组织人人身自由"或者"以暴力、威胁方法抗拒检查"规定了加重法定刑。

⑤针对特别的对象实施犯罪或者实施犯罪的对象数量较大（多）。例如，刑法分则对"抢劫银行或者其他金融机构"，"抢劫军用物资或者抢险、救灾、救济物资"，"强奸妇女、奸淫幼女多人"，"拐卖妇女、儿童三人以上"，"组织他人偷越国（边）境人数众多"，"强迫不满14周岁的幼女卖淫或者强迫多人卖淫"规定了加重法定刑。

⑥造成严重后果或者足以造成严重后果。例如，刑法分则对强奸"致使被害人重伤、死亡或者造成其他严重后果"，拐卖妇女、儿童"造成被拐卖的妇女、儿童或者其亲属重伤、死亡或者其他严重后果"，"抢劫致人重伤、死亡"，组织他人偷越国（边）境"造成被组织人重伤、死亡"，运送他人偷越国（边）境"所使用的船只、车辆等交通工具不具备必要的安全条件，足以造成严重后果"规定了加重法定刑。

⑦犯罪数额巨大或者违法所得数额巨大。例如，刑法分则对"抢劫数额巨大"、组织他人偷越国（边）境、运送他人偷越国（边）境"违法所得数额巨大"规定了加重法定刑。

⑧犯罪地点特别。例如，刑法分则对"在公共场所当众强奸妇女"、"入户抢劫"、"在公共交通工具上抢劫"规定了加重法定刑。

⑨犯罪目的特定。例如，刑法分则对"以出卖为目的，使用暴力、胁迫或者麻醉方法绑架妇女、儿童"，"以出卖为目的偷盗婴幼儿"规定了加重拐卖妇女、儿童罪的法定刑。

⑩犯罪过程中牵连其他罪名。例如，刑法分则对实施拐卖妇女罪中"奸淫被拐卖的妇女"，"诱骗、强迫被拐卖的妇女卖淫"或者"将被拐卖的妇女卖给他人迫使其卖淫"规定了加重法定刑；对实施强迫卖淫罪中"强奸后迫使卖淫"规定了加重法定刑。

进一步分析上述10类加重法定刑的情节，可以发现：这些情节除了多次实施同种犯罪属于罪外情节，其他基本上属于犯罪构成方面的情节，其中犯罪集团的首要分子和参与犯罪的人数多属于犯罪主体方面的情节；犯罪目的特定属于犯罪主观方面的情节；其余的均属于犯罪客观方面的情节，因而属于罪中情节。这些情节中，有的反映犯罪的社会危害性程度，有的反映犯罪人的人身危险性大小。行为只要具备其中之一种情形，就应加重法定刑。由此可见，对加重构成的"情节严重"进行解释，一般应当立足于反映犯罪的社会危害性程度或犯罪人人身危险性大小的罪中情节，不能随意扩张到罪外情节。

然而，上述 10 类情节可以作为加重法定刑的条件考虑，并不意味着对于任何个罪"情节严重"的解释都应将上述情节纳入其中，或者随意地将上述情节作为某个罪加重法定刑的条件。① 应该说，上述加重情节的归纳只是确定了作为加重构成的"情节严重"的解释范围或方向，具体到某一个罪中的"情节严重"的解释，还应根据以下规则确定其具体内容：

第一，应根据个罪的规范目的来确定作为加重构成的"情节严重"的具体内容。"任何一个用语都可能有两种以上的含义，对任何一个法条都可能作两种以上的解释，如果没有解释方向与目的，就不可能对构成要件作解释。"② 而"情节严重"属于抽象加重构成，解释者往往会采用不同的解释方法得出不同的解释结论，而"当不同的解释方法得出多种结论或不能得出妥当结论时，就应以目的解释来最终决定"。③ 换句话说，在刑法解释上，对单个词句进行解释得出结论时，应该加以检验，求得印证，最关键的印证是该解释必须符合个罪设置的规范目的。由于"刑法的目的是保护法益，刑法分则条文都是为了保护特定的法益，其中有的只保护单一的法益，有的保护二三种法益"，④ 因此，必须以保护法益为指导确定个罪设置的规范目的。如果抛开目的解释，不注意探求个罪设置的规范目的，即使做足法匠的工作，大量运用各种解释方法去解释条文中的词义，结论也未必正确。但是，个罪的规范目的并不是凭空设想出来的，要把握它，必须借助各种解释方法对条文进行梳理、分析和印证。首先可以直观地从条文所处的章节位置以及罪名本身对个罪所要保护的法益进行大致的判断，但这一判断既过

---

① 这从刑法对抢劫罪、强奸罪、聚众斗殴罪等的具体加重情节的规定可见。

② 张明楷：《实质解释论的再提倡》，载《中国法学》2010 年第 4 期，第 49 页。

③ 张明楷：《刑法学》，法律出版社 2007 年版，第 39 页。

④ 张明楷：《法定刑升格条件的认识》，载《政法论坛》2009 年第 5 期，第 87 页。

于宽泛，也存在不准确性。"如果需要得出更加具体和确定的结论，就需要依赖对条文各处的细致分析来共同确证该规范的目的。然而有时即使用尽上述方法，也不一定能得出合理结论"，① 这就需要对各种可能的结论重新思考和检验。按照卡尔·拉伦茨对"客观目的论的标准"的论述，在最后确证个罪的规范目的时，起决定性作用的是两个标准和一个基本思想：两个标准是指"被规整之事物领域的结构"（"连立法者也不能改变之实际的既存状态"）和一些法伦理性的原则；② 一个基本思想是指正义思想，即"同种的事物（或具有相同意义的事物）应予相同处理的原则"——"在法条可能的字义及意义脉络范围内，应选择尽可能避免评价矛盾的解释方式"。③ 通过上述解释方法探求、确证个罪的规范目的之后，接下来就应以该规范目的为根据，运用目的解释方法在前述 10 类情节的范围内进一步确定"情节严重"的具体指向。

第二，应根据个罪基本罪状的描述来确定作为加重构成的"情节严重"的具体内容。"加重构成以基本犯存在为前提"，"加重构成与基本构成具有紧密的联系。如结果加重构成，在事实上，基本犯罪行为与造成加重结果的行为是一个行为，两个构成的客观行为不可分离，而且，两种犯罪构成的性质一致（尽管内容有别）属于同一罪名"。④ 加重构成是在基本构成的基础上的加重，如果缺少基本构成，加重构成就无法存在，也无法对加重构成作出解

---

① 姚诗：《交通肇事"逃逸"的规范目的与内涵》，载《中国法学》2010 年第 3 期，第 91 页。

② 这是指有时我们必须借助一些法伦理性的原则做一些倾向性解释，譬如信赖原则，"只有借助这些原则才能掌握并且表达出规整与法理念间的意义关联"。参见 ［德］卡尔·拉伦茨：《法学方法论》，陈爱娥译，商务印书馆 2005 年版，第 211—212 页。

③ 参见 ［德］卡尔·拉伦茨：《法学方法论》，陈爱娥译，商务印书馆 2005 年版，第 211—212 页。

④ 周光权、卢宇蓉：《犯罪加重构成基本问题研究》，载《法律科学》2001 年第 5 期，第 68 页。

释。既然如此，对加重构成的解释应当以基本构成为根据。而罪状是犯罪构成的"住所"，"犯罪构成是罪状的描述对象"，① 个罪基本构成的主要特征是立法者通过刑法分则中基本罪状的描述来表达的；而且基本罪状的描述也是个罪规范目的的外显或表征。因此，要最终确定作为加重构成的"情节严重"的具体内容，就应分析个罪基本罪状的描述，并以此为根据来确定"情节严重"所指。例如，《刑法》第 320 条规定了提供伪造、变造的出入境证件罪，立法者将本罪的基本罪状描述为："为他人提供伪造、变造的护照、签证等出入境证件的。"从本罪所处的章节位置和基本罪状的描述来看，本罪的规范目的是维护国（边）境管理秩序。② 因此，对本罪中作为加重构成的"情节严重"的解释，就应根据该规范目的，在基本罪状的描述上做文章。由于本罪罪状描述的基本构成特征是"为他人提供伪造、变造的护照、签证等出入境证件"，而提供出入境证件不但存在数量多少问题，而且还存在违法所得数额问题，因此，本罪的"情节严重"所指应是：（1）为他人提供伪造、变造的护照、签证等出入境证件数量较大；（2）违法所得数额巨大。至于具体应确定为多大的数量或数额，则应考虑提供多少出入境证件的行为、行为违法所得数额多大，才超出了基本构成要求的法益侵害性，才应根据罪刑相当原则加重其法定刑。③

----

① 高仕银：《罪状、构成要件与犯罪构成——概念梳理、关系考察与性质厘定》，载《政治与法律》2010 年第 8 期，第 89 页。

② 因为本罪被规定在"妨害社会管理秩序罪"一章的"妨害国（边）境管理秩序罪"一节中，且基本罪状描述的行为对象是维护国（边）境管理秩序的出入境证件。

③ 最高人民法院 2002 年的《关于审理组织、运送他人偷越国（边）境等刑事案件适用法律若干问题的解释》第 4 条将提供伪造、变造的出入境证件罪中的"情节严重"解释为：（1）为他人提供伪造、变造的护照、签证等出入境证件 5 份以上；（2）违法所得 30 万元以上；（3）有其他严重情节的。显然，该司法解释与本文阐述的解释规则基本一致。

　　第三，对"情节严重"的解释不能与刑法总则规定相冲突。①
刑法总则具有制约、指导刑法分则的功能。刑法总则存在许多一般
原则、一般概念的规定。这种一般原则、一般概念的规定不仅指导
对总则的解释、适用，而且指导对分则的解释、适用。所以，在解
释分则时，一定要以总则的规定为指导，② "必须始终注意并实现
分则与总则的协调，对分则的解释不得违反总则的规定"。③ 而对
于"情节严重"的解释属于对刑法分则规定的解释，因而其解释
结论不能与刑法总则规定相冲突，特别要注意符合刑法基本原则的
要求。

　　（2）情节特别严重

　　我国刑法分则中，有 60 余个罪的加重构成是"情节特别严
重"。"情节特别严重"，有的是作为一级加重构成而存在的，有的
是作为二级加重构成而存在的。例如，《刑法》第 398 条规定：
"国家机关工作人员违反保守国家秘密法的规定，故意或者过失泄
露国家秘密，情节严重的，处 3 年以下有期徒刑或者拘役；情节特
别严重的，处 3 年以上 7 年以下有期徒刑。"这里的"情节特别严
重"是以基本构成要求的"情节严重"为基础的，属于一级加重
构成。又如，《刑法》第 399 条规定："司法工作人员徇私枉法、
徇情枉法，对明知是无罪的人而使他受追诉、对明知是有罪的人而
故意包庇不使他受追诉，或者在刑事审判活动中故意违背事实和法
律作枉法裁判的，处 5 年以下有期徒刑或者拘役；情节严重的，处
5 年以上 10 年以下有期徒刑；情节特别严重的，处 10 年以上有期
徒刑。"这里的"情节特别严重"是以作为一级加重构成的"情节
严重"为基础的，属于二级加重构成。

---

　　①　对"情节特别严重"的解释也应如此。

　　②　张明楷：《刑法分则的解释原理》，中国人民大学出版社 2004 年版，
第 41 页。

　　③　张明楷：《刑法分则的解释原理》，中国人民大学出版社 2004 年版，
第 52 页。

无论是作为一级加重构成还是作为二级加重构成，"情节特别严重"均是相对于"情节严重"而存在的，因此它是更为抽象、模糊的概念。然而，其"抽象程度越高，内容就越空洞"，① 就越难以进行具体化的解释，司法机关及其工作人员遇到该问题就更难判断、把握，也因此很难避免司法工作人员不滥用司法裁量权。所以，通过形成对"情节特别严重"的解释规则来指导司法适用，限制司法权滥用，保证对其解释、适用的协调性，实现罪责刑均衡很有必要。那么，如何提炼"情节特别严重"的解释规则呢？笔者认为，应在"情节特别严重"与"情节严重"的逻辑关系上做文章。由于"情节特别严重"是在"情节严重"的基础上加重法定刑的条件，因此，对于作为加重构成的"情节特别严重"的解释，应遵循以下规则：

第一，对于"情节特别严重"的解释应以"情节严重"的解释为基础。"情节特别严重"作为法定刑升格的条件，与"情节严重"具有内在的逻辑联系。在"情节严重"之上加上"特别"这种程度副词表明："情节特别严重"是相对于"情节严重"而存在的，没有"情节严重"，就谈不上"情节特别严重"，所以对"情节特别严重"进行解释时首先应考虑"情节严重"的解释内容。或者说，对"情节特别严重"的解释不能超越"情节严重"的事项范围，否则就违背了二者之间的逻辑关系。

第二，对于"情节特别严重"的解释应在"情节严重"的事项范围内进一步进行目的性限缩。所谓目的性限缩，就是"对于字义过宽而适用范围过大的法定规则，依法律规范的目的或其意义脉络，将其限制适用于宜于适用的范围，将不适宜的部分排除在外，也即'限缩'其适用范围"。② 之所以要对"情节特别严重"

---

① ［德］卡尔·拉伦茨：《法学方法论》，陈爱娥译，商务印书馆2005年版，第332页。

② 纵博：《刑事诉讼法漏洞填补中目的性限缩与扩张》，载《国家检察官学院学报》2011年第4期，第116页。

进行一定的限缩，是因为"情节特别严重"是法定刑升格的条件，犯罪行为一旦达到"情节特别严重"，就要进行更重的刑罚处罚；这也表明其社会危害性程度、刑事责任程度比"情节严重"的同样行为更重。因此，为保证处罚程度的合理性，实现罪责刑均衡，"情节特别严重"的事项范围理应比"情节严重"的事项范围要窄，且其社会危害性程度应比"情节严重"更高。通过目的性限缩来解释"情节特别严重"的事项范围有如下两种情形或途径：

一是通过减少"情节严重"的具体情节，并提高其中具体情节的社会危害性程度来解释"情节特别严重"。例如，《刑法》第336条首先规定了未取得医生职业资格的人非法行医情节严重的，构成非法行医罪；然后设置了"严重损害就诊人身体健康"和"造成就诊人死亡"两个单一的情节来对法定刑进行两次升格。毋庸置疑，这里作为构成要件的"情节严重"是需要解释的，但其内容至少存在两种以上的具体情节，否则立法者就没有必要用"情节严重"一词来表达本罪的构成要件，而是直接通过基本罪状的描述来明确构成要件。2008年最高人民法院出台的《关于审理非法行医刑事案件具体应用法律若干问题的解释》将"情节严重"解释为如下五种情节："①造成就诊人轻度残疾、器官组织损伤导致一般功能障碍的；②造成甲类传染病传播、流行或者有传播、流行危险的；③使用假药、劣药或不符合国家规定标准的卫生材料、医疗器械，足以严重危害人体健康的；④非法行医被卫生行政部门行政处罚两次以后，再次非法行医的；⑤其他情节严重的情形。"也就是说，构成非法行医罪的基本犯有五种情形，而刑法规定其法定刑两次升格的情节却是单一的。显然，本罪法定刑两次升格的条件是通过减少基本构成中"情节严重"的具体情节，并提高①、③种情节的社会危害性程度来实现的。由此可见，对"情节特别严重"的解释完全可以通过减少"情节严重"的具体情节，并提高其中情节的违法性程度来限缩。

二是不减少"情节严重"的具体情节，纯粹通过提高属于"情节严重"的具体情节的违法性程度来解释"情节特别严重"。

例如,《刑法》第358条对组织卖淫罪、强迫卖淫罪的法定刑升格到"10年以上有期徒刑或者无期徒刑,并处罚金或者没收财产"规定了"组织他人卖淫情节严重"、"强迫不满14周岁的幼女卖淫"等五种情形,然后,另设一款规定:"有前款所列情形之一,情节特别严重的,处无期徒刑或者死刑,并处没收财产。"从这种规范表达来看,其立法目的是:第一次法定刑升格的五种情形均在"情节特别严重"范围,只要违法性程度加重,法定刑均可升格到无期徒刑或者死刑。既然立法者在法条中作出了这样的规定,那么,对此处"情节特别严重"的解释,就不能减少五种情形中的任何一种情形,只能通过加重五种情形的违法性程度来实现对组织卖淫罪和强迫卖淫罪"情节特别严重"的解释。

从"两高"的司法解释对一些犯罪中的"情节特别严重"的解释性规定来看,基本上体现了上述解释规则。例如,最高人民法院2001年5月16日起施行的《关于审理非法制造、买卖、运输枪支、弹药、爆炸物等刑事案件具体应用法律若干问题的解释》第3条对《刑法》第126条规定的违规制造、销售枪支罪中的"情节特别严重"进行了解释。该解释规定,"具有下列情形之一的,属于刑法第126条规定的'情节特别严重':①违规制造枪支50支以上;②违规销售枪支30支以上;③达到本条第2款规定的最低数量标准,① 并具有造成严重后果等其他恶劣情节的"。这个解释规定主要以违规制造、销售枪支的数量来表征情节特别严重,体现了违规制造、销售枪支罪的行为特点,符合刑法立法精神。又如,最高人民法院、最高人民检察院2004年12月22日起施行的《关于办理侵犯知识产权刑事案件具体应用法律若干问题的解释》第3条对《刑法》第215条规定的非法制造、销售非法制造的注册商标标识罪中"情节特别严重"进行了解释。该解释规定,具有下列情形之一的,属于《刑法》第215条规定的"情节特别严重":

---

① 本条第2款规定的数量标准为:违规制造枪支20支以上;违规销售枪支10支以上。

①伪造、擅自制造或者销售伪造、擅自制造的注册商标标识数量在10 万件以上，或者非法经营数额在 25 万元以上的；②伪造、擅自制造或者销售伪造、擅自制造两种以上注册商标标识数量在 5 万件以上，或者非法经营数额在 15 万元以上的；③其他情节特别严重的情形。该解释规定既以伪造、销售伪造的注册商标标识数量，又以非法经营数额作为情节特别严重的表征，符合立法精神。再如，最高人民法院、最高人民检察院 2004 年 9 月 6 日起施行的《关于办理利用互联网、移动通讯终端、声讯台制作、复制、出版、贩卖、传播淫秽电子信息刑事案件具体应用法律若干问题的解释》第 2 条对《刑法》第 363 条第 1 款规定的制作、复制、出版、贩卖、传播淫秽物品牟利罪中的"情节特别严重"进行了解释。该解释规定，达到该解释第 1 条定罪标准的 5 倍以上，属于"情节严重"；达到该解释第 1 条定罪标准的 25 倍以上，属于"情节特别严重"。这个解释规定也符合刑法精神。

然而，有的司法解释将受过刑事处罚或行政处罚后再犯同种罪的情形解释到作为加重构成的"情节特别严重"中，是违反刑法精神的。例如，最高人民法院、最高人民检察院 1999 年 10 月 9 日《关于办理组织和利用邪教组织犯罪案件具体应用法律若干问题的解释》规定，具有下列情形之一的，属于《刑法》第 300 条第 2 款中的"情节特别严重"：①造成 3 人以上死亡的；②造成死亡人数不满 3 人，但造成多人重伤的；③曾因邪教活动受过刑事或者行政处罚，又组织和利用邪教组织蒙骗他人，致人死亡的；④造成其他特别严重后果的。这里的①、②、④项纳入"情节特别严重"是没有问题的，有问题的是第③项。因为"曾因邪教活动受过刑事或者行政处罚"的情形，不仅包括了累犯，而且包括了不构成累犯的情形。根据《刑法》第 65 条规定，累犯只能从重处罚；而司法解释的上述第③项不仅导致累犯加重处罚，而且导致不构成累犯的再犯甚至连再犯也不成立的情形也加重处罚，这是违反刑法精神的。① 又如，最高人民法院 1996 年 12 月 24 日《关于审理诈骗案件具体应用法律若干问题的解释》第 1 条规定，具有下列情形之一的，属于诈骗罪中的"情节特别严重"：①诈骗集团的首要分子或者共同诈骗犯罪中情节严重的主犯；②惯犯或者流窜作案危害严重的；③诈骗法人、其他组织或者个人急需的生产资料，严重影响生产或者造成其他严重损失的；④诈骗救灾、抢险、防汛、优抚、救济、医疗款物，造成严重后果的；⑤挥霍诈骗的财物，致使诈骗的财物无法返还的；⑥使用诈骗的财物进行违法犯罪活动的；⑦曾因诈骗受过刑事处罚的；⑧导致被害人死亡、精神失常或者其他严重后果的；⑨具有其他严重情节的。上述第①、②、③、④、⑧、⑨项作为诈骗罪"情节特别严重"的表征是没有问题的，但是，第⑤、⑥项是诈骗后对财物的处理和使用，属于罪后情节或事后行为，不应作为加重法定刑的情节。第⑦项将因诈骗受过刑事处罚作为加重构成与累犯从重处罚制度相冲突，因为构成累犯只能从重处罚，而受过刑事处罚还不一定构成累犯，所以将受过刑事处罚作为加重处罚的条件与累犯从重处罚制度不协调，违反了刑法精神。

2. 作为刑事责任增量根据之"数额（量）巨大"、"数额（量）特别巨大"

（1）数额（量）巨大

我国刑法分则中有 40 余个条文规定了"数额巨大"，其中有的是作为犯罪构成客观方面要件的要素规定的。例如，《刑法》第 160 条规定："在招股说明书、认股书、公司、企业债券募集办法中隐瞒重要事实或者编造重大虚假内容，发行股票或者公司、企业债券，数额巨大、后果严重或者有其他严重情节的，处 5 年以下有期徒刑或者拘役，并处或者单处非法募集资金金额 1% 以上 5% 以下罚金。"这里的"数额巨大"是欺诈发行股票、债券罪的客观方

---

① 参见张明楷：《刑法分则的解释原理》，中国人民大学出版社 2004 年版，第 244 页。

面要件的选择性要素。此外，《刑法》第 165 条将获取非法利益"数额巨大"作为非法经营同类营业罪的客观方面要件的要素，《刑法》第 218 条将违法所得"数额巨大"作为销售侵权复制品罪的客观方面要件的要素。① 有的"数额巨大"是作为一级加重构成规定在个罪中的。例如，《刑法》第 171 条规定："出售、购买伪造的货币或者明知是伪造的货币而运输，数额较大的，处 3 年以下有期徒刑或者拘役，并处 2 万元以上 20 万元以下罚金；数额巨大的，处 3 年以上 10 年以下有期徒刑，并处 5 万元以上 50 万元以下罚金；数额特别巨大的，处 10 年以上有期徒刑或者无期徒刑，并处 5 万元以上 50 万元以下罚金或者没收财产。"这里的"数额巨大"是在数额较大的基础上设置的，属于一级加重构成。这种情况在我国刑法分则中比较多，如第 163 条、第 164 条、第 172 条、第 173 条、第 175 条、第 176 条、第 178 条、第 192 条、第 193 条、第 194 条、第 196 条、第 197 条、第 198 条、第 204 条、第 224 条、第 227 条，等等。只不过有的"数额巨大"是作为一级加重构成的选择性条件规定的，例如，《刑法》第 224 条将"数额巨大"与"其他严重情节"一起规定，作为合同诈骗罪第一加重构成的选择性条件。但是，也有少数几个罪将"数额巨大"作为一级加重构成并不以"数额较大"为构罪条件，例如，《刑法》第 209 条规定："伪造、擅自制造或者出售伪造、擅自制造的可以用于骗取出口退税、抵扣税款的其他发票的，处 3 年以下有期徒刑、拘役或者管制，并处 2 万元以上 20 万元以下罚金；数量巨大的，处 3 年以上 7 年以下有期徒刑，并处 5 万元以上 50 万元以下罚金；数量特别巨大的，处 7 年以上有期徒刑，并处 5 万元以上 50 万元以下罚金或者没收财产。"这里的"数量巨大"是一级加重构成，但该罪的基本构成中并没有"数量较大"的要求。

刑法中还有少数罪将"数额（量）巨大"作为二级加重构成。例如，《刑法》第 205 条第 1 款规定："虚开增值税专用发票或者

---

① 这种情况在我国刑法分则中并不多见。

虚开用于骗取出口退税、抵扣税款的其他发票的，处 3 年以下有期徒刑或者拘役，并处 2 万元以上 20 万元以下罚金；虚开的税款数额较大或者有其他严重情节的，处 3 年以上 10 年以下有期徒刑，并处 5 万元以上 50 万元以下罚金；虚开的税款数额巨大或者有其他特别严重情节的，处 10 年以上有期徒刑或者无期徒刑，并处 5 万元以上 50 万元以下罚金或者没收财产。"这里的"数额较大或者有其他严重情节"属于一级加重构成，而"数额巨大或者有其他特别严重情节"属于二级加重构成。又如，《刑法》第 207 条规定："非法出售增值税专用发票的，处 3 年以下有期徒刑、拘役或者管制，并处 2 万元以上 20 万元以下罚金；数量较大的，处 3 年以上 10 年以下有期徒刑，并处 5 万元以上 50 万元以下罚金；数量巨大的，处 10 年以上有期徒刑或者无期徒刑，并处 5 万元以上 50 万元以下罚金或者没收财产。"这里的"数量较大"属于一级加重构成，而"数量巨大"属于二级加重构成。

数额（量）巨大无论是作为一级加重构成，还是作为二级加重构成，都是刑事责任增量的法律根据。从刑法分则诸多条文将数额巨大与"其他严重情节"或"其他特别严重情节"概念并列规定在一起可以发现，数额巨大实际上是情节严重或情节特别严重的具体表现之一，或者说它是情节严重或情节特别严重的具体化。正因为如此，数额巨大与情节严重或情节特别严重的关系是具体与抽象的关系，数额巨大可以在一定程度上限制个罪的处罚程度，使刑事责任增量受到限制。但是，数额巨大仍然是一个模糊性概念，它与诸如"20 万元以上 50 万元以下"之类的明确型数额幅度相比，仍然具有很大的适用解释空间，司法者仍然具有很大的自由裁量权。刑法如此规定，是不能保障犯罪人对自己行为后果的预测可能性的。当然，刑法分则以"数额巨大"的模糊性规定比明确型数额规定也有一些好处，它能让司法者根据社会发展变化来确定具体的数额标准，从而能使稳定的刑法适应社会发展变化的要求，保持刑法的安定性，也有利于保护法益。

既然立法上"数额巨大"的概念具有模糊性，而司法实践要面对和处理各种涉及犯罪数额巨大的案件，那么就需要确定数额巨大的标准。而数额巨大标准的确定不但关系到处罚程度的合理性，而且直接关系到犯罪人的人身自由、财产等权利的剥夺，因此应全面考量、综合评定。犯罪数额巨大标准的确定，既要遵循刑事法治的基本理念，符合刑法的基本原则和要求，又要具有一定的前瞻性，尽量使之与不断变化的客观实际相适应，使数额巨大标准确定得合理适当，具有可操作性。① 具体来说，确定数额巨大的标准应注意以下几个方面的要求：

第一，犯罪数额巨大是犯罪的社会危害性程度的具体表现形式，其确定根据只能是犯罪的社会危害性程度。因此，司法实践中数额巨大标准的确定应能准确地反映犯罪的社会危害性程度。对于具有不同社会危害程度的犯罪应有不同的数额巨大的标准，这样才能实现司法中罪与刑的均衡。

第二，行为性质及社会危害性相似的犯罪，数额巨大的标准应大致相同。犯罪是具有严重社会危害性的行为，犯罪行为的性质及社会危害性相似，表明犯罪的罪质基本相同，而罪质基本相同的犯罪，只有数额巨大的标准大致相同，才能体现个罪与个罪之间的罪刑协调。

第三，犯罪数额巨大标准的确定应当与社会经济发展水平协调一致。犯罪的社会危害性程度是客观结果与主观评价的统一，受到人们主观评价标准的影响。不同时代人们对同样犯罪的社会危害性程度的评价标准是不一样的，具有明显的时代特征。因此，确定犯罪数额巨大的标准应与时俱进。只有这样才能在一定的限度和范围内取得法律的相对稳定性与社会生活的变动性之间的基本平衡。在一定历史时期内，数额巨大标准与社会经济发展水平之间是呈正比例关系的。经济发展水平越低，人们对财产的价值评价越高，犯罪数额标准就不宜太高，反之亦然。目前我国各地经济发展极不平

---

① 参见丁英华：《确定犯罪数额标准的原则与方法》，载《法律适用》2008 年第 12 期，第 27 页。

衡，同样大小数额的财产在沿海经济发达地区和内地偏远山区的价值评价差异很大，犯罪数额巨大的标准不能也无法等同，只能因各地实际而有所差别。

第四，犯罪数额巨大的标准应有一定的弹性，但不可太大。绝对确定型的数额标准虽然能够保障犯罪人对自己行为后果的预测可能性，但不利于刑事责任量的确定与社会发展变化同步，不能准确反映犯罪社会危害程度的变化；而且如果将数额巨大的标准绝对化，就需要根据社会变化来不断修改数额标准，否则数额标准就会脱离社会变化的实际，不能反映犯罪的社会危害性程度。而根据社会变化不断修改数额标准又会给司法实践带来许多问题。因此，不应将数额巨大的标准绝对确定，而应将数额巨大的标准确定为一个幅度范围，即应是相对确定的数额巨大标准。但是，数额巨大的幅度范围不可太大。如果幅度范围太大，就容易导致不同地区、不同司法机关量刑上的不平衡，损害刑法人权保障功能。

第五，数额巨大的幅度标准应当明确，避免使用模糊含混、不明确的语言来表述。只有数额巨大的幅度标准明确，才能使犯罪人据此预测自己行为的刑事法律后果，实现犯罪人的人权保障。

然而，从我国"两高"对一些犯罪数额巨大的司法解释看，有的对数额巨大的解释可以说基本上体现了上述要求。例如，2000年9月8日最高人民法院《关于审理伪造货币等案件具体应用法律若干问题的解释》第3条规定，出售、购买假币或者明知是假币而运输，总面额在5万元以上不满20万元的，属于"数额巨大"。该司法解释第5条规定，明知是假币而持有、使用，总面额在5万元以上不满20万元的，属于"数额巨大"。这种对数额巨大的解释有一定的弹性；而且出售、购买、运输假币罪与持有、使用假币罪都是假币犯罪，行为的社会危害性基本相同，司法解释将这两个罪加重构成的"数额巨大"确定为相同的标准，是适当的。又如，有关司法解释将盗窃罪数额巨大的标准与抢夺罪数额巨大的标准都定为5000元至2万元以上，也反映了同类犯罪性质应有基本相同的数额巨大标准的要求。但是，也有的司法解释明显存在对性质相

同的犯罪确定数额巨大的标准不同的问题。例如，1998 年 3 月 26
日最高人民法院、最高人民检察院、公安部《关于盗窃罪数额认
定标准问题的规定》将盗窃公私财物数额巨大的标准确定为以
5000 元至 2 万元为起点。而 1999 年 2 月 4 日最高人民法院、最高
人民检察院、公安部《关于铁路运输过程中盗窃罪数额认定标准
问题的规定》将铁路运输过程中盗窃数额巨大的标准规定为以 1
万元为起点。同样是盗窃犯罪，又是相同机关规定的数额巨大标
准，只是因为盗窃的外在环境不同就确定为不同的标准，是不合理
的，需要修改。

（2）数额（量）特别巨大

我国刑法中有 20 余个条文规定了数额（量）特别巨大。数额
（量）特别巨大基本上是作为二级加重构成规定的。例如，《刑法》
第 172 条规定："明知是伪造的货币而持有、使用，数额较大的，
处 3 年以下有期徒刑或者拘役，并处或者单处 1 万元以上 10 万元
以下罚金；数额巨大的，处 3 年以上 10 年以下有期徒刑，并处 2
万元以上 20 万元以下罚金；数额特别巨大的，处 10 年以上有期徒
刑，并处 5 万元以上 50 万元以下罚金或者没收财产。"这里的
"数额较大"属于基本构成条件，"数额巨大"属于一级加重构成，
"数额特别巨大"属于二级加重构成。当然，也有个别罪中的数额
特别巨大属于一级加重构成。例如，《刑法》第 170 条规定，伪造
货币数额特别巨大的，处 10 年以上有期徒刑、无期徒刑或者死刑，
并处 5 万元以上 50 万元以下罚金或者没收财产。这里的伪造货币
数额特别巨大是在基本构成的基础上加重法定刑的情形之一。刑法
中也曾有个别罪中的数额特别巨大属于三级加重构成的要素之一。
例如，《刑法》第 205 条第 2 款规定，"有前款行为骗取国家税款，
数额特别巨大，情节特别严重，给国家利益造成特别重大损失的，
处无期徒刑或者死刑，并处没收财产"。① 该条规定的虚开增值税
专用发票、用于骗取出口退税、抵扣税款的发票罪的一级加重构成

---

① 此款已经被《刑法修正案（八）》删除。

是"虚开的税款数额较大或者有其他严重情节",二级加重构成是"虚开的税款数额巨大或者有其他特别严重情节",因此数额特别巨大是其三级加重构成的要素之一。

数额（量）特别巨大作为二级加重构成，一般是作为选择性条件与"其他特别严重情节"概念一起规定的。例如，《刑法》第192 条规定："以非法占有为目的，使用诈骗方法非法集资，数额较大的，处 5 年以下有期徒刑或者拘役，并处 2 万元以上 20 万元以下罚金；数额巨大或者有其他严重情节的，处 5 年以上 10 年以下有期徒刑，并处 5 万元以上 50 万元以下罚金；数额特别巨大或者有其他特别严重情节的，处 10 年以上有期徒刑或者无期徒刑，并处 5 万元以上 50 万元以下罚金或者没收财产。"从"数额特别巨大或者有其他特别严重情节"的规定可见，数额（量）特别巨大是情节特别严重的具体表现，数额（量）特别巨大与情节特别严重之间的关系是具体与抽象的关系。但是，相对于具体的数额规定而言，数额（量）特别巨大仍然是一个十分模糊的概念，为司法者提供了巨大的解释空间。而在司法适用中必须有明确的数额标准的情况下，就有必要探讨如何确定数额（量）特别巨大的标准问题。笔者认为，司法者解释和适用"数额（量）特别巨大"规定时，应遵从以下几个方面的规则确定其标准：

首先，数额（量）特别巨大的标准应与罪、刑相适应。所谓与罪相适应，就是在确定数额（量）特别巨大的标准时，考虑该罪的犯罪性质及其体现的社会危害性；所谓与刑相适应，就是在确定数额（量）特别巨大的标准时，考虑立法者为该罪数额（量）特别巨大配置的法定刑状况，从而使数额（量）特别巨大的标准体现该罪加重构成的社会危害性程度与刑事责任量、刑罚量的均衡。

其次，数额（量）特别巨大的标准应以数额巨大的标准为基础，并保持适当的差距。数额（量）特别巨大是在数额（量）巨大基础上设置的加重构成，因此，对数额（量）特别巨大的解释应以数额（量）巨大的解释为基础，遵循前述的数额（量）巨大的解释要求。但是，数额（量）特别巨大是使该罪的法定刑进一步加重的条件，因而又必须与数额（量）巨大的标准拉开差距，才能体现罪责刑相适应。至于拉开多大的差距，就要考虑该罪的犯罪性质及法定刑配置状况。

再次，数额（量）特别巨大的标准应与同类犯罪中其他个罪数额（量）特别巨大的标准相协调，从而体现罪与罪之间的罪责均衡。

最后，数额（量）特别巨大的标准应具有一定的弹性或幅度，但不可太大；如果幅度太大，司法自由裁量权太大，就很难保证量刑平衡。

总的来说，数额（量）特别巨大标准的确定，无论是从某一罪的数额（量）较大、数额（量）巨大、数额（量）特别巨大三者的纵向比较关系，还是从该罪与其他同类犯罪的数额（量）特别巨大的横向比较关系来看，都应是合理协调的，符合罪责刑相适应原则要求的。

然而，从我国对"数额特别巨大"的司法解释看，有的司法解释明显存在问题。其主要问题是同类犯罪的个罪之间数额特别巨大的标准不协调。例如，盗窃罪、抢夺罪和诈骗罪都是侵财型犯罪，行为性质基本相同，对犯罪数额特别巨大的法定刑配置也相同，但是，有关司法解释确定盗窃公私财物"数额特别巨大"的起点标准为 30 万元至 50 万元，[①] 确定抢夺公私财物"数额特别巨大"的起点标准为 20 万元至 40 万元，而确定诈骗公私财物"数额特别巨大"的起点标准却为 50 万元。[②] 诈骗罪与盗窃罪、抢夺罪"数额特别巨大"的标准相差太大。

又如，根据《刑法》第 170 条规定，伪造货币数额特别巨大

---

① 参见 2013 年 4 月 4 日最高人民法院、最高人民检察院《关于办理盗窃刑事案件适用法律若干问题的解释》。

② 参见 2013 年 11 月 18 日最高人民法院、最高人民检察院《关于办理抢夺刑事案件适用法律若干问题的解释》第 1 条。

的，处 10 年以上有期徒刑、无期徒刑或者死刑，并处 5 万元以上
50 万元以下罚金或者没收财产；根据《刑法》第 171 条规定，出
售、购买、运输假币，数额特别巨大的，处 10 年以上有期徒刑或
者无期徒刑，并处 5 万元以上 50 万元以下罚金或者没收财产；根
据《刑法》第 172 条规定，持有、使用假币，数额特别巨大的，
处 10 年以上有期徒刑，并处 5 万元以上 50 万元以下罚金或者没收
财产。从上述三个罪"数额特别巨大"的不同法定刑来看，伪造
货币罪的社会危害性最大，出售、购买、运输假币罪次之，持有、
使用假币罪的社会危害性最小。若从罪责刑相适应的要求来考虑，
确定三个罪的"数额特别巨大"的标准就应有所区别，但是，有
关司法解释将"伪造货币数额特别巨大"的起点标准确定为总面
额 3 万元以上，而将出售、购买、运输假币"数额特别巨大"和
持有、使用假币"数额特别巨大"的起点标准均确定为总面额 20
万元以上。①

再如，根据《刑法》第 192 条规定，集资诈骗数额特别巨大
的，处 10 年以上有期徒刑或者无期徒刑，并处 5 万元以上 50 万元
以下罚金或者没收财产；根据《刑法》第 193 条规定，贷款诈骗
数额特别巨大的，处 10 年以上有期徒刑或者无期徒刑，并处 5 万
元以上 50 万元以下罚金或者没收财产；根据《刑法》第 194 条规
定，票据诈骗数额特别巨大的，处 10 年以上有期徒刑或者无期徒
刑，并处 5 万元以上 50 万元以下罚金或者没收财产；根据《刑
法》第 195 条规定，信用证诈骗数额特别巨大的，处 10 年以上有
期徒刑或者无期徒刑，并处 5 万元以上 50 万元以下罚金或者没收
财产；根据《刑法》第 196 条规定，信用卡诈骗数额特别巨大的，
处 10 年以上有期徒刑或者无期徒刑，并处 5 万元以上 50 万元以下
罚金或者没收财产。可见上述五种金融诈骗犯罪"数额特别巨大"
的法定刑相同，因而其数额特别巨大的标准应基本一致。但是，有

① 参见 2000 年 4 月 20 日最高人民法院《关于审理伪造货币等案件具体
应用法律若干问题的解释》。

关司法解释却对其确定了不同的标准。其中个人集资诈骗"数额特别巨大"的标准为 100 万元以上；个人贷款诈骗"数额特别巨大"的标准为 20 万元以上；个人票据诈骗"数额特别巨大"的标准为 10 万元以上；个人信用证诈骗"数额特别巨大"的标准为 50 万元以上；个人进行信用卡诈骗"数额特别巨大"的标准为 20 万元以上。① 在行为性质基本相同、法定刑配置相同的情况下，数额特别巨大的标准相差如此之大，实难理解。笔者认为应对其进行修改。

此外，有的司法解释对数额特别巨大确定的标准幅度太大。例如，1998 年 3 月 26 日最高人民法院、最高人民检察院、公安部《关于盗窃罪数额认定标准问题的规定》将盗窃公私财物"数额特别巨大"的起点标准确定为 3 万元至 10 万元；2002 年 7 月 16 日最高人民法院《关于审理抢夺刑事案件具体应用法律若干问题的解释》第 1 条将抢夺公私财物"数额特别巨大"的起点标准确定为价值人民币 3 万元至 10 万元。这种太大的幅度标准容易造成地区之间的量刑失衡，不能保证不同地区犯罪人适用刑法的平等性，也应对其进行修改。

3. 作为刑事责任增量根据之"严重后果"、"特别严重后果"

（1）严重后果（后果严重）

我国刑法分则中有近 40 个条款规定了"造成严重后果"或"后果严重"，主要是作为基本构成要件规定的。例如，《刑法》第 129 条规定："依法配备公务用枪的人员，丢失枪支不及时报告，造成严重后果的，处 3 年以下有期徒刑或者拘役。"这里的"造成严重后果"是丢失枪支不报罪的客观方面要件。但是，也有 10 余个条文将"造成严重后果"或"后果严重"作为加重构成予以规定。例如，《刑法》第 119 条规定："破坏交通工具、交通设施、电力设备、燃气设备、易燃易爆设备，造成严重后果的，处 10 年

---

① 参见 1996 年 12 月 24 日最高人民法院《关于审理诈骗案件具体应用法律若干问题的解释》。

以上有期徒刑、无期徒刑或者死刑。"这里的"造成严重后果"是破坏交通工具罪、破坏交通设施罪、破坏电力设备罪、破坏易燃易爆设备罪的加重构成。然而，对于作为加重构成的"造成严重后果"，目前只有最高人民法院对《刑法》第124条规定的破坏广播电视设施、公用电信设施罪中的"造成严重后果"作出了司法解释，① 而其他作为加重构成的"造成严重后果"如何认定均缺乏司法解释。因此，提炼作为加重构成的"造成严重后果"的解释规则，对于司法适用的统一与平衡具有重要意义。

与"情节严重"相比，"严重后果"是一个相对具体的概念，可以说是"情节严重"的一种具体表现，但是，从"严重"、"后果"二词来看，它仍然是一个模糊性概念，在不同的个罪中仍然需要进一步具体化，司法机关及其工作人员才能准确把握。从形式上看，"严重后果"可以分为有形的后果和无形的后果两类；从因果关系上看，严重后果包括行为直接造成的后果和行为间接造成的后果；从内容上看，有形的严重后果包括人身伤亡、财产损失等方面的内容；无形的严重后果包括精神损害、社会影响恶劣等方面的内容。

作为加重构成的"造成严重后果"具有限制处罚程度的功能，行为只有造成严重后果，才能对其加重法定刑进行处罚。因此，司法实践中是否对某种犯罪加重法定刑进行处罚，"严重后果"的认定至关重要。例如，《刑法》第124条对破坏广播电视设施、公用电信设施罪规定的基本刑为3年以上7年以下有期徒刑，但是，如果行为造成严重后果的，要处7年以上有期徒刑。在此种情况下，司法实践中对本罪到底选择何种法定刑进行处罚，关键要看本罪是否"造成严重后果"。没有造成严重后果的，处基本刑；造成严重后果的，处加重刑。那么，如何解释个罪中作为加重构成的"严重后果"呢？笔者认为，应注意以下几个方面的规则：

---

① 参见2004年12月30日最高人民法院《关于审理破坏公用电信设施刑事案件具体应用法律若干问题的解释》。

第一，应根据"造成严重后果"存在的基本犯的不同来解释"严重后果"。从作为加重构成的"严重后果"所在个罪的基本犯来看，"严重后果"存在的基本犯有以下四种类型：①以行为犯为存在基础。例如，《刑法》第122条规定的"造成严重后果"是劫持船只、汽车罪的加重构成。而本罪的基本犯是行为犯，即行为人只要实行"以暴力、胁迫或者其他方法劫持船只、汽车"的行为，就构成犯罪既遂。① 又如，《刑法》第278条规定的"造成严重后果"是煽动暴力抗拒法律实施罪的加重构成。而本罪的基本犯也是行为犯，② 即行为人只要实行"煽动群众暴力抗拒国家法律、行政法规实施"的行为，就构成犯罪既遂。②以危险犯为存在基础。例如，《刑法》第123条规定的"造成严重后果"是暴力危及飞行安全罪的加重构成。而本罪的基本犯是危险犯，即行为人对飞行中的航空器上的人员使用暴力只要危及飞行安全，即使没有造成严重后果，也构成本罪的既遂。③ ③以情节犯为存在基础。例如，《刑法》第402条规定的"造成严重后果"是徇私舞弊不移交刑事案件罪的加重构成。而本罪的基本犯是情节犯，即行政执法人员徇私舞弊，对依法应当移交司法机关追究刑事责任的案件而不移交的行为，只有达到情节严重的，才构成本罪。④以数额犯为存在基础，即犯罪的基本犯是数额犯，其加重构成是"造成严重后果"。例如，《刑法》第276条之一规定的"造成严重后果"是拒不支付劳动报酬罪的加重构成。而本罪的基本犯是数额犯，即单位或个人拒不支付劳动报酬只有达到数额较大，才能构成本罪。

由于行为犯、危险犯、情节犯、数额犯的基本构成要求不同，

---

① 参见高铭暄、马克昌主编：《刑法学》，北京大学出版社、高等教育出版社2010年版，第391页。

② 参见高铭暄、马克昌主编：《刑法学》，北京大学出版社、高等教育出版社2010年版，第592页。

③ 参见高铭暄、马克昌主编：《刑法学》，北京大学出版社、高等教育出版社2010年版，第391页。

进而作为其加重构成要件的"严重后果"或"后果严重"的范围和程度必有不同，因此，应根据上述四种不同类型来具体化地确定"造成严重后果"或"后果严重"的范围和程度。

首先，以行为犯为基础的"造成严重后果"或"后者严重"的范围和程度应根据犯罪的实行行为本身的特征确定。由于行为犯是刑法分则规定的基本的犯罪构成不要求有危害结果的发生，只要实行行为一俟完毕，基本构成要件即为齐备的犯罪类型，[①] 其实行行为与法益侵害同在，或者说，行为对法益的侵害与实行行为本身不存在时间上的分离；而且，行为犯的实行行为对法益的侵害程度取决于实行行为本身的程度，因此，行为犯的实行行为"造成严重后果"或"后果严重"的范围和程度，只能根据实行行为本身的特征来确定。例如，劫持船只、汽车罪的实行行为是劫持正在行驶中的船只、汽车。行为人一旦实行劫持船只、汽车的行为，就会危及公共安全，可能造成人身伤亡和财产损失；如果劫持涉外船只、汽车，甚至还可能产生恶劣的社会影响。因此，其"严重后果"的范围和程度确定不但要考虑劫持行为导致的人身伤亡和财产损失的数量，还应考虑是否产生恶劣的社会影响等后果。

其次，以危险犯为基础的"造成严重后果"或"后果严重"的范围和程度应根据危险行为危及公共安全的范围和程度确定。危险犯是以行为人实施的危害行为造成法律规定的发生某种危害结果的危险状态作为既遂标志的犯罪。[②] 危险犯与行为犯有一定的相同之处，即两者在构成要件上都不要求对刑法所保护的法益产生实际的损害。但是两者存在明显的区别：行为犯的构成不要求实行行为有对法益产生实害结果的现实可能性，而危险犯的构成则要求危险行为有产生实害结果的现实可能性（危险状态）。因此，在解释论

[①] 参见李希慧、童伟华：《论行为犯的构造》，载《法律科学》2002 年第 6 期。

[②] 高铭暄、马克昌主编：《刑法学》（第五版），北京大学出版社、高等教育出版社 2011 年版，第 148 页。

上，以危险犯为基础的"造成严重后果"或"后果严重"的程度就应高于以行为犯为基础的"造成严重后果"或"后果严重"。再者，危险犯虽然不要求发生现实的危害结果，但应危及公共安全，所以"严重后果"的范围应考虑危及的公共安全范围。例如，暴力危及飞行安全罪危及的是公共安全，对于本罪中的"造成严重后果"的解释，应考虑暴力行为危及飞行安全的范围，因此，"造成严重后果"的范围应包括暴力行为直接导致飞机倾覆、毁损、坠毁或被迫改变降落时间、地点及被迫返航和间接导致人员重伤、死亡以及重大财产损失。

再次，以情节犯为基础的"造成严重后果"或"后果严重"的范围确定应对"情节严重"的范围进行限缩。情节犯是刑法分则明文规定的、以"情节严重"或"情节恶劣"作为犯罪成立条件的犯罪。"情节"是"一个综合性的概念，既包括决定社会危害性及其程度的行为事实，也包括反映人身危险性及其大小的行为人情况"，[①] 具体包括犯罪主体、犯罪主观方面、犯罪对象、犯罪手段、犯罪结果等罪中情节和犯罪前的表现、犯罪后的态度等罪外情节。立法者既然不以"情节特别严重"而以"造成严重后果"或"后果严重"作为情节犯的加重构成，这就意味着立法者意图缩小该罪加重构成的范围。因此，司法者对此种情形下的"严重后果"或"后果严重"进行解释时，首先应缩小"情节严重"中"情节"的事项范围，将不属于"后果"的诸如犯罪主体、犯罪主观方面、犯罪对象、犯罪手段、罪外情节等情节排除在"严重后果"或"后果严重"的范围之外；然后以"情节严重"中的"后果"情节为基础，通过提高该"后果"的社会危害性程度指标，得出"严重后果"或"后果严重"的解释结论。

最后，以数额犯为基础的"造成严重后果"的范围和程度应根据特定犯罪对象的意义确定。数额犯是刑法分则明文规定的、以

---

① 刘树德：《罪状之辨析与界定》，载《国家检察官学院学报》1999 年第 4 期。

"数额较大"或"数额巨大"作为犯罪构成客观方面要素的犯罪。数额犯实际上是一种结果犯。这里的"数额"一般是指针对一定的对象实行犯罪所取得或造成损失的财物数量或其经济价值量。立法者既然不以"数额巨大"或"数额特别巨大"而以"造成严重后果"作为数额犯的加重构成，意在扩大数额犯加重法定刑的条件范围，因为"后果"的外延比作为犯罪结果的犯罪数额要宽泛得多。可以说，此处的"严重后果"是犯罪数额之外的结果，是行为人针对某种特定对象实行犯罪后所带来的后果，属于间接危害结果。因此，"严重后果"的范围和程度只能根据特定犯罪对象所具有的意义确定。例如，拒不支付劳动报酬罪的特定犯罪对象是劳动者的劳动报酬。而劳动报酬是劳动者及其家庭的生活所需，如果劳动者的劳动报酬得不到支付，就会导致其本人或者家人的基本生活受到严重影响、有病无法医治等后果，这种后果就是拒不支付劳动者的劳动报酬数额较大所造成的严重后果。

　　第二，从立法意旨看，"严重后果"或"后果严重"的内容不应仅限于人身伤亡和财产损失。如果"严重后果"或"后果严重"只限于人身伤亡和财产损失，那么立法者就会在法条中予以明确，就不会用"严重后果"或"后果严重"的用语来表达。这可以运用体系解释方法从一些个罪的规定中推知。例如，《刑法》第114条规定："放火、决水、爆炸以及投放毒害性、放射性、传染病病原体等物质或者以其他危险方法危害公共安全，尚未造成严重后果的，处3年以上10年以下有期徒刑。"《刑法》第115条规定："放火、决水、爆炸以及投放毒害性、放射性、传染病病原体等物质或者以其他危险方法致人重伤、死亡或者使公私财产遭受重大损失的，处10年以上有期徒刑、无期徒刑或者死刑。"第114条用了"尚未造成严重后果"的表达，而第115条没有用"造成严重后果"的表达，而是用了"致人重伤、死亡或者使公私财产遭受重大损失"这种比"造成严重后果"更为具体的表达来限制加重本罪法定刑的条件范围。又如，《刑法》第121条对劫持航空器罪作了如此规定："以暴力、胁迫或者其他方法劫持航空器的，处10

年以上有期徒刑或者无期徒刑；致人重伤、死亡或者使航空器遭受严重破坏的，处死刑。"刑法对劫持航空器罪加重法定刑的条件也没有使用"严重后果"的表达，而是用了"致人重伤、死亡或者使航空器遭受严重破坏"的表达来限制劫持航空器罪死刑的条件范围。由此可见，从立法意旨考察，作为加重构成要件的"严重后果"的范围应该比有形的人身伤亡和财产损失的范围更为广泛，它不但包括有形的后果，而且可能包括无形的后果；不但包括直接后果，而且可能包括间接后果。

第三，"严重后果"或"后果严重"的内容具体到某一个罪中，是否包括无形的后果或间接后果，应根据个罪的行为性质及犯罪对象的意义确定。"严重后果"或"后果严重"是犯罪行为作用于犯罪对象产生的危害结果，因而犯罪行为及对象不同，"严重后果"或"后果严重"的范围可能不同。例如，破坏广播电视设施、公用电信设施罪的危害行为是破坏，其对象是广播电视设施、公用电信设施，其加重法定刑的"严重后果"的确定，就要考虑"破坏"的行为性质和"广播电视设施、公用电信设施"这种犯罪对象的意义。2004 年 12 月 30 日最高人民法院公布的《关于审理破坏公用电信设施刑事案件具体应用法律若干问题的解释》第 2 条规定，具备下列情形之一的，属于破坏公用电信设施罪中的"造成严重后果"：①造成火警、匪警、医疗急救、交通事故报警、救灾、抢险、防汛等通信中断或者严重障碍，并因此贻误救助、救治、救灾、抢险等，致使人员死亡 2 人以上、重伤 6 人以上或者造成财产损失 60 万元以上的；②造成 1 万以上用户通信中断 1 小时以上的；③在一个本地网范围内，网间通信全阻、关口局至某一局向全部中断或网间某一业务全部中断 2 小时以上或者直接影响范围 5 万（用户×小时）以上的；④造成网间通信严重障碍，1 日内累计 12 小时以上的；⑤造成其他严重后果的。上述第（1）种情形中，"造成火警、匪警、医疗急救、交通事故报警、救灾、抢险、防汛等通信中断或者严重障碍"是破坏公用电信设施罪的直接后果，而"贻误救助、救治、救灾、抢险等，致使人员死亡 2 人以上、重伤 6 人以上或者造成财产损失 60 万元以上"则属于本罪行为的间接后果。显然，该司法解释将间接后果纳入了破坏公用电信设施罪"严重后果"的范围，就是考虑了破坏公用电信设施的行为性质及犯罪对象的意义。

（2）特别严重后果（后果特别严重）

我国刑法中有近 20 个条文规定了"造成特别严重后果"或"后果特别严重"，而且均是将其作为加重构成规定的。例如，《刑法》第 374 条规定："在征兵工作中徇私舞弊，接送不合格兵员，情节严重的，处 3 年以下有期徒刑或者拘役；造成特别严重后果的，处 3 年以上 7 年以下有期徒刑。"这里的"造成特别严重后果"是接送不合格兵员罪的加重构成。又如，《刑法》第 139 条规定："违反消防管理法规，经消防监督机构通知采取改正措施而拒绝执行，造成严重后果的，对直接责任人员，处 3 年以下有期徒刑或者拘役；后果特别严重的，处 3 年以上 7 年以下有期徒刑。"这里的"后果特别严重"是消防责任事故罪的加重构成。

从"造成特别严重后果"或"后果特别严重"所在个罪的基本构成要求来看，"造成特别严重后果"或"后果特别严重"存在的基础有以下四种情形：一是以"情节严重"为基本构成要求。如上述《刑法》第 374 条规定，情节严重的，处基本刑；造成特别严重后果的，加重法定刑。二是以"后果严重"或"造成严重后果"为基本构成要求。如上述《刑法》第 139 条规定，造成严重后果的，处基本刑；后果特别严重的，加重法定刑。三是以造成重大事故为基本构成要求。例如，《刑法》第 138 条规定："明知校舍或者教育教学设施有危险，而不采取措施或者不及时报告，致使发生重大伤亡事故的，对直接责任人员，处 3 年以下有期徒刑或者拘役；后果特别严重的，处 3 年以上 7 年以下有期徒刑。"四是以更为具体的实害结果或危险结果为基本构成要求。例如，《刑法》第 219 条规定的侵犯商业秘密罪的基本构成要求是"给商业秘密的权利人造成重大损失"，其加重构成是"造成特别严重后果"。《刑法》第 330 条规定的妨害传染病防治罪的基本构成要求是"引起甲类传染病传播或者有传播严重危险",其加重构成是"后果特别严重"。

既然"造成特别严重后果"或"后果特别严重"存在的基本构成要求不同,那么,司法者对其进行具体化解释时,就应分类对待,以体现立法目的。具体来说,应区分为以下四种类型将"造成特别严重后果"或"后果特别严重"具体化:

第一,对于基本构成要求是"情节严重"的情形,司法者对"特别严重后果"或"后果特别严重"的解释,不能以"情节严重"的内容为基础,其解释路径应与前述的以情节犯为基础的"造成严重后果"的解释路径一致。因为立法者既然不以"情节特别严重"作为加重构成,而以"造成特别严重后果"或"后果特别严重"作为其加重构成,这就意味着立法者意图缩小该罪加重构成的范围。因此,司法者对此种情形下的"造成特别严重后果"或"后果特别严重"进行解释时,应缩小"情节严重"中"情节"的事项范围,以其中"后果"类情节为基础,并提高该"后果"的社会危害性程度指标,来确定"特别严重后果"或"后果特别严重"的范围和程度。

第二,对于基本构成要求是"后果严重"或"严重后果"的情形,司法者对"特别严重后果"或"后果特别严重"的解释,首先应以"严重后果"或"后果严重"的解释为基础。因为"特别严重后果"作为法定刑升格的条件,与"严重后果"具有内在的逻辑联系,即加重结果是基本结果的升层结果。[①] 在"严重后果"之上加上"特别"这种程度副词也表明:"特别严重后果"是相对于"严重后果"而存在的,没有"严重后果",就谈不上"特别严重后果",所以对"特别严重后果"进行解释时首先应考虑"严重后果"的解释内容。或者说,对"特别严重后果"的解释不能超越"严重后果"的事项范围,否则就违背了二者之间的逻辑

---

① 参见柯耀程:《变动中的刑法思想》,中国政法大学出版社 2003 年版,第 117 页。

关系。其次，对于"特别严重后果"的解释应在"严重后果"的事项范围内进一步进行限缩。之所以要对"特别严重后果"进行限缩，是因为"特别严重后果"是法定刑升格的条件，犯罪行为一旦达到"特别严重后果"，就要进行更重的刑罚处罚。这也表明其社会危害性程度、刑事责任程度比"严重后果"的同样行为更重。因此，为保证处罚程度的合理性，实现罪责刑均衡，"特别严重后果"的事项范围理应比"严重后果"的事项范围要窄，且其社会危害性程度应比"严重后果"更高。

第三，对于基本构成要求是发生重大事故的情形，司法者对"特别严重后果"或"后果特别严重"的解释，则应超出重大事故的解释范围，并提高其社会危害性程度。因为刑法明文规定的重大事故是犯罪行为直接引起的、有形的危害结果，① 而刑法既然对该罪的加重构成采用"特别严重后果"或"后果特别严重"用语，不用"特别重大事故"用语，就表明立法者意图扩张该罪加重法定刑的条件范围。前已述及，后果不但包括直接的、有形的后果，还可以包括间接的、无形的后果。因此，此种情形下对"特别严重后果"或"后果特别严重"的解释，应包括间接的、无形的后果在内。在确定了"后果"范围之后，应通过提高其社会危害性程度指标将其具体化。

第四，对于基本构成要求是具体的实害结果或危险结果的情形，司法者对"特别严重后果"或"后果特别严重"的解释，应以具体的实害结果或危险结果为基础，通过提高其实害程度或危险程度，得出"特别严重后果"或"后果特别严重"的具体类型，不得随意扩大"特别严重后果"或"后果特别严重"的范围。因

---

① 例如，"两高"2007 年 2 月 28 日《关于办理危害矿山生产安全刑事责任案件具体应用法律若干问题的解释》规定，具有下列情形之一的，属于重大伤亡事故或者其他严重后果：（1）造成死亡 1 人以上，或者重伤 3 人以上；（2）造成直接经济损失 100 万元以上；（3）造成其他严重后果的情形。从这个司法解释可以看出，重大事故是犯罪行为的直接的、有形的结果。

为此种情形下，立法者采用"特别严重后果"或"后果特别严重"的表达旨在精简刑法用语，如果仍然采用基本构成中的用语，就有啰嗦之嫌。例如，刑法对侵犯商业秘密罪的基本构成规定了"给商业秘密的权利人造成重大损失"，如果在其加重构成中仍然采用类似的表达，就有失刑法的简短性。因此，对该罪中的"特别严重后果"的解释，不能超出"重大损失"的范围，只能在重大损失的程度上加重。

（3）两个有关"严重后果"、"后果特别严重"的司法解释的缺陷

在刑法分则条文规定有"严重后果"、"后果特别严重"的罪名中，"两高"已对破坏易燃易爆设备罪（第119条第1款）中的"造成严重后果"，① 破坏广播电视设施、公用电信设施罪中的"造成严重后果"，② 生产、销售劣药罪（第142条）中的"后果特别严重"，③ 生产、销售不符合安全标准的食品罪（第143条）中的"后果特别严重"，④ 拒不支付劳动报酬罪（第276条之一第1款）中的"造成严重后果"，⑤ 破坏计算机信息系统罪（第286条）中的"后果特别严重"，⑥ 过失损坏武器装备、军事设施、军

---

① 参见2007年1月15日最高人民法院、最高人民检察院《关于办理盗窃油气、破坏油气设备等刑事案件具体应用法律若干问题的解释》第2条。

② 参见2004年12月30日最高人民法院公布的《关于审理破坏公用电信设施刑事案件具体应用法律若干问题的解释》第2条。

③ 参见2009年5月13日最高人民法院、最高人民检察院《关于办理生产、销售假药、劣药刑事案件具体应用法律若干问题的解释》第3条。

④ 参见2013年5月2日最高人民法院、最高人民检察院《关于办理危害食品安全刑事案件适用法律若干问题的解释》第4条。

⑤ 参见2013年1月16日最高人民法院《关于审理拒不支付劳动报酬刑事案件适用法律若干问题的解释》第5条。

⑥ 参见2011年8月1日最高人民法院、最高人民检察院《关于办理危害计算机信息系统安全刑事案件应用法律若干问题的解释》第4条至第6条。

事通信罪（第 369 条）中的"造成特别严重后果",① 污染环境罪（第 338 条）、非法处置进口的固体废物罪（第 339 条）中的"后果特别严重"② 作出了司法解释。这些司法解释均采用"列举若干具体情形 + 兜底规定"的类型化方法使"严重后果"、"后果特别严重"具体化，反映了不确定概念的特征及其解释上的要求，为各级司法机关办理具有抽象结果加重构成的刑事案件、正确选择法定刑进行量刑提供了统一的、相对明确的标准，这对于刑法的统一适用和司法平衡无疑具有重要意义。但是，上述关于"严重后果"、"后果特别严重"的司法解释中，笔者认为有两个司法解释存在缺陷，需要修改。

第一，司法解释将"对要求支付劳动报酬的劳动者使用暴力或者进行暴力威胁"作为拒不支付劳动报酬罪中"造成严重后果"的一种具体类型，超出了"后果"具有的含义范围。拒不支付劳动报酬罪是指以转移财产、逃匿等方法逃避支付劳动者的劳动报酬或者有能力支付而不支付劳动者的劳动报酬，数额较大，经政府有关部门责令支付仍不支付的行为。本罪被放在侵犯财产罪一章中，表明其立法目的是要保护公民的财产权。具体来说，其规范目的是要保护劳动者的劳动报酬权。那么，本罪中作为加重构成的"造成严重后果"能否包含"对要求支付劳动报酬的劳动者使用暴力或者进行暴力威胁"呢？笔者的回答是否定的。因为根据现代汉语词典的解释，"后果"是指有害的或不利的结果，是由于某种原因、行为所产生的最后的结果。就本罪而言，其"严重后果"可以是引发重大群体性事件，如劳动者通过群体性上访等手段讨要工资，严重扰乱社会秩序的；可以是引发个人极端事件，如劳动者采用"爬塔讨薪"、"跳桥讨薪"等极端手段讨要工资，造成恶劣社

---

① 参见 2007 年 6 月 18 日最高人民法院《关于审理危害军事通信刑事案件具体应用法律若干问题的解释》第 4 条。

② 参见 2006 年 6 月 26 日最高人民法院《关于审理环境污染刑事案件具体应用法律若干问题的解释》第 3 条。

会影响的；可以是劳动者因生活无助而自残、自杀，或因无钱就医导致伤残或死亡；还可以是造成重大经济损失，如造成重点工程、项目停工停产等，① 但不能是对要求支付劳动报酬的劳动者使用暴力或者进行暴力威胁，因为对劳动者使用暴力或暴力威胁只是行为人拒不支付劳动报酬行为的情节，而不是拒不支付劳动报酬的最终结果。② 因此，2013 年 1 月 14 日最高人民法院《关于审理拒不支付劳动报酬刑事案件适用法律若干问题的解释》第 5 条将"对要求支付劳动报酬的劳动者使用暴力或者进行暴力威胁"，作为拒不支付劳动报酬罪中"造成严重后果"的一种类型，超出了"后果"具有的含义范围，不能保障行为人对自己行为后果的预见可能性，是对行为人不利的解释，不能实现刑法保障人权的目的。

　　第二，司法解释将"违法所得"作为破坏计算机信息系统罪中"后果特别严重"的一种具体类型，不符合本罪的规范目的。破坏计算机信息系统罪是指违反国家规定，对计算机信息系统功能进行删除、修改、增加、干扰，造成计算机信息系统不能正常运行，以及对计算机信息系统中存储、处理或者传输的数据和应用程序进行删除、修改、增加的操作，或者故意制作、传播计算机病毒等破坏性程序，影响计算机系统正常运行，后果严重的行为。立法者将本罪置于妨害社会管理秩序罪中的"扰乱公共秩序罪"一节中，表明其立法目的是要维护公共秩序。从本罪的"对计算机信息系统功能进行删除、修改、增加、干扰，造成计算机信息系统不能正常运行"、"故意制作、传播计算机病毒等破坏性程序，影响计算机系统正常运行"等基本罪状的描述来看，本罪的规范目的是要保护计算机信息系统安全，进而维护公共秩序。根据目的解释的要求，本罪中作为法定刑升格条件的"后果特别严重"的类型

---

　　① 杜邈、商浩文：《拒不支付劳动报酬罪的司法认定》，载《法学杂志》2011 年第 10 期，第 116 页。

　　② 当然，若在劳动者讨薪过程中行为人使用了暴力，导致劳动者身体受到伤害，则可以纳入"严重后果"的范围。

化应符合该规范目的。既然如此，本罪中的"后果特别严重"应是指破坏计算机信息系统正常运行给国家、社会或他人所造成的后果特别严重，而不应包括行为人通过破坏计算机信息系统的行为所获得的非法利益。而违法所得属于非法利益，虽然是犯罪行为的一种结果，但不是破坏计算机信息系统行为对国家、社会或他人造成的不利结果，其本身并不体现破坏计算机信息系统的行为危害了计算机信息系统安全。因此，2011 年 8 月 1 日"两高"《关于办理危害计算机信息系统安全刑事案件应用法律若干问题的解释》第 4、5、6 条将违法所得 25000 元以上作为"后果特别严重"的一种类型，与本罪的规范目的不符。

三、刑事责任减量的法律根据：减轻构成

（一）减轻构成的概念

学界对于减轻构成概念有不同的表述。有的学者认为，"减轻的犯罪构成是指刑法分则条文所规定的作为减轻社会危害的具体犯罪的成立条件，其与减轻法定刑相对应"。[①] 有的学者认为，减轻的犯罪构成是指以普通的犯罪构成为基础，具有较轻社会危害程度而从普通的犯罪构成中衍生出来的犯罪构成。[②] 上述两种表述均有一定的不足。其中前一种表述没有给出该定义的属概念，并且有不通顺之感；后一种表述虽然给出了定义的属概念，但对该概念的本质特征表述不准确。笔者认为，减轻构成应是指刑法分则条文明文规定的、说明行为的社会危害性程度低于基本构成从而成为其法定刑减轻的要件。

我国刑法分则对减轻构成的规定不多，且一般设立在规定基本

[①] 张小虎：《犯罪论的比较与建构》，北京大学出版社 2006 年版，第 90 页。

[②] 参见马克昌主编：《犯罪通论》，武汉大学出版社 1999 年版，第 94 页。

构成与法定刑的同一条款内，以"情节较轻"来表述。例如，《刑法》第111条规定："为境外的机构、组织、人员窃取、刺探、收买、非法提供国家秘密或者情报的，处5年以上10年以下有期徒刑；情节特别严重的，处10年以上有期徒刑或者无期徒刑；情节较轻的，处5年以下有期徒刑、拘役、管制或者剥夺政治权利。"这里的"情节较轻"即是为境外机构、组织、人员窃取、刺探、收买、非法提供国家秘密、情报罪的减轻构成。又如，《刑法》第124条第2款规定："过失犯前款罪的，处3年以上7年以下有期徒刑；情节较轻的，处3年以下有期徒刑或者拘役。"此处的"情节较轻"即是过失损坏广播电视设施、公用电信设施罪的减轻构成。

（二）减轻构成应是刑事责任减量的法律根据

前已述及，刑事责任量是以社会危害性程度和人身危险性大小作为实质根据的。根据罪责刑相适应原则，如果一种行为的社会危害性程度越小，那么其刑事责任的量就应越小。因而就有在刑事责任基本量基础上减轻刑事责任量的问题。也就是说，刑事责任减量是行为在社会危害程度减小的情况下，要求刑事责任量在基本量上的减少，其减少在法律上表现为法定刑幅度的降低，而法定刑幅度的降低又是以体现犯罪行为的社会危害程度减小的减轻构成为根据的，因此，刑事责任减量的法律根据应是在基本构成基础上的减轻构成。例如，在《刑法》第111条规定的为境外机构、组织、人员窃取、刺探、收买、非法提供国家秘密、情报罪中，刑事责任基本量的法律表现为"5年以上10年以下有期徒刑"，其减轻构成为"情节较轻"，那么其刑事责任减量的法律表现为"5年以下有期徒刑、拘役、管制或者剥夺政治权利"。

（三）情节较轻的认定

我国刑法分则中有10余个条款规定了"情节较轻"。从理论上讲，"情节较轻"之所以能起到减轻某个罪刑事责任量的作用，是因为在情节较轻的情况下个罪的罪质降低从而导致罪责减轻。在特定的个罪中，由于罪量的差异，罪质往往呈现出一定的层次性，罪责也相应呈现出一定的等级性。立法机关正是通过在刑法分则条文中规定基本构成、减轻构成、加重构成来对这种罪质的层次性予以确认的。

正如情节严重一样，情节较轻也是一个十分模糊的概念，它在刑法中存在有利有弊。其利在于：司法者能够根据个案情况减轻刑事责任量，进而裁量刑罚；其弊在于：其模糊性一方面增加了司法者对之的判断难度，如果缺乏有权解释，就会出现不同司法者对之认识不一，进而导致罪责认定和刑罚裁量的不平衡，出现同案不同判的结果；另一方面也为司法者提供了滥用司法权的机会，可能损害刑法的正义性。因此，对情节较轻进行有权解释非常必要。然而，目前"两高"对个罪中的情节较轻基本上没有进行司法解释。这就把情节较轻的认定权交给了各级司法机关及其工作人员。那么司法者如何对之进行解释才是合理的呢？笔者认为，应在包含情节较轻的个罪之构成要件的范围内对其进行解释和判断。

1. "情节较轻"的判断基础

对"情节较轻"的判断，实际上属于对构成要件的解释问题，需要司法者的价值判断参与其中。对"情节较轻"的解释与判断，是司法者运用一定的价值标准对确定的事实基础进行主观评判所得出的结论。因此，确定"情节较轻"的判断基础属于对"情节较轻"这一规范性构成要件要素进行解释的内容。由于个罪中"情节较轻"是个罪罪质层次性的体现，因此"情节较轻"的判断基础应当是能够影响个罪罪质轻重的因素。根据我国刑法理论，犯罪的本质特征是行为的严重社会危害性，罪质之大小莫不决定于社会危害性程度。因此，一切能够反映和体现个罪的社会危害性程度的主客观事实因素，都属于"情节较轻"的判断基础。笔者认为大致有以下几个方面：

（1）犯罪手段。犯罪手段是犯罪客观方面的主要内容。行为人采用的犯罪手段不同直接影响到该罪的社会危害性程度。一般而言，暴力的危害程度要大于胁迫，而胁迫的危害程度要大于诱骗，即使同为暴力，也存在程度的区别，有的暴力手段致人伤残，有的甚至特别残忍，有的则仅造成轻微伤害，这些都是考察个罪社会危害性程度的重要表征。犯罪手段如果不残忍，或不伤及无辜等，就可以作为"情节较轻"的认定因素。

（2）犯罪对象。个罪侵害对象不同在一定程度上也反映了行为的社会危害性程度。犯罪对象包括具体的人和物。首先，从以人为犯罪对象看，如以老人、儿童、孕妇作为犯罪对象，其情节就显得更为恶劣，社会危害性也就更大。因为老幼妇孺在社会观念中属于弱势群体，将这些人员作为犯罪对象，不仅更有可能造成被害人伤亡，而且严重背离社会伦理道德，可谴责性更大。此外，被害人特定的社会身份也会影响到个罪的社会危害性程度。如以外国使节、国际友人或者社会知名人士等作为犯罪对象，社会影响就会更加恶劣，危害性也就更大。但是，如果行为人的行为不以上述人员作为其对象，其犯罪情节就相对轻些。其次，从以具体的物为犯罪对象看，犯罪对象的数额较小、价值不大，相对于数额较大、价值较大而言，其犯罪情节相对较轻。

（3）犯罪行为实施程度。犯罪是严重危害社会的行为，犯罪行为实施程度不同能够体现行为的社会危害性程度。行为虽然实施了，但未达到一定的程度，可以考虑认定其情节较轻。例如，绑架罪属于行为犯，虽然绑架行为实施程度对是否构成犯罪没有实质影响，但其对绑架罪社会危害性的大小有着直接的影响。实践中，有的行为人绑架他人后提出了勒赎要求并得逞，有的行为人绑架他人后尚未提出勒赎要求即被警方抓获，有的行为人将他人绑架后又幡然悔悟主动释放了被绑架人。显然，行为人绑架他人后是否进一步勒索财物特别是是否主动释放被绑架人，对绑架罪的社会危害性程度有着重要影响，进而影响绑架罪情节轻重的判断。

（4）危害后果。个罪的危害后果体现了该罪对法益造成的客观侵害事实，直接反映了行为的社会危害性程度。司法实践中，同样性质的犯罪，有的危害后果严重，有的危害后果较轻。如果危害后果相对较轻，就可以考虑认定该罪情节较轻。

（5）犯意与动机。犯意与动机属于犯罪主观方面的范畴，它体现了行为人的主观恶性程度，由此对个罪的社会危害性程度产生影响。在犯意方面，有学者提出了两项标准，第一是犯意的酝酿时间越长，主观恶性越强；第二是行为人对其行为反社会性的认识程度，越是明知故犯，主观恶性就越强。但是，如果行为人的犯意是由于某种客观原因而临时产生的，或者是因为被害人的违法犯罪行为、不道德行为等过错行为引起的，其主观恶性相对较小，可以考虑认定其情节较轻。例如，行为人因遭受被害人的暴行或严重侮辱，或因遭受被害人其他违法的或不道德的行为，使其处于精神刺激的情势下从而在突发的强烈的精神激动或激奋状态下实施杀人的，就应认定为故意杀人罪中的"情节较轻"。

犯罪动机虽然不属于犯罪构成要件的内容，但其对社会危害性程度的认定也有影响。在司法实践中，同样性质的犯罪，有的是为满足个人私欲而实施犯罪；有的是迫于生活压力实施犯罪；有的则是因为自己的合法权益得不到保障而实施犯罪；等等。犯罪动机不同，体现行为人主观恶性程度的差异，也影响到社会危害性程度，进而影响情节较轻的认定。例如，在城市拆迁过程中合法权益被侵害、农民工的工资无故被扣欠，他们无法通过正常、合法的行政、司法救济手段以保障自己的利益，为了引起社会和政府的关注，往往就会采取绑架有关负责人的做法，如果这类案件符合绑架罪的构成要件，也要认定为"情节较轻"的绑架罪。

除上述因素以外，实施犯罪的时间、地点以及环境条件不同，也会对行为的社会危害性程度产生影响，进而影响情节较轻的认定。

2. 认定"情节较轻"不应考虑的因素

由于情节较轻是犯罪的社会危害性程度的反映，因此，如果某一事实因素不能够反映个罪的社会危害性程度，也就不能成为情节较轻的判断基础。笔者认为，大致有以下两个方面的事实因素，不应作为情节较轻的认定因素：

（1）纯粹反映行为人人身危险性程度的事实因素不能作为情节较轻的认定因素。这些事实因素主要包括：行为人的一贯表现，是否属于初犯、偶犯以及前科情况，犯罪后的认罪悔罪态度，是否具有自首、立功等情节。因为这些事实因素虽然最后会影响到行为人的刑罚裁量，但它们都不能体现犯罪的社会危害性程度，对个罪罪质轻重没有影响，所以不能成为情节较轻的认定因素。

（2）法定从宽处罚情节不能作为情节较轻的认定因素。有的法定从宽处罚情节虽然能够体现个罪的社会危害性程度的大小，但基于刑法立法模式以及禁止重复评价的原则，也不能成为情节较轻的认定因素。例如，犯罪预备、未遂、中止，对犯罪的社会危害性程度虽然会产生很大影响，但是这些并不能成为影响罪质轻重的因素。因为我国刑法分则罪状的立法模式是以单独犯的完成形态为基准的，任何罪质轻重的评价都是建立在对犯罪完成形态的考察基础上，犯罪的未完成形态对罪质的轻重不能产生实质影响。从另一个角度说，犯罪的预备、未遂、中止是刑法总则规定的法定从宽处罚情节，如果将其作为情节较轻的判断基础，然后再作为量刑情节适用，就属于对同一情节的重复评价，违反了禁止重复评价的原则。[①]　此外，个罪的停止形态与个罪中的情节较轻之间也不存在必然的联系。个罪的停止形态与情节较轻属于不同领域和不同阶段的司法判断。换言之，并不是个罪既遂都要适用基本构成的法定刑，也不是个罪的预备、未遂、中止一定要适用情节较轻的法定刑，个罪既遂有可能被认定为情节较轻的个罪；反过来，个罪的预备、未遂、中止也有可能要适用基本构成的法定刑，然后再根据刑法总则关于预备犯、未遂犯和中止犯的规定从轻、减轻或者免除处罚。[②]　因此，犯罪预备、未遂、中止

---

① 参见杨志国：《认定绑架罪"情节较轻"的几个理论问题》，载《中国刑事法杂志》2009 年第 11 期，第 37 页。

② 参见吴情树：《绑架罪中"情节较轻"的辩证分析》，载《政治与法律》2010 年第 3 期，第 95 页。

不能作为情节较轻的认定因素。同样，自首、立功、从犯、胁从犯、未成年人犯罪、老年人犯罪、又聋又哑的人犯罪等法定从宽处罚情节也不能作为情节较轻的认定因素。

四、刑事责任变量的法律根据：变量法定情节

（一）变量法定情节的概念与分类

1. 变量法定情节的概念

变量法定情节是指刑法明文规定的体现行为的社会危害性程度或人身危险性大小的引起刑事责任基本量、增量或者减量发生变化（减少或者增加）的情节。变量法定情节是本文提出的新概念，它具有以下几个特征：一是法定性。变量法定情节必须是刑法明文规定的情节，否则只能称为变量酌定情节。二是体现行为的社会危害程度和行为人的人身危险性大小。也就是说，变量法定情节之所以能引起刑事责任基本量、增量或者减量发生变化，是因为它在本质上反映行为的社会危害程度和行为人的人身危险性大小。三是引起刑事责任基本量、增量或者减量发生变化。如果某种情节并不能引起刑事责任基本量、增量或者减量发生变化，就不能称为变量法定情节。

2. 变量法定情节的类型

变量法定情节很多，可以根据不同的标准从不同的角度对其进行分类。

（1）从引起刑事责任量的种类变化上看，变量法定情节可以分为引起刑事责任基本量变化的法定情节、引起刑事责任增量变化的法定情节和引起刑事责任减量变化的法定情节。引起刑事责任基本量变化的法定情节是刑法明文规定的引起刑事责任基本量增加或者减少的情节，如自首可以使刑事责任基本量减少，累犯可以使刑事责任基本量增加。引起刑事责任增量变化的情节是刑法明文规定的引起刑事责任增量增加或者减少的情节，如盗窃公私财物数额特别巨大的情况下行为人自首，可以适当减轻行为人的刑事责任，这

里的自首是刑事责任增量减少的情节。引起刑事责任减量变化的情节是刑法明文规定的引起刑事责任减量增加或者减少的情节，例如，情节较轻的故意杀人犯是累犯，则累犯是刑事责任减量增加的情节。又如，情节较轻的故意杀人犯自首，则自首是刑事责任减量减少的情节。

（2）从引起刑事责任量的变化方向上看，变量法定情节可以分为趋增型变量法定情节和趋减型变量法定情节。前者的基本特征是引起刑事责任基本量、增量或者减量增加。例如刑法规定的累犯、索贿等情节既可以引起刑事责任基本量、增量增加，还可以引起刑事责任减量增加。后者的基本特征是引起刑事责任基本量、增量或者减量减少。例如，刑法规定未成年犯、自首、立功、犯罪中止、从犯等情节，既可以引起刑事责任基本量减少，也可以引起刑事责任增量和减量减少。

（3）从体现刑事责任的实质根据上看，变量法定情节可以分为体现行为的社会危害性程度的变量法定情节和体现行为人的人身危险性大小的变量法定情节。前者的基本特征是体现行为的社会危害程度，例如犯罪未遂、防卫过当等。后者体现的是行为人的人身危险性大小，例如累犯、胁从犯等。

（4）从变量法定情节在刑法结构中的位置上看，变量法定情节可以分为总则型变量法定情节和分则型变量法定情节。前者存在于刑法总则中，如累犯、自首、立功、犯罪预备、从犯等；后者存在于刑法分则中，如《刑法》第 386 条规定的索贿、《刑法》第365 条规定的毒品犯罪再犯等。

（5）从变量法定情节的功能上看，变量法定情节可以分为可以型变量法定情节和应当型变量法定情节。前者如又聋又哑的人或者盲人犯罪、预备犯、未遂犯、自首等；后者如未成年人犯罪、累犯、从犯等。以情节处罚功能的单复为依据，变量法定情节可以分为单功能的变量法定情节和多功能的变量法定情节。前者如累犯、奸淫不满 14 周岁的幼女、索贿等，后者如从犯、预备犯、未遂犯等。以情节处罚功能的宽严为依据，变量法定情节还可以分为变量法定从严情节和变量法定从宽情节。前者如累犯、教唆不满 18 周岁的人犯罪等，后者如未成年犯、盲人犯罪等。

（二）变量法定情节应是刑事责任变量的法律根据

从司法实践来看，不同性质的犯罪，即使是同一具体犯罪，在具体个案中的社会危害性程度和犯罪人的人身危险性大小也是不同的。可以说，个案千差万别，其社会危害性和人身危险性也千差万别。那么，根据罪责刑相适应原则，各个个案的刑事责任量也应有不同，才是合法合理的。这就需要根据个案的实际情况对个罪的法定刑事责任基本量、增量或减量进行适当调节。而刑事责任变量就是在刑法规定的个罪的刑事责任基本量、增量或减量的基础上根据具体个案的情况进行适当调节的结果。然而，这种变量调节不是司法机关擅断的结果。司法机关对个案刑事责任进行变量调节本质上应考虑该案犯罪的社会危害性程度和犯罪人的人身危险性大小，而该案罪行的社会危害性和犯罪人的人身危险性到底是大还是小，必须依据法律规定进行判断，才能防止擅断。基于此，刑法在规定刑事责任基本量、增量、减量之外，还规定了调节刑事责任量的变量法定情节。不同的变量法定情节体现不同的社会危害性或人身危险性。司法机关要在个罪刑事责任基本量、增量或减量的基础上调节个案犯罪人的刑事责任量，就应以变量法定情节为根据，从而最终确定犯罪人的刑事责任量。

（三）变量法定情节的适用

1. 多功能变量法定情节的适用

多功能变量法定情节是指具有两种以上从宽处罚功能并允许择一适用的变量法定情节。目前我国刑法共规定了 20 余种多功能变量法定情节，且全部为从宽情节。这类情节有如下三种结构形式：一是应当（可以）从轻或者减轻处罚；二是应当（可以）减轻或者免除处罚；三是应当（可以）从轻、减轻或者免除处罚。但是，无论是哪一种结构形式，司法适用时只能选择一种从宽处罚，要么是从轻处罚，要么是减轻处罚，要么是免除处罚。这种情况下，如何选择适用多功能变量法定情节？对此，有的学者认为，多功能情节"排列的顺序，反映了刑事立法的倾向性意图，启示审判人员首先应考虑排列在前面的功能"。①

但是，笔者认为，多功能情节的排序是立法的习惯性思维，并不意味着排在前面的处罚功能就应优先考虑适用；而且这种做法使得排列在后面的处罚功能得不到平等对待，其适用的机会必将大大低于排列在前面的处罚功能，从而在很大程度上弱化了多功能情节作用的发挥，因为立法者对多功能情节处罚功能的排列都是按照从轻、减轻、免除的顺序进行，减轻和免除都排在后面，而减轻、免除处罚功能对刑事责任量的影响很大，有利于被告人，如果在被适用过程中得不到平等对待，很有可能导致量刑不公，难以保障被告人的人权。因此，笔者认为，对于多功能变量法定情节的适用，应平等对待法定情节上的处罚功能。

那么，应当根据什么选择适用从宽处罚功能呢？最高人民法院的有关司法解释为我们提供了解决问题的思路。最高人民法院1998年5月9日《关于处理自首和立功具体应用法律若干问题的解释》第3条规定："根据《刑法》第67条第1款的规定，对于自首的犯罪分子，可以从轻或者减轻处罚；对于犯罪较轻的，可以免除处罚。具体确定从轻、减轻还是免除处罚，应当根据犯罪轻重，并考虑自首的具体情节。"可见，对于自首，选择从轻处罚、减轻处罚还是免除处罚功能，取决于犯罪的轻重和自首的具体情节，而不是优先适用从轻处罚功能。这条司法解释所反映出来的多功能情节适用的规则应该具有普遍意义。因此，笔者认为，多功能情节选择适用的根据只能是犯罪的轻重和情节自身的具体表现。其中，"犯罪轻重"应起主导作用，而情节的"具体表现"只能起辅

---

① 张明楷：《刑法学》（第二版），法律出版社2003年版，第448页。

助作用，① 因为对罪行严重的犯罪不可能免除犯罪人的刑事责任，也就是说对罪行严重的犯罪，在案件中仅具有唯一包含免除处罚功能的变量法定情节时，无论该情节多么重要，都不能选择免除处罚功能——导致免除犯罪人刑事责任。另外，对于性质轻微的犯罪，刑法为其配置的法定刑已经没有可以裁量的减轻幅度（例如法定刑为 2 年以下有期徒刑、拘役、管制或者罚金），也就是说，对罪行轻微的犯罪，在仅具有唯一包含减轻处罚功能的变量法定情节时，由于不存在减轻处罚幅度，不能选择其减轻处罚功能。故对性质轻微的犯罪进行刑事责任量的确定时，不得选择多功能情节的减轻处罚功能。

2. 多种变量法定从宽情节的适用

在一人一罪案件中，可能存在多种变量法定从宽情节。例如，某人是未成年人，犯罪中止后又自首，就存在三种变量法定从宽情节。根据刑法规定，未成年人犯罪应当从轻或者减轻处罚。对于中止犯，没有造成损害的，应当免除处罚；造成损害的，应当减轻处罚。对于自首的犯罪分子，可以从轻或者减轻处罚。其中，犯罪较轻的，可以免除处罚。对于此类存在多种变量法定从宽情节的案件，要确定其刑事责任量，首先应根据犯罪轻重和各种情节的具体表现选择确定各种情节的处罚功能，然后再根据各种情节的处罚功能确定刑事责任量。从我国刑法的规定来看，通过选择确定情节的处罚功能后，一罪多种法定从宽情节存在以下六种情形：（1）都属于从轻处罚情节；（2）都属于减轻处罚情节；（3）都属于免除处罚情节；（4）从轻、减轻处罚情节并存；（5）减轻、免除处罚情节并存；（6）从轻、减轻、免除处罚情节并存。对于（3）、（5）、（6）种情形，由于存在免除处罚情节，无疑应当予以免除处罚；一旦适用免除处罚，从轻、减轻处罚情节就无意义。而对于（1）、（2）、（4）种情形的司法适用，学界和实务部门均存在不同

---

① 参见高铭暄、马克昌主编：《刑法学》（第四版），北京大学出版社、高等教育出版社 2010 年版，第 290—291 页。

的看法或做法。

（1）多个从轻处罚情节的适用。对此，有的学者认为，多个从轻处罚情节可以变为一个减轻处罚情节。① 而有的学者反对这种观点，认为解决数个从轻情节适用问题的唯一正确方法是："在与整个案件相应的法定刑幅度内，相对增大从轻处罚的分量。"② 笔者认为，前一观点违背刑法规定，因为《刑法》第 62 条规定，犯罪分子具有刑法规定的从轻处罚情节的，应当在法定刑的限度以内判处刑罚。所以，无论只有一个从轻处罚情节，还是有多个从轻处罚情节，都只能在法定刑幅度内判处刑罚，而不能因为有多个从轻处罚情节而适用减轻处罚。后一观点虽然不违背刑法规定，但"相对增大从轻处罚的分量"很模糊，缺乏具体的操作规则，难以限制法官的自由裁量权。因此，上述观点均不可取。

（2）多个减轻处罚情节的适用。对此，有的学者认为，"当数个减轻处罚情节并存时，应选择与全案相当的法定刑幅度最邻近的下一个法定刑幅度，根据减轻情节的情况和数目，逐步增大减轻刑罚的分量，直至罪刑相适应。但数个减轻情节不能合并为一个免除处罚情节，因为减刑与免刑是两种不同的量刑制度。"③ 该观点对于如何适用多个减轻处罚情节，只是提出"根据减轻情节的情况和数目，逐步增大减轻刑罚的分量，直至罪刑相适应"，仍然缺乏具体明确的操作规则，难以准确确定刑事责任量。

（3）从轻、减轻处罚情节并存的适用。对此，学界和实务部门存在以下不同看法或做法：一是择一法，即一罪具有多种从宽情节时，审判人员根据自己的法律价值观作出取舍，在刑事责任量的确定中实际只考虑其中一个优势情节，而对其他情节不予重视或斟

---

① 参见周振想：《刑罚适用论》，法律出版社 1990 年版，第 288 页。

② 参见黄祥青：《略论多种量刑情节的适用原则和方法》，载《上海市政法管理干部学院学报》2000 年第 3 期，第 15 页。

③ 黄祥青：《略论多种量刑情节的适用原则和方法》，载《上海市政法管理干部学院学报》2000 年第 3 期，第 15 页。

酌，以致判处的刑罚中，某些变量法定情节得不到任何反映。二是相加升格法，即对于一罪中作用方向相同的复数情节，不作分别裁量，而是加在一起作为另一种情节考虑。三是降低刑度法，即一罪具有两个以上法定变量从宽情节时，对犯罪人适用的法定刑幅度先降低一档，然后再裁量具体的刑罚。四是吸收法，即"采取从宽幅度大的情节吸收从宽幅度小的情节。于是，从轻情节已无甚意义，它至多只能成为决定减轻处罚幅度时的参考依据"。①

上述观点中，择一法在减轻与从轻处罚情节并存时法官根据自己的法律价值观只取优势情节，不顾其他情节，其主观片面性是显而易见的。我们知道，犯罪人的刑事责任量是根据一个个情节事实确定的，我们不能因为它们作用大小有别，就区分出适用上的"优先"等级，使得作用小的法定情节得不到平等对待，甚至被拒绝适用，这样会导致量刑失当。相加升格法把数个从轻和减轻处罚情节相加作为另一种变量情节使用，客观上起到了变更法定刑的作用，这是于法无据的。降低刑度法因法律并未规定数个同向从宽情节具有减低量刑幅度的功能而不得采用。吸收法对于减轻处罚情节与从轻处罚情节并存适用，只取减轻，不考虑从轻，既未平等对待不同从宽处罚情节，也无视从轻处罚情节在刑事责任量的确定中的意义，对被告人不利。

由此可见，上述对于多个从轻处罚情节、多个减轻处罚情节、减轻处罚与从轻处罚情节并存的适用方法均存在缺陷或不合理性，难以保证较为准确地确定刑事责任量。笔者认为，对于上述三种情形的变量法定情节的适用，要平等地对待每个从宽处罚情节，充分发挥其在确定刑事责任量中的作用，其最好的方法是将从轻处罚情节、减轻处罚情节量化为一定的数值，通过数学运算方式来确定刑事责任量。一方面，从轻处罚情节、减轻处罚情节能够被表示为一定的数值。在刑事责任量的确定中需要对变量法定情节作出最终判

---

① 胡学相、黄祥青：《论多种量刑情节的适用》，载《法制与社会发展》1996年第1期，第45—48页。

断的是变量法定情节自身对刑事责任量的确定所具有的重要性，这种重要性是可以用数值加以表示的。另一方面，表示的精度应以一般人的正义感为底线。一般而言，用数值表示客观事物时，描述的精度越高则表示误差越小。但作为工程测量，通常都只需要将其精度控制在一定范围之内即可，因为遵守一定精度的测量，其结果就能满足实践的需要。刑事责任量的确定中对从宽情节进行数量表示，当然属于一个工程问题，所以对从轻、减轻处罚情节的数量表示没有必要提出非常高的要求。笔者认为，只要对从轻、减轻处罚情节数量表示的结果，其误差不让一般人产生非正义感即可。学界常常有人以现在还不存在精确测量犯罪人行为社会危害性和人身危险性的技术和工具为由，反对在刑事责任量的确定中引入数量概念。笔者认为这种看法混淆了应然和实然之间的界限，以应然的要求来衡量实然的效果，是不符合工程思想的。只要实践中对从轻、减轻处罚情节用数值表示的误差不超出一般人公正的感受范围，那么这种表示就是可行的。可见，问题不在于是否能将从轻、减轻处罚情节表示为一定的数值，而在于如何将之表示为一定的数值。这才是需要深入研究的问题。笔者的初步看法是：由于从轻、减轻处罚的适用是使刑事责任基本量、增量或者减量减少，首先就应将刑事责任基本量、增量、减量进行一定的量化，然后将应当从轻、可以从轻、应当减轻、可以减轻四种类型分别量化为不同的责任量数值，再用刑事责任基本量、增量或者减量去减这些数值，就可以得到适用变量法定情节后的刑事责任量。但应注意的是，由于刑法规定减轻处罚是在法定刑以下判处刑罚，如果有数个量刑幅度的，应当在法定量刑幅度的下一个量刑幅度内判处刑罚，因此，如果存在减轻处罚情节，应在找准一个法定刑幅度的基础上，首先确定减轻处罚适用的法定刑幅度，然后才能按照上述步骤计算刑事责任量，否则就会违反刑法关于减轻处罚的规定。

3. 变量法定情节冲突的适用

变量法定情节中，既存在从严情节，又存在从宽情节，因此，一人一罪案件中，可能存在变量法定从严情节与从宽情节并存适用的情况。由于从严情节与从宽情节是引起刑事责任量逆向变化的情节，这就不可避免地会导致其适用上的冲突。

在我国刑法中，由于变量法定从严情节只有从重情节，而变量法定从宽情节具有应当型与可以型、单功能型与多功能型等多种类型，因此，变量法定情节冲突首先可以分为从重情节与应当从宽情节的冲突和从重情节与可以从宽情节的冲突两种类型。而从重情节与应当从宽情节的冲突又可以分为从重情节与单功能型应当从宽情节的冲突和从重情节与多功能型应当从宽情节的冲突两种类型；从重情节与可以从宽情节的冲突也可以分为从重情节与单功能型可以从宽情节的冲突和从重情节与多功能型可以从宽情节的冲突两种类型。就从重情节与单功能型应当从宽情节的冲突而言，它还可以分为从重情节与应当从轻情节的冲突、从重情节与应当减轻情节的冲突和从重情节与应当免除情节的冲突三种类型。就从重情节与单功能型可以从宽情节的冲突而言，它也还可以分为从重情节与可以从轻情节的冲突、从重情节与可以减轻情节的冲突和从重情节与可以免除情节的冲突三种类型。由此可见，变量法定情节冲突具有多样性和复杂性。这给司法机关适用变量法定情节带来了难题。

对于存在变量法定情节冲突的情况下，如何适用多种逆向变量法定情节，学界提出了各种各样的适用规则或方法，主要有以下几种观点：

一是整体综合判断说。此即传统意义上的"估堆法"。依照该种学说，当轻重情节并存的时候，要综合考虑案件的各种量刑情况，然后再综合分析这些量刑情节的作用大小进而决定刑罚的轻重。比如有的学者认为，"一般地说，对既有从重情节又有从轻情节的犯罪分子，要综合分析案件的各种情况，全面考虑来决定刑罚的轻重，而不能仅根据其中某一情节来判处刑罚。"[①] 还有的学者认为，存在从严和从宽兼有的逆向数情节时，重与轻或宽与严不得

---

① 高铭暄主编：《中国刑法学》，中国人民大学出版社 1989 年版，第 278 页。

扣减或冲抵，而应具体分析，逐一剖析，权衡各情节对量刑结果影响的大小，依据全案事实、情节及其社会危害程度，综合量定刑罚。[1]

二是分别综合判断说。该说认为，在从严情节和从宽情节并存的情况下，应当分别对从严情节和从宽情节进行综合判断，全面考察，然后对各自综合判断得出的拟判刑罚再次进行综合判断，得出最后的结论。即"首先综合考虑从严处罚的所有情节，并据此确定一个拟判的刑罚，然后在此基础上，再综合考虑各种从宽处罚的情节，将拟判的刑罚适当往下降一些，以作为最后对犯罪人判处的刑罚"。[2]

三是绝对抵消说。该说认为，趋重情节和趋轻情节同时具备时，应当根据各种情节所表示的轻重系数进行折抵。如果冲突情节所表示的轻重系数对等，可以相互抵消，刑罚量不增不减；如果冲突情节所表示的轻重系数不对等，将两者折抵后剩余的部分作为适用的结果。[3] 该说认为正功能情节的量刑情节与负功能情节的量刑情节是可以折抵的，在折抵时并不考虑量刑情节的性质而仅仅考虑量刑情节影响的量刑幅度大小。

四是相对抵消说。该说认为，只有在量刑情节的功能完全对应并且无明显的主从优劣之分时，才能抵消。比如从重与从轻、加重与减轻等。如果各种冲突情节对量刑的作用有主从优劣之分时，则应按先后顺序进行。比如加重情节和从轻情节并存时，应先加重，然后再在加重的刑罚幅度内再考虑从轻。[4]

五是优势情节适用说。该说认为，当一案中轻重情节兼具时，

---

① 参见马克昌主编：《中国刑事政策学》，武汉大学出版社 1992 年版，第 202 页。

② 周振想：《刑罚适用论》，法律出版社 1990 年版，第 286 页。

③ 参见陈航：《量刑情节的冲突问题研究》，载《法学研究》1995 年第 5 期，第 39—40 页。

④ 参见邱兴隆、许章润：《刑罚学》，群众出版社 1988 年版，第 291—293 页。

应按照应当情节优于可以情节、罪中情节优于罪前情节或罪后情节、应当从宽情节优于应当从严情节处理。① 某种情节如果对量刑的影响占绝对优势，它与其他非优势情节相冲突时，只选择该优势情节，对非优势情节只作酌定情节考虑或者不加考虑。②

但是，笔者认为上述规则或方法并不具有合理性。首先，就整体综合判断说而言，该观点认为应当"全面考虑案件的各种情况，通过综合分析来决定刑罚的轻重"。这种观点看似很有道理，但实质上缺乏可操作性。因为究竟怎样进行"整体综合分析"，看似简单其实复杂。另外"综合分析"这四个字主观性很强，容易导致刑罚裁量权滥用。其次，就分别综合判断说而言，该说与整体综合判断说仍然殊途同归，也缺乏可操作性；而且该说认为"首先综合考虑从严处罚的所有情节，并据此确定一个拟判的刑罚，然后在此基础上，再综合考虑各种从宽处罚的情节，将拟判的刑罚适当往下降一些，以作为最后对犯罪人判处的刑罚"，是值得反思的。因为是先考虑从严情节还是先适用从宽情节，这在最终的量刑结果上有很大的不同。况且究竟是先考虑从严情节还是先考虑从宽情节，在理念上有争议。再次，就抵消说而言，抵消说主张不同的逆向情节相互抵消。然而，从重与从宽情节处罚功能相反，并不等于各种情节对刑事责任量的作用力大小正好相等。一般而言，各种情节所反映的刑事责任程度总是不等量的，简单将逆向情节彼此抵消，这抹杀了情节之间的差异。无论是一个从重情节和一个从轻情节抵消，还是数个从重情节和一个减轻情节抵消的做法，都缺乏科学性，实践中也是不可取的。严格地说，只有以情节所反映的社会危害性程度和人身危险性程度为标准，对变量法定情节逐个量化为一定的数值，情节之间才有抵消的可能性。最后，就优势情节适用说

---

① 参见陈航：《量刑情节的冲突问题研究》，载《法律科学》1995 年第5 期，第 40 页。

② 参见黎其武、徐玮：《量刑情节适用的若干问题研究》，载《中国刑事法杂志》2005 年第 3 期，第 23 页。

而言，该说拒绝适用不占优势的法定情节本身就是一种错误做法，人为地对变量法定情节进行"裁减"，在缺乏对每种变量法定情节进行理性评价的前提下，仅根据对某一些优势情节得出刑事责任量的结论，是不合理的。

笔者认为，对于变量法定情节冲突情形下的刑事责任量的确定，仍然需要通过将变量法定情节量化为一定的数值来加以解决。笔者的初步看法是：由于从轻、减轻处罚的适用是使刑事责任基本量、增量或者减量减少，从重处罚的适用是使刑事责任基本量、减量增加，首先就应将刑事责任基本量、增量、减量进行一定的量化，然后将应当从轻、可以从轻、应当减轻、可以减轻、应当从重五种类型分别量化为不同的刑事责任量数值，再用刑事责任基本量、增量或者减量去加上从重的刑事责任量数值，然后减去应当从轻、可以从轻、应当减轻或者可以减轻的刑事责任量数值，就可以得到适用变量法定情节后的刑事责任量。但应注意的是，由于刑法规定减轻处罚是在法定刑以下判处刑罚，如果有数个量刑幅度的，应当在法定量刑幅度的下一个量刑幅度内判处刑罚，因此，如果存在减轻处罚情节，应在找准一个法定刑幅度的基础上，首先确定减轻处罚适用的法定刑幅度，然后才能按照上述步骤计算刑事责任量。否则就会违反刑法关于减轻处罚的规定。

第三节　我国与俄罗斯、法国刑事责任量的法律根据之比较

一、我国与俄罗斯刑事责任量的法律根据之比较

新中国刑法及其理论与苏联刑法及其理论具有很深的渊源。俄罗斯作为苏联解体后的一个独立国家，其刑事责任的概念及其在刑法中的地位与我国基本相同，因此，俄罗斯与我国在刑事责任量的法律根据上具有可比性。比较两国刑事责任量的法律根据，对我国刑事责任量的法律根据之立法完善具有借鉴意义。下文即以1996

年通过、2003 年修订的《俄罗斯联邦刑法典》为蓝本，对中俄两国刑事责任量的法律根据进行比较。

从《俄罗斯联邦刑法典》对刑事责任的诸多规定来看，俄罗斯联邦刑法中的刑事责任不但存在有无问题，而且存在轻重程度问题，即刑事责任量的问题。既然如此，刑事责任量的确定必有其法律根据。《俄罗斯联邦刑法典》第 8 条明确规定刑事责任的根据是实施本法典所规定的全部犯罪构成要件的行为。显然，其刑事责任量的法律根据是法定的犯罪构成。而法定的犯罪构成根据社会危害程度分为基本的犯罪构成、具有加重情节的犯罪构成和具有减轻情节的犯罪构成。① 因此可以肯定，俄罗斯联邦刑法中刑事责任基本量的法律根据是基本的犯罪构成；其刑事责任增量的法律根据是具有加重情节的犯罪构成；其刑事责任减量的法律根据是具有减轻情节的犯罪构成；其刑事责任变量的法律根据是变量法定情节。从而其刑事责任量的法律根据与我国有相同之处。

但是，比较中俄两国刑事责任量的法律根据，也可以发现存在如下几个方面的不同：第一，刑事责任基本量的法律根据在概念表述上有不同。俄罗斯联邦刑法中刑事责任基本量的法律根据是基本的犯罪构成，而俄罗斯刑法学界认为，基本的犯罪构成是指"确定犯罪行为本质的、没有加重要件和减轻要件的犯罪构成"。② 例如，《俄罗斯联邦刑法典》第 158 条第 1 款规定："偷窃，即秘密侵占他人财产的，处……"这就是偷窃罪的基本的犯罪构成。这里的基本犯罪构成相当于我国刑法中的普通的犯罪构成（基本构成）。虽然普通的犯罪构成与基本的犯罪构成在内容上相同，都是刑法规定的不含加重或减轻情节的犯罪构成，但是，笔者认为俄罗斯刑法学界采用"基本的犯罪构成"的表达更为准确，更有利于

---

① 参见［俄］ЛI. B. 伊诺加莫娃—海格主编：《俄罗斯联邦刑法（总论）》（第二版），黄方等译，中国人民大学出版社 2010 年版，第 45 页。

② ［俄］ЛI. B. 伊诺加莫娃—海格主编：《俄罗斯联邦刑法（总论）》（第二版），黄方等译，中国人民大学出版社 2010 年版，第 45 页。

对刑事责任基本量的法律根据的把握。

第二，刑事责任增量的法律根据的内容有所不同。俄罗斯联邦刑法中，刑事责任增量的法律根据是具有加重情节的犯罪构成。所谓具有加重情节的犯罪构成，是指在犯罪构成中规定的表明行为的社会危害性程度加重的要件。这虽然与我国刑法中的加重构成相当，但是俄罗斯联邦刑法中的加重情节更为广泛，内容涉及犯罪目的与动机，犯罪前的预谋，犯罪实施中采用的手段、方法、时间、地点、危害后果、犯罪次数等。例如偷窃罪的加重情节，《俄罗斯联邦刑法典》规定了 6 种情形，即（1）有预谋的团伙实施的；（2）非法潜入房舍或其他储藏处的；（3）给公民造成重大损失的；（4）从被害人的衣服、提包或者其他手提物品中进行偷窃的；（5）非法潜入住宅实施偷窃或偷窃数额巨大的；（6）有组织的集团实施的。其中前 4 种情形为第一加重构成；第 5 种情形为第二加重构成；第 6 种情形为第三加重构成。这三个层次的加重构成采取了分项立法的模式。这种具体化的分层立法模式有利于刑事责任增量的确定。

第三，刑事责任减量的法律根据的立法模式和内容有所不同。俄罗斯联邦刑法中，刑事责任减量的法律根据是具有减轻情节的犯罪构成。所谓具有减轻情节的犯罪构成，是指在犯罪构成中规定的表明行为的社会危害性程度减轻的要件。这与我国刑法中的减轻构成相当。但是，俄罗斯联邦刑法对减轻构成的减轻情节规定得很详细，而且采取与基本的犯罪构成分条立法的模式，不像我国刑法只是在基本构成及其法定刑之后笼统地规定"情节较轻"。例如，《俄罗斯联邦刑法典》第 105 条规定了杀人罪的基本构成和加重构成之后，第 106 条至第 108 条规定了杀人罪的减轻构成。其减轻情节包括：（1）母亲在分娩过程中或者在分娩之后立即杀死新生儿，以及母亲在精神受强烈刺激的情势下或者在不排除刑事责任能力的精神失常状态中杀死新生儿的；（2）因受到被害人的暴力、挖苦或严重侮辱，或因被害人其他违法行为或不道德行为（不作为），以及由于被害人经常不断的违法行为或不道德行为，从而在突发的

225

强烈精神激动（激情）状态中实施杀人的；（3）在激情状态中杀死 2 人以上的；（4）超过正当防卫限度杀人的；（5）超过拘捕犯罪人所必需的方法杀人的。刑法对这些不同的情形又规定了低于基本的犯罪构成的不同的刑罚。这种非常具体化的刑事责任减量的法律根据之立法模式，有利于限制法官在刑事责任减量上的自由裁量权，从而实现刑事责任减量上的司法平衡。而我国刑法对故意杀人罪的减轻构成只有"情节较轻"及其法定刑的规定。这种非常笼统的立法模式使法官有相当大的自由裁量空间，不利于刑事责任减量的司法平衡。

第四，刑事责任变量的法律根据的立法模式和内容不同。俄罗斯联邦刑法对刑事责任变量的法律根据采取的是集中立法的模式，即刑事责任变量的法律根据集中在刑法总则中规定，而且集中在"处刑"一章中规定。《俄罗斯联邦刑法典》第 61 条列举了 10 种减轻刑罚的情节，第 63 条列举了 13 种加重刑罚的情节。这些情节涉及的范围非常广泛和具体，既有罪前的情节、罪中的情节，也有罪后的情节；既有犯罪客观方面的情节，也有犯罪主体方面的情节。例如，减轻刑罚的情节包括：（1）由于各种情况的偶合而初次实施犯罪；（2）犯罪人未成年；（3）犯罪人怀孕；（4）犯罪人有幼年子女；（5）由于生活困难情况的交迫或者出于同情的动机而实施犯罪；（6）由于身体或心理受到强制或由于物质的、职务的或其他的依赖从属关系而实施犯罪；（7）因违反正当防卫、拘捕犯罪人、紧急避险、合理风险、执行命令或指令等的合法性条件而实施犯罪；（8）由于被害人的行为不合法或不道德而实施犯罪；（9）自首、积极协助揭露犯罪、揭发同案犯和起获赃物；（10）在犯罪之后立即对被害人给予医疗救助或其他帮助，自愿赔偿犯罪所造成的财产损失或精神损害，以及其他旨在弥补对被害人所造成的损失的行为。而我国刑法对刑事责任变量的法律根据采取的立法模式是分散立法模式，即刑事责任变量的法律根据不但分散规定在总则的各章节中，而且分散规定在分则个罪中。从内容上看，我国刑法中刑事责任量的法律根据之变量法定情节的范围较窄，而且只有从重处罚情节，没有加重处罚的情节。

因此，总的来说，俄罗斯联邦刑法对刑事责任量的法律根据之规定与我国刑法相比，规定得要详细、具体得多，可操作性更强，值得我国刑法借鉴。

二、我国与法国刑事责任量的法律根据之比较

法国是大陆法系的典型国家之一，其 1810 年的《刑法典》是世界刑事立法史上一部具有重大影响的经典之作，也是形式上最老的法典之一。1994 年 3 月 1 日开始实施的《法国新刑法典》对这部实施了 180 多年的旧刑法典进行了重大修改，无论其内容还是体例都反映了时代和社会的发展变化对立法的要求。[①] 下文即以《法国新刑法典》为蓝本，来比较我国与法国刑事责任量的法律根据之异同。之所以选取大陆法系的法国刑法与我国进行比较，不但是因为法国刑法在大陆法系国家中的影响力，而且是因为法国刑法中的刑事责任概念和地位与我国有相同之处，具有可比性。虽然法国是典型的大陆法系国家，但其刑法理论并非以构成要件符合性、违法性、有责性三要件递进的犯罪成立模式为基石，而是以二要件平行的犯罪成立模式为基础。

从《法国新刑法典》分则对刑事责任的规定来看，法国刑法对每一种犯罪行为首先都确定了一个刑事责任基本量，然后在基本量的基础上根据加重情节的不同增加不同的刑事责任量，因而刑法分则中的个罪普遍存在刑事责任增量问题。可以说，法国刑法中的个罪的刑事责任量基本上属于一种基本量＋增量的构成模式。但是，在刑法分则的个别地方也有刑事责任减量的规定。例如，关于恐怖活动罪，《法国新刑法典》第 422—2 条规定："恐怖活动罪之正犯或共犯，如其告知行政当局或司法当局，从而得以制止犯罪行为，或者得以避免犯罪造成人员死亡或永久性残疾，且在相应场

[①] 《法国新刑法典》，罗结珍译，中国法制出版社 2003 年版，第 247 页。

合，得以侦破其他罪犯的，其所受之自由刑减半；在当处之刑罚为无期徒刑时，所受之刑罚减为 20 年徒刑。"这相当于我国刑法中的立功从宽处罚，但由于其只针对恐怖活动罪作出此规定，因此应属于恐怖活动罪刑事责任减量的法律根据。《法国新刑法典》在刑法分则的规定之外，刑法总则还有少量规定对个罪刑事责任基本量或增量进行调整。因此，法国刑法中的刑事责任量与我国刑法一样，有基本量、增量、减量和变量之分，相应地，其法律根据也与我国一样，可分为刑事责任基本量的法律根据、刑事责任增量的法律根据、刑事责任减量的法律根据和刑事责任变量的法律根据。这些法律根据中，有的内容或立法模式与我国刑法有所不同。

第一，从刑事责任基本量的法律根据看。法国刑法中所有的重罪和轻罪都有共同的构成，这种共同的构成就是：法律对其实际受到禁止的行为作出明确定义，并且指明，成立这种罪名是否必须要有行为人有意（故意）实施其行为，或者仅需行为人有不谨慎或疏忽大意。即是说，一种行为成立犯罪，必须具备两个要件——事实要件和心理要件。[①] 事实要件是指成立犯罪要有某种行为，这种行为可以是作为或不作为；可以是瞬时行为，也可以是继续行为；可以是一行为，也可以是数行为。[②] 心理要件是指成立犯罪必须有行为人的意志，包括犯罪故意和刑事过失。[③] 而我国刑法要求一种行为成立犯罪需要具备犯罪客体、犯罪客观方面、犯罪主体和犯罪主观方面四个要件，这四个要件相互联系、缺一不可。这明显与法国刑法对犯罪成立的要求不同。由于只要一种行为成立犯罪，就规

[①] ［法］卡斯东·斯特法尼等：《法国刑法总论精义》，罗结珍译，中国政法大学出版社 1998 年版，第 212—213 页。

[②] ［法］卡斯东·斯特法尼等：《法国刑法总论精义》，罗结珍译，中国政法大学出版社 1998 年版，第 215 页。

[③] 参见［法］卡斯东·斯特法尼等：《法国刑法总论精义》，罗结珍译，中国政法大学出版社 1998 年版，第 247—248 页。

定基本的法定刑，因此成立犯罪的构成要件也就属于基本构成。法国与我国在刑事责任基本量的法律根据上尽管都是基本构成，但符合基本构成的要求不同。

第二，从刑事责任增量的法律根据看。法国刑法中，刑事责任增量的立法模式采取的是与基本构成相分离的、分条立法的模式。增加刑事责任量的法律根据的内容涉及范围广泛，包括罪前的目的、预谋，罪中的对象、手段、后果等，而且规定得相当具体，尤其是对行为对象的规定。例如，《法国新刑法典》对故意杀人罪刑事责任量的法律根据之规定便是如此。该法典第221—1条规定了故意杀人罪的基本构成，随后，第221—2条、第221—3条、第221—4条分别规定了增加故意杀人罪刑事责任量的加重构成，具体包括：（1）故意杀人之前、同时或之后另犯其他重罪的；（2）为准备或方便实施轻罪，或者为便于或保护轻罪罪犯或共犯逃逸或免受追究而故意杀人的；（3）有预谋地故意杀人的；（4）故意杀害15岁以下的未成年人的；（5）故意杀害合法直系尊亲或非婚尊亲，或杀害养父或养母的；（6）故意杀害因年龄、疾病、残疾、怀孕、身体或精神缺陷，明显极易攻击之人或罪犯明知极易攻击之人的；（7）故意杀害正在履行职务或任务的司法官、陪审员、律师、公务助理人员或司法助理人员、宪兵军职人员、国家警察机关、海关、监狱管理部门的公务人员，旅客交通运输网经营者的工作人员或者行使司法权力或负责执行公共事业服务任务的其他任何人，且受害人身份明显，或者犯罪行为人明知受害人之身份的；（8）为阻止证人、受害人或一方民事当事人告发事实、提起控告或出庭作证，或者由于其告发、控告或出庭作证而故意杀害证人、受害人或一方民事当事人的。行为人的行为只要具备上述情形之一，刑事责任量就相应增加。这种非常具体化的刑事责任增量的法律根据的立法模式有利于司法实践中限制法官在确定刑事责任量上的自由裁量权，从而实现刑事责任量的确定之平衡。而我国刑法中刑事责任增量的法律根据一般采取的是与基本构成同条款、紧跟基本构成之后的立法模式，加重构成的内容一般较为抽象、概括，不如法国刑法规定得那么详细、具体。相对而言，这种刑事责任增量的法律根据的立法模式使法官在刑事责任量的确定上有非常大的自由裁量空间，难以实现刑事责任量的确定在不同时期、不同法院之间的平衡。

第三，从刑事责任变量的法律根据看。在分则规定个罪刑事责任基本量、增量的基础上，《法国新刑法典》总则设置了相关规定，对个罪刑事责任基本量、增量进行调整。例如，该法典第122—1条第2款规定："行为发生之时患有精神紊乱或神经精神紊乱，损害或有碍于辨别或控制自己行为的人，仍得惩处之；但法院在量刑与确定刑罚制度时将考虑此情节。"也就是说，行为人实施行为时患有精神紊乱或神经精神紊乱，损害或有碍于辨别或控制自己行为，是法院裁定犯罪人刑事责任量时需要考虑的变量情节。又如，该法典第132—8条规定："自然人因重罪或依法律规定当处10年监禁刑之轻罪已经最终确定判决，再犯重罪者，如法律对该重罪规定的最高刑为20年或30年，处最高刑为无期徒刑或终身监禁；如该重罪最高刑为15年，可处之最高刑加至30年徒刑或30年拘押。"第132—9条规定："自然人因重罪或依法律规定当处10年监禁刑之轻罪已经最终确定判决，自前刑期满或完成时效起计算，10年期间，又犯当处相同刑罚之轻罪者，可处之最高监禁刑及罚金刑加倍。"可见，在法国刑法中，累犯是一种刑事责任变量的法定情节。《法国新刑法典》第132—10条、第132—11条、第132—12条、第132—13条、第132—14条、第132—15条还对自然人累犯和法人累犯的其他情形，既规定了累犯构成条件，又规定了应当加重的刑事责任量。法国刑事责任变量的法律根据虽有上述规定，但比我国刑法中的变量法定情节要少得多。或者说，我国通过刑法总则的诸多规定对个罪的刑事责任量进行调节比较常见，而法国很少采用刑法总则规定来调节个罪的刑事责任量。更进一步说，法国刑法中个罪的刑事责任量一般是通过分则立法的具体化予以彻底解决。

第四节　我国刑事责任量的法律根据的立法缺陷与完善

一、我国刑事责任量的法律根据之立法缺陷

从立法的协调性角度考察，我国刑事责任量的法律根据虽然总体上是协调的，但有少数个罪罪量构成层次存在协调性不足的问题，主要表现为以下两个方面：

1. 有的个罪从基本构成到加重构成的规定缺乏内在逻辑性。我国刑法分则对个罪大多规定了数个罪量层次的犯罪构成。其中，有的个罪从基本构成到加重构成，采用以具体情节为基本构成要求、"情节严重"为一级加重构成、"情节特别严重"为二级加重构成的模式；有的个罪采用"情节严重"为基本构成要求、"情节特别严重"为加重构成的模式；有的个罪采用"数额较大"为基本构成要求、"数额巨大"为一级加重构成、"数额特别巨大"为二级加重构成的模式；有的个罪采用"后果严重"或者具体的危害后果为基本构成要求、"后果特别严重"为加重构成的模式；还有的个罪将情节、数额、后果在基本构成和加重构成中混合规定，体现一定的罪量层次性。

从用语表达的逻辑性来说，情节一般、情节严重、情节特别严重体现了情节程度递增规律；数额较大、数额巨大、数额特别巨大体现了数额递增规律；后果严重、后果特别严重体现了后果程度递增规律，这是符合逻辑的。但是，我国刑法中有的个罪在基本构成和一级加重构成中没有规定"情节严重"，却在二级加重构成中规定了"情节特别严重"，是不符合情节程度递增规律的。例如，《刑法》第369条规定："破坏武器装备、军事设施、军事通信的，处3年以下有期徒刑、拘役或者管制；破坏重要武器装备、军事设施、军事通信的，处3年以上10年以下有期徒刑；情节特别严重的，处10年以上有期徒刑、无期徒刑或者死刑。"该条对破坏武

器装备、军事设施、军事通信罪的基本构成和一级加重构成缺乏"情节严重"的规定，但在二级加重构成中却规定了"情节特别严重"。有的罪在基本构成中没有规定"数额较大"，但在加重构成中规定了"数额巨大"，是不符合数额递增规律的。例如，《刑法》第 171 条第 2 款规定："银行或者其他金融机构的工作人员购买伪造的货币或者利用职务上的便利，以伪造的货币换取货币的，处 3 年以上 10 年以下有期徒刑，并处 2 万元以上 20 万元以下罚金；数额巨大或者有其他严重情节的，处 10 年以上有期徒刑或者无期徒刑，并处 2 万元以上 20 万元以下罚金或者没收财产；情节较轻的，处 3 年以下有期徒刑或者拘役，并处或者单处 1 万元以上 10 万元以下罚金。"该条对金融机构工作人员购买假币、以假币换取货币罪的基本构成缺乏数额大小的规定，但在其加重构成中规定了"数额巨大或者有其他严重情节"。又如，《刑法》第 176 条规定："非法吸收公众存款或者变相吸收公众存款，扰乱金融秩序的，处 3 年以下有期徒刑或者拘役，并处或者单处 2 万元以上 20 万元以下罚金；数额巨大或者有其他严重情节的，处 3 年以上 10 年以下有期徒刑，并处 5 万元以上 50 万元以下罚金。"该条对非法吸收公众存款罪的基本构成中缺乏"数额较大"的规定，却在其加重构成中规定了"数额巨大或者其他严重情节"。再如，《刑法》第 209 条规定："伪造、擅自制造或者出售伪造、擅自制造的可以用于骗取出口退税、抵扣税款的其他发票的，处 3 年以下有期徒刑、拘役或者管制，并处 2 万元以上 20 万元以下罚金；数量巨大的，处 3 年以上 7 年以下有期徒刑，并处 5 万元以上 50 万元以下罚金；数量特别巨大的，处 7 年以上有期徒刑，并处 5 万元以上 50 万元以下罚金或者没收财产。"该条对非法制造、出售非法制造的用于骗取出口退税、抵扣税款发票罪的基本构成没有数量大小的规定，却在加重构成中规定了"数量巨大"、"数量特别巨大"。

2. 有的个罪从基本构成到加重构成的规定不但缺乏内在逻辑性，而且还与临近同类犯罪的基本构成、加重构成规定不协调。例如，《刑法》第 195 条规定："有下列情形之一，进行信用证诈骗活动的，处 5 年以下有期徒刑或者拘役，并处 2 万元以上 20 万元以下罚金；数额巨大或者有其他严重情节的，处 5 年以上 10 年以下有期徒刑，并处 5 万元以上 50 万元以下罚金；数额特别巨大或者有其他特别严重情节的，处 10 年以上有期徒刑或者无期徒刑，并处 5 万元以上 50 万元以下罚金或者没收财产：（一）使用伪造、变造的信用证或者附随的单据、文件的；（二）使用伪造的信用证的；（三）骗取信用证的；（四）以其他方法进行信用证诈骗活动的。"该条对信用证诈骗罪的基本构成没有规定数额较大，但对其一级加重构成规定了"数额巨大"。不但如此，而且还与其临近的集资诈骗罪、贷款诈骗罪、票据诈骗罪、信用卡诈骗罪、有价证券诈骗罪的基本构成、加重构成规定不协调。因为这些犯罪与信用证诈骗罪属于同类的金融诈骗罪，其基本构成均有数额较大的要求，其一级加重构成均规定了"数额巨大或者有其他严重情节"，二级加重构成均规定了"数额特别巨大或者有其他特别严重情节"。

二、我国刑事责任量的法律根据的立法完善

针对上述立法缺陷，笔者认为，应对有关个罪的基本构成要求或者加重构成进行如下修改，以实现个罪罪量递增的逻辑性和与临近同类个罪罪量结构的协调性：

第一，修改金融机构工作人员购买假币、以假币换取货币罪和非法吸收公众存款罪的基本构成。这两个罪的基本构成与加重构成之间缺乏内在的逻辑性，是因为加重构成中有数额巨大的要求，而在基本构成中没有数额较大的要求，所以，应对其基本构成的数额要求进行补充，即将金融机构工作人员购买假币、以假币换取货币罪基本构成的罪状修改为："银行或者其他金融机构的工作人员购买伪造的货币或者利用职务上的便利，以伪造的货币换取货币，数额较大的"；将非法吸收公众存款罪基本构成的罪状修改为："非法吸收公众存款或者变相吸收公众存款数额较大，扰乱金融秩序的。"

第二，修改信用证诈骗罪的基本构成。信用证诈骗罪的基本构

成与加重构成之所以缺乏内在的逻辑性，其罪量层次结构之所以与同类金融诈骗罪不协调，是因为其基本构成中缺乏数额较大的要求。因此，应在本罪基本构成的罪状中补充数额较大的要求，即将本罪法条修改为："有下列情形之一，进行信用证诈骗活动，数额较大的，处 5 年以下有期徒刑或者拘役，并处 2 万元以上 20 万元以下罚金；数额巨大或者有其他严重情节的，处 5 年以上 10 年以下有期徒刑，并处 5 万元以上 50 万元以下罚金；数额特别巨大或者有其他特别严重情节的，处 10 年以上有期徒刑或者无期徒刑，并处 5 万元以上 50 万元以下罚金或者没收财产：（一）使用伪造、变造的信用证或者附随的单据、文件的；（二）使用伪造的信用证的；（三）骗取信用证的；（四）以其他方法进行信用证诈骗活动的。"

第三，修改非法制造、出售非法制造的用于骗取出口退税、抵扣税款发票罪的基本构成。本罪基本构成与加重构成之间缺乏内在的逻辑性，是因为加重构成中有数量巨大的要求，而在基本构成中没有数量较大的要求，所以，应对其基本构成的数量要求进行补充，即将本罪基本构成的罪状修改为："伪造、擅自制造或者出售伪造、擅自制造的可以用于骗取出口退税、抵扣税款的其他发票，数量较大的。"

第四，修改破坏武器装备、军事设施、军事通信罪的二级加重构成。本罪的基本构成与加重构成之间之所以缺乏内在的逻辑性，是因为其二级加重构成为"情节特别严重"，而其一级加重构成却缺乏"情节严重"的规定，所以应将其二级加重构成修改为"情节严重"，才能体现本罪情节程度递增规律。

第六章　刑事责任量的事实根据

刑事责任量的事实根据是刑事责任量的司法根据之一。司法机关确定犯罪人的刑事责任量的大小，除了必须具备法律根据之外，还必须有其事实根据，因为"以事实为根据，以法律为准绳"是司法机关追究犯罪人刑事责任的基本原则。本章从刑事责任量分为刑事责任基本量、刑事责任增量、刑事责任减量和刑事责任变量的角度，专题探讨这四种刑事责任量的事实根据。

第一节　刑事责任量的事实根据概述

一、刑事责任量的事实根据之学界观点及简评

在刑事责任量的确定中，究竟什么是刑事责任量的事实根据，我国刑法学界有不同的看法。有的学者认为，刑事责任量的事实根据是犯罪行为。[①] 有的学者认为，刑事责任量的事实根据是犯罪事实及犯罪前后反映犯罪的社会危害性和犯罪人的人身危险性的情况。[②] 有的学者认为，刑事责任量的事实根据最主要的是犯罪构成事实，它决定着刑事责任的基本量；此外还包括其他反映犯罪社会危害性的事实，这些事实主要包括法定的从轻、减轻、免除或者从重处罚的情节事实，如自首、累犯、主犯、从犯、胁从犯、预

[①]　参见李方晓：《刑事责任根据之探讨》，载《人民检察》2001 年第 5 期，第 45 页。
[②]　参见林荫茂：《论刑事责任》，载《上海社会科学院学术季刊》1993 年第 1 期，第 136 页。

备犯、未遂犯、中止犯等；司法中的酌定情节事实，如犯罪的动机，犯罪人的一贯表现，犯罪后的态度，犯罪的时间、地点、手段、对象、后果等。① 还有的学者认为，刑事责任量的事实根据包括三个方面：一是犯罪构成事实；二是犯罪构成以外的其他案件事实；三是案件以外的直接或间接影响刑事责任的主客观事实。②

上述各种观点虽然或多或少地指出了刑事责任量的事实根据，但是均有其不足。第一种观点将刑事责任量的事实根据限定在犯罪行为上，就排除了那些犯罪行为之外的反映犯罪人人身危险性大小的事实根据，这是很不全面的。后三种观点虽然比较全面地归纳了反映犯罪的社会危害性程度和犯罪人的人身危险性大小的事实根据，但对刑事责任量的事实根据却缺乏应有的分类研究，而且第二种观点过于概括，不具体；第四种观点将"案件以外的直接或间接影响刑事责任的主客观事实"作为刑事责任量的事实根据之一，有扩大刑事责任量的事实根据之嫌。因此，总的来看，学界对于刑事责任量的事实根据还缺乏全面的深入研究。

二、刑事责任量的事实根据的特征与分类

（一）刑事责任量的事实根据的特征

刑事责任量的事实根据是决定或影响刑事责任量的确定的案件事实，它具有以下几个特征：

第一，客观性。客观性是与主观性相对应的一个概念，它是指一个事物不受主观思想或意识影响而独立存在的性质，或者说是不以人的意志为转移而客观存在的性质。刑事责任量的确定应以案件

---

① 参见吴占英：《论刑事责任的法律学根据》，载《湖北成人教育学院学报》2001 年第 3 期，第 25 页。

② 参见高铭暄：《新中国刑法的理论与实践》，河北人民出版社 1988 年版，第 162 页。

事实为根据，而案件事实是不以人的意志为转移而客观存在的，因此，刑事责任量的事实根据具有客观性。

第二，待证性。作为刑事责任量的事实根据之案件事实虽然是客观存在的，但是，由于案件事实是过去发生的事实，它是需要用证据加以证明的，属于待证事实；如果没有充分的证据来证明，它是不能用来作为确定刑事责任量的事实根据的。正因为这样，刑事证明标准与方法对于刑事责任量的事实根据的认定具有重要意义。

第三，关联性。作为刑事责任量的事实根据之案件事实，不是泛指与犯罪和犯罪人有关的一切事实，而是决定或影响刑事责任量的大小的事实。某个案件事实是否决定或影响刑事责任量的大小，应看其是否影响犯罪的社会危害程度或犯罪人的人身危险性大小；如果某个事实能够作为评价犯罪的社会危害性程度或犯罪人的人身危险性大小的依据，就说明其与刑事责任量的确定具有相关性，应作为刑事责任量的事实根据。

（二）刑事责任量的事实根据的分类

1. 从是否有利于被告人的角度看，刑事责任量的事实根据可以分为不利于被告人的刑事责任量的事实根据和有利于被告人的刑事责任量的事实根据。

（1）不利于被告人的刑事责任量的事实根据包括法定的重处事实、加重构成事实和犯罪事实外的不利于被告人的酌定量刑事实。法定重处事实，是指刑法明文规定的在量刑时应当予以考虑的、从重处罚被告人的情节事实。加重构成事实是与犯罪的加重构成相对应的犯罪事实，包括犯罪对象事实、犯罪手段事实、犯罪时空及环境条件事实、犯罪行为造成的危害结果等。犯罪事实外的不利于被告人的酌定量刑事实，如被告人的品行一贯不好，有吸毒、酗酒、赌博等不良行为表现等、犯罪后悔罪态度恶劣、有前科等事实。

（2）有利于被告人的刑事责任量的事实根据包括法定的轻处

事实、减轻构成事实和犯罪事实外的有利于被告人的酌定量刑事实。法定的轻处事实包括从轻处罚的情节事实、减轻处罚的情节事实和免除处罚的情节事实。减轻构成事实是与减轻构成相对应的犯罪事实。如在犯罪动机上，大义灭亲的杀人行为其可责性要低于普通杀人行为，因此在量刑时大义灭亲这一犯罪动机应当成为法官量刑时考虑的酌定量刑事实。犯罪事实外有利于被告人的酌定量刑事实包括被告人一贯表现良好、犯罪后悔罪态度诚恳、积极赔偿损失、被害人对被告人予以谅解等。

2. 从将刑事责任量分为刑事责任基本量、增量、减量和变量的角度看，刑事责任量的事实根据可以区分为刑事责任基本量的事实根据、刑事责任增量的事实根据、刑事责任减量的事实根据和刑事责任变量的事实根据，这四种刑事责任量的事实根据的具体内容是不同的。本章拟对这四种事实根据进行分别研究。

第二节　刑事责任量的事实根据的展开

一、刑事责任基本量的事实根据

（一）基本构成事实是刑事责任基本量的事实根据

前已述及，刑事责任基本量的法律根据是基本构成。那么，刑事责任基本量的事实根据应是基本构成事实。因为要追究一个人的刑事责任，其行为事实首先必须符合基本构成，即具有基本构成事实；反之，如果一个人的行为事实不符合基本构成，就不能追究其刑事责任。因此，基本构成事实不但是刑事责任质的事实根据，也是刑事责任基本量的事实根据。

基本构成事实是指决定行为人的行为构成某种具体犯罪的事实。它与犯罪事实、基本构成、犯罪构成事实有区别。首先，基本构成事实不同于犯罪事实。犯罪事实是指存在于某种犯罪实施过程中的表明行为的社会危害性及其程度的一切主客观事实情况的总和。① 犯罪事实不但包括基本构成事实，还包括基本构成事实以外的其他影响处罚轻重的犯罪事实。因此，犯罪事实在外延上宽于基本构成事实。其次，基本构成事实不同于基本构成。基本构成是追究行为人刑事责任的法律标准，是立法者意志的体现，缺乏基本构成的法律规定，则不能对行为定罪和追究行为人的刑事责任；而基本构成事实是追究行为人刑事责任的事实要求。即使法律上有基本构成的规定，但行为事实如果不符合基本构成，也不能追究行为人的刑事责任。因此基本构成事实与基本构成是两个具有不同内涵的概念，不可混为一谈。最后，基本构成事实不同于犯罪构成事实。犯罪构成包括基本构成、加重构成和减轻构成三种类型，相应地，犯罪构成事实包括基本构成事实、加重构成事实和减轻构成事实。显然，基本构成事实只是犯罪构成事实中的一种而已。

从内容上看，基本构成事实是符合刑法分则明文规定的某种具体犯罪四个方面要件的事实，即包括犯罪客体事实、犯罪客观方面事实、犯罪主体事实和犯罪主观方面事实。犯罪客体事实是行为侵犯刑法所保护的社会关系或法益的事实。行为是否具备犯罪客体事实是决定是否追究行为人刑事责任的关键；如果行为不具备犯罪客体事实，则不能对行为人追究刑事责任。犯罪客观方面事实是说明行为对刑法所保护的社会关系或法益具有侵犯或威胁的客观事实特征，具体包括危害行为事实，作为构成要件要素的犯罪对象事实，作为构成要件要素的危害结果事实，作为构成要件要素的时间、地点、方法事实。值得注意的是，犯罪对象，危害结果，犯罪的时间、地点、方法，如果不是某个犯罪构成要件要素，这些方面的事实就不属于基本构成事实，但可能是后文所指的变量酌定情节事实。根据主客观相统一原则，犯罪客观方面事实是行为人承担一定量的刑事责任的客观事实基础。犯罪主体事实是说明行为人具备犯

---

① 参见高铭暄、马克昌主编：《刑法学》（第三版），北京大学出版社、高等教育出版社 2007 年版，第 274 页。

罪主体要件的事实，包括刑事责任年龄事实、辨认控制能力事实、犯罪主体的特定身份事实、某个危害行为是某个主体实施的事实。犯罪主体是刑事责任的承担者，追究行为人的刑事责任，必须查清犯罪主体事实。犯罪主观方面事实是说明行为人实施危害行为时的主观心理态度的事实，包括犯罪故意事实、犯罪过失事实和特定犯罪目的事实。犯罪主观方面事实是行为人承担一定量的刑事责任的主观事实基础。

上述基本构成四要件事实对于刑事责任基本量的确定意义重大，缺一不可。司法机关是否追究、如何追究行为人的刑事责任，首先就应查清基本构成四要件事实。只有全面查清基本构成事实，才能决定是否追究刑事责任及其确定刑事责任基本量。

（二）基本构成事实的证明

基本构成事实属于客观的、需要证明的定罪事实，定罪事实的作用在于确定被告人是否犯罪、犯有何罪以及所犯之罪为重罪还是轻罪。对其证明的结果，直接关系到被告人的人身、财产甚至生命权，假如证明标准设置过低，则极易造成定罪上的错误，而一旦发生了错误，将造成极其严重的后果。因此，对于基本构成事实必须采取严格证明的方法。

严格证明是大陆法系国家证据法上的概念，是作为自由证明的对应物，首先由德国学者迪恩茨于 1926 年提出，其后传至日本及我国台湾地区，并得到大陆法系国家和地区普遍认同而成为指导司法人员证明案件事实的一种基本思维路径。一般而言，严格证明与自由证明的差异体现在证据种类（证据方法与证据资料）、证据调查程序和证据能力、有罪判决中的心证程度（证明标准）三个方面。[①] 德国学者罗克辛认为，严格证明相对于自由证明具有如下几个特点：一是就证据种类而言，证据种类（证据方法与证据资料）

---

① 参见林钰雄、杨云骅、赖浩敏：《严格证明的映射：自由证明法则及其运用》，载《国家检察官学院学报》2007 年第 5 期，第 7 页。

必须受到"有关法定证据的限制，即被告人、证人、鉴定人、勘验及文书证件"；二是就证据的提出和调查方法（证据调查程序和证据能力）而言，严格证明要受法律对于上述法定证据种类之调查方法的限制；三是就心证程度（证明标准）而言，严格证明适用通常的证明标准是"排除合理怀疑"、"接近确凿的盖然性"、"任何人对真实性都确信无疑"等。① 可见，严格证明是指在证据的根据及程序上都受到法律的严格限制，且应达到排除合理怀疑这一证明标准要求的证明方法。一方面，严格证明所依据的证据必须是法律明确规定的证据且具备证据能力，同时，证明的过程或程序必须严格依照法定的证据调查程序进行；另一方面，严格的证明根据和程序决定了证明标准的严格性与至高性，即必须达到排除合理怀疑的标准。②

显然，在严格证明背后，映射出程序法本身具有的权力制约功能。正如我国台湾学者杨云骅所言："法官行使审判权，他可以判人生死、给人定罪，这是国家最严厉的一种刑罚权——在这里，一定要慎重，一定要受到约束。所以，一定要提到严格证明程序，要求他的严格性。"③ 换言之，对实体法事实特别是基本构成事实进行严格证明旨在通过限制国家权力，防止在罪责问题上恣意认定，以保障被告人的人权。

准确地查明基本构成事实是刑事诉讼中证明活动的首要目的。或者可以说，刑事诉讼法就证据制度的所有规定乃是以准确定罪为预想目标。国家刑罚权在定罪领域必须得到最为严格的限制。在证据的种类（证据方法与证据资料）、证据能力、证据的调查方法、

---

① 参见［德］罗克辛：《刑事诉讼法》，吴丽琪译，法律出版社 2003 年版，第 208 页。

② 参见闵春雷：《严格证明与自由证明新探》，载《中外法学》2010 年第 5 期，第 685 页。

③ 林钰雄、杨云骅、赖浩敏：《严格证明的映射：自由证明法则及其运用》，载《国家检察官学院学报》2007 年第 5 期，第 7 页。

举证责任、证明标准等方面，都应当一体遵从法律的严密规则，对基本构成事实或定罪事实必须进行严格的证明。

对基本构成事实进行严格证明，不但包括对于成立犯罪的直接事实应严格证明，而且对于间接事实也应进行严格证明。因为案件事实经常没有直接证据，只能从间接事实推论直接事实的存否。虽然间接事实经常是一些在实体法意义上并不涉及犯罪构成要件的犯情（例如不具有构成要件意义的方法、动机、时间、地点等），但"诉讼法上的认定事实是一个追本溯源的复杂过程"[①]，不能仅仅要求对直接事实进行严格证明而允许对间接事实进行自由证明；如果对间接事实进行自由证明，则无法保障推论直接事实存否的基础之合理性与妥当性，难免造成对直接事实的错误认定。因此，对间接事实也须进行严格证明。[②]

二、刑事责任增量的事实根据

（一）基本构成事实的多余部分和加重构成事实是刑事责任增量的事实根据

刑事责任增量的事实根据是指在刑事责任基本量的基础上使刑事责任量有所增加的案件事实。笔者认为，刑事责任增量的事实根据包括两个方面：一是基本构成事实的多余部分；二是加重构成事实。行为只要具备其中之一事实，就应加重其刑事责任量。

1. 基本构成事实的多余部分

刑法规定的基本构成类型具有多样性。按照基本构成中客观方面行为的单复，可以分为行为单一的基本构成和行为复杂的基本构成。在行为复杂的基本构成中，有些犯罪的客观方面构成要件涵盖

---

① ［日］松尾浩也：《日本刑事诉讼法》，丁相顺译，中国人民大学出版社 2005 年版，第 9 页。

② 参见康怀宇：《比较法视野中的定罪事实与量刑事实之证明——严格证明与自由证明的具体运用》，载《四川大学学报》（哲学社会科学版）2009 年第 2 期，第 107—108 页。

着若干个并列行为或对象，法律规定只要具备其中之一，就可以构成犯罪，进行定罪处罚。如果行为人实施该种犯罪而又同时具有多项基本构成事实，其社会危害性程度明显大于那些只具有一项基本构成事实的犯罪，因而其承担的刑事责任应当有所区别。在具有多项行为的基本构成事实中，用于充足基本构成的那个构成事实是定罪事实，也是刑事责任基本量的事实根据。但是，定罪剩余的那些基本构成事实，就应当转化为刑事责任增量的事实根据。例如，《刑法》第 293 条规定的寻衅滋事罪，其客观方面的危害行为有如下四种情形：（1）随意殴打他人，情节恶劣的；（2）追逐、拦截、辱骂、恐吓他人，情节恶劣的；（3）强拿硬要或者任意损毁、占用公私财物，情节严重的；（4）在公共场所起哄闹事，造成公共场所严重混乱的。该条规定寻衅滋事只要具备其中之一种情形，就可构成该罪。如果某行为人既随意殴打他人，情节恶劣；又追逐、拦截、辱骂、恐吓他人，情节恶劣；还有强拿硬要公私财物情节严重的行为，则将其中之一作为定罪事实后，其他两种情形便应转化为其刑事责任增量的事实根据，以使只具备一种情形的寻衅滋事罪的刑事责任与同时具备多种情形的寻衅滋事罪区别对待。因此，对于那些行为复杂的基本构成的犯罪，其刑事责任量的确定，要求全面查清基本构成事实，不能遗漏，也不能忽视其对刑事责任量的确定之作用。

2. 加重构成事实

加重构成事实是指说明行为的社会危害性超出基本构成从而加重其法定刑的事实。加重构成事实是与加重构成相对应的概念。前已述及，加重构成是刑事责任增量的法律根据。那么，加重构成事实也就应是刑事责任增量的事实根据。因此，刑法对某个罪只要规定了加重构成，司法机关就应查清行为是否存在加重构成事实，存在何种加重构成事实。根据加重构成的不同类型，加重构成事实可以分为情节加重构成事实、数额加重构成事实、后果加重构成事实等。行为无论具备哪一种加重构成事实，其刑事责任量均应加重。当然，如果行为不具备任何加重构成事实，也不存在上述的基本构成事实的多余部分，则不能加重其刑事责任量。

（二）刑事责任增量事实根据的证明

刑事责任增量是使犯罪人的刑事责任程度加重，因此，刑事责任增量的事实根据属于不利于被告人的刑事责任量的事实根据。而基于保障被告人人权的需要，对于刑事责任增量的事实根据应当予以严格证明。

在日本，法定加重刑罚事由应当严格证明，学界对此基本上没有争议。① 日本的判例认为，"作为加重处罚累犯事由的前科是法定加重事由，实质上相当于犯罪构成要件，因此必须严格证明"。② 我国台湾地区也有学者主张，对于法定加重刑罚事由，如累犯、连续犯之加重均应严格证明。③ 英国法律要求，只要被告人对犯罪事实提出质疑，检察官就必须排除合理怀疑的证明。澳大利亚和英国一样，要求检控方对罪重事实的证明要达到排除合理怀疑标准。

在我国，无论是基本构成事实的多余部分，还是加重构成事实，都属于罪重事实，会导致刑事责任程度加重。一旦对这样的事实进行了认定，就会对被告人产生显著不利影响，因此，只要被告方针对罪重事实提出合理的反驳理由，控诉方就应当将其理由通过证据证明予以排除合理怀疑。同样，对于控方赖以反驳被告方罪轻主张的事实，控方的证据证明也应达到排除合理怀疑标准。另外，提高罪重事实的证明标准，可以促使追诉机关在侦查以及审查起诉的过程中，更加注意收集和查明案件中的罪重事实和相关证据，从而保障指控事实的准确性，为法院公正裁判奠定基础。因此，对于

---

① 参见［日］松尾浩也：《日本刑事诉讼法》，丁相顺译，中国人民大学出版社 2005 年版，第 13 页。

② ［日］田口守一：《刑事诉讼法》，刘迪等译，法律出版社 2000 年版，第 221 页。

③ 参见蔡墩铭：《刑事诉讼法》（第五版），台湾五南图书出版股份有限公司 2002 年版，第 233 页。

罪重事实的证明方法应当适用定罪事实的证明方法即严格证明方法。

三、刑事责任减量的事实根据

（一）减轻构成事实是刑事责任减量的事实根据

刑事责任减量是在刑事责任基本量的基础上适当减轻刑事责任量。司法机关要减轻犯罪人的刑事责任量，不但要有法律根据，而且要有事实根据。笔者认为，刑事责任减量的事实根据是减轻构成事实。

减轻构成事实是指说明行为的社会危害性轻于基本构成从而减轻其法定刑的事实。减轻构成事实是与减轻构成相对应的概念。既然减轻构成是刑事责任减量的法律根据，那么，减轻构成事实应是刑事责任减量的事实根据。因此，刑法对某个罪只要规定了减轻构成，司法机关就应查清行为是否存在减轻构成事实、存在什么减轻构成事实。如果不存在减轻构成事实，就不能随意减轻行为人的刑事责任。

（二）刑事责任减量事实根据的证明

刑事责任减量是使犯罪人的刑事责任程度减轻，因此，刑事责任减量的事实根据属于有利于被告人的刑事责任量的事实根据。而对于有利于被告人的刑事责任量的事实根据，笔者认为，可以采取自由证明的方法。

所谓自由证明是作为严格证明的对应的证明思路，是德国学者迪恩茨所提出的，它是指证明的根据、程序或标准不受严格限制，法官可以采用宽泛的证据材料或采取灵活机动的方法来完成证明，也不必达到排除合理怀疑的证明标准要求的证明方法。根据罗克辛的观点，自由证明与严格证明相比，具有如下特点：就证据种类而言，自由证明不受严格的证据法定形式的限制；就证据的提出和调查方法而言，通常允许使用某些在严格证明中不具证据能力的证据，例如传闻证据与品格证据；就心证程度而言，自由证明"对此只需有纯粹的可使人相信之释明程度即已足"。① 即以"可能性"作为判断证据指向的事实是否存在的标准。

自由证明背后表达的是对诉讼经济与适当的司法管理的关照。用严密的规则限制国家权力与以适当的成本解决纠纷之间存在紧张关系。如果对于所有的实体事实均要求严格证明，从限制国家权力、保障人权的角度而言，虽然是最好的选择，但由于诉讼过程一方面必须追求迅速解决，另一方面又具备高度复杂性，如果对各种事实都要求严格证明，则会造成时间和经济上的巨大浪费。② 而对之实行自由证明，即使不利于程序的精密保障，但两相权衡，则是更为妥当的选择。

就减轻构成事实而言，本来有进行严格证明的必要（事实的重要程度），但由于现代刑罚观念多基于并合主义立场，尤其强调刑罚个别化，以对犯罪人的教育和改造更生为目的，这就要求科刑之时尽可能全面掌握有关犯罪人再犯可能性的各种资料，同时还要兼顾调查犯罪行为及可期待的刑罚对社会伦理秩序与社会公众产生的影响，其项目、内容的繁杂性，却为严格证明支配下的普通司法程序所难以承受，尤其在我国现行刑事司法实践环境中，多重因素决定了被告人的证明能力是非常有限的。有利于被告人的证据多数为被告人及其辩护人主动提出，被告人取证能力较弱，辩护人的取证能力也不充分；通常情况下，要获得具备合乎法律严格规定的形式与能力的有利证据并不容易。而适用自由证明，则能够扩大有利于被告人的量刑情节的适用机会。因此，对罪轻事实的证明标准，不宜设置太高，只需达到优势证据标准即可。因此，有利于被告人

---

① 参见［德］罗克辛：《刑事诉讼法》，吴丽琪译，法律出版社2003年版，第207页。

② 参见康怀宇：《比较法视野中的定罪事实与量刑事实之证明——严格证明与自由证明的具体运用》，载《四川大学学报》（哲学社会科学版）2009年第2期，第107页。

的减轻构成事实应当允许进行自由证明。具体来说，就证据能力而言，可以使用传闻证据、品格证据等通常情况下不具有证据能力的资料。就证据调查程序而言，可不拘于通常的调查方法，法官可以电话询问、庭外访谈等方式获取有关资料。在庭上，也可由法官自由裁量是否进行正式的交叉询问。就证明标准而言，对有利于被告人的犯罪事实的心证，无须达到确信（排除合理怀疑）的程度，有相信其"可能性"（"释明"程度）即可。

四、刑事责任变量的事实根据

刑事责任变量是在刑事责任基本量、增量或者减量的基础上使刑事责任量有所变更。这种变更可能是在刑事责任基本量、增量或者减量的基础上予以增加，也可能是在刑事责任基本量、增量或者减量的基础上予以减少。但是，不管是哪一种情形，都不能是司法机关随意而为，而应当有其事实根据。笔者认为，刑事责任变量的事实根据包括变量法定情节事实和变量酌定情节事实。

（一）变量法定情节事实

前已述及，变量法定情节是刑法明文规定的体现行为的社会危害性程度或行为人的人身危险性大小的引起刑事责任基本量、增量或者减量发生变化的情节。它包括从严情节和从宽情节，从宽情节又包括从轻、减轻和免除处罚情节。既然是法定情节，司法机关在追究犯罪人刑事责任时必须适用。但是，具体到个案中，司法机关要适用法定情节，还必须有法定情节事实的存在。因此，与变量法定情节相对应，变量法定情节事实是说明司法机关追究犯罪人刑事责任时应当对犯罪人适用变量法定情节的事实情况。例如，司法机关要以自首这个法定情节对犯罪人减轻刑事责任量，犯罪人必须具有自首的事实，司法机关必须查清自首事实。自首事实属于变量法定情节事实。

由于变量法定情节的多样性，变量法定情节事实也具有多样性。根据变量法定情节的类型，变量法定情节事实可以分为引起刑事责任基本量变化的法定情节事实、引起刑事责任增量变化的法定情节事实和引起刑事责任减量变化的法定情节事实。如犯罪人具有自首事实可以使其刑事责任基本量减少；犯罪人具有累犯事实可以使其刑事责任基本量增加。变量法定情节事实也可以分为体现行为的社会危害性程度的变量法定情节事实和体现行为人的人身危险性大小的变量法定情节事实。前者如犯罪未遂事实、防卫过当事实等；后者如累犯事实、胁从犯事实等。变量法定情节事实可以分为可以型变量法定情节事实和应当型变量法定情节事实。前者如又聋又哑的人或者盲人犯罪、预备犯、未遂犯、自首等事实；后者如未成年人犯罪、累犯、从犯等事实。变量法定情节事实还可以分为法定从严情节事实和法定从宽情节事实。

由于变量法定情节事实包括法定从严情节事实和法定从宽情节事实，法定从严情节事实是引起刑事责任量增加的案件事实，是不利于被告人的刑事责任量的事实根据；而法定从宽情节事实是引起刑事责任量减少的案件事实，是有利于被告人的刑事责任量的事实根据，因此，笔者认为，从被告人人权保障的要求来看，对于变量法定情节事实的证明，应当区分为两种不同情况：一是对于法定从严情节事实应当进行严格证明，因为法定从严情节事实一旦认定，就会对被告人不利，如果认定错误，就会侵犯被告人的人权。二是对于法定从宽情节事实可以进行自由证明，因为法定从宽情节事实是有利于被告人的事实，如果不予认定，也不会加重被告人的刑事责任量。

（二） 变量酌定情节事实

变量酌定情节是指变量法定情节之外的体现行为的社会危害性程度或行为人的人身危险性大小的、司法机关可以在刑事责任基本量、增量或者减量的基础上予以酌情裁量的情节。其基本特征有：第一，非法定性，即变量酌定情节不是刑法明文规定的司法机关在确定犯罪人刑事责任量时必须予以考虑的情节；第二，该情节虽然不是刑法明文规定的，但是体现行为的社会危害性程度或行为人的人身危险性大小，正因为这样，司法机关在确定犯罪人刑事责任量时才有必要予以酌情考虑；第三，该情节可以引起刑事责任基本量、增量或者减量的适当变化。

变量酌定情节虽然是司法机关酌情考虑的情节，但是它也必须是客观存在的事实，即是说，必须有变量酌定情节事实的存在。所谓变量酌定情节事实，是指说明司法机关追究犯罪人刑事责任时可以对犯罪人适用变量酌定情节的事实情况。例如，司法机关要以犯罪人积极退赃这个酌定情节适当减轻其刑事责任量，犯罪人就必须存在积极退赃的事实，司法机关必须查清犯罪人积极退赃的事实。

由于变量酌定情节具有多样性，变量酌定情节事实也具有多样性。从变量酌定情节事实存在的时间阶段来看，变量酌定情节事实可以分为罪前变量酌定情节事实、罪中变量酌定情节事实和罪后变量酌定情节事实。

1. 罪前变量酌定情节事实存在于犯罪发生之前。如犯罪前犯罪人一贯表现良好，表明犯罪人主观恶性较小，司法机关可以适当考虑减轻其刑事责任量；而犯罪人多次受到过行政处罚、犯罪人有犯罪前科等，表明犯罪人的主观恶性较深，人身危险性较大，司法机关可以适当考虑加重其刑事责任量。

2. 罪中变量酌定情节事实存在于犯罪过程中。罪中变量酌定情节事实从犯罪构成要件角度又可以分为以下类型：第一，行为对象方面的变量酌定情节事实，如犯罪人针对老年人或孕妇犯罪，体现其社会危害程度较大，司法机关可以适当考虑加重其刑事责任量；第二，行为方式方面的变量酌定情节事实，如犯罪人采用极为残忍的手段实施犯罪，体现犯罪人的主观恶性大，司法机关可以适当考虑加重其刑事责任量；第三，危害结果方面的变量酌定情节事实，如犯罪没有造成危害结果或危害结果较轻，表明其社会危害性不大，司法机关可以适当考虑减轻其刑事责任量；第四，犯罪的时间、地点方面的变量酌定情节事实，如犯罪人当众实施犯罪，在"严打"或专项行动时期实施犯罪，表明犯罪人的人身危险性较大，司法机关可以适当考虑加重其刑事责任量；第五，犯罪主体方面的变量酌定情节事实，如犯罪人是偶犯、初犯，表明其人身危险性较小，司法机关可以适当考虑减轻其刑事责任量；第六，犯罪主观方面的变量酌定情节事实，如犯罪人有计划有预谋地实施犯罪，犯罪动机卑鄙等，表明犯罪人的主观恶性较深，司法机关可以适当考虑加重其刑事责任量。

3. 罪后变量酌定情节事实存在于犯罪实施之后。如犯罪人畏罪潜逃，犯罪后毁灭罪证、掩盖罪行等，表明其人身危险性较大，司法机关可以适当考虑加重其刑事责任量；如果犯罪人积极退赃、主动赔偿经济损失，积极减少犯罪损失等，表明犯罪人的主观恶性较小，司法机关可以适当考虑减轻其刑事责任量。

与变量法定情节事实一样，变量酌定情节事实也包括酌定从严情节事实和酌定从宽情节事实。酌定从严情节事实是引起刑事责任量增加的案件事实，是不利于被告人的刑事责任量的事实根据；而酌定从宽情节事实是引起刑事责任量减少的案件事实，是有利于被告人的刑事责任量的事实根据，因此，笔者认为，从被告人人权保障的要求来看，对于变量酌定情节事实的证明，同样应当区分为两种不同情况：一是对于酌定从严情节事实应当进行严格证明，因为酌定从严情节事实一旦认定，就会对被告人不利，如果认定错误，就会侵犯被告人的人权。二是对于酌定从宽情节事实可以进行自由证明，因为酌定从宽情节事实是有利于被告人的事实，如果不予认定，也不会加重被告人的刑事责任量。

第七章 刑事责任量的
根据的司法适用

既然刑事责任量的司法根据由前文所述的实质根据、刑事政策根据、法律根据和事实根据构成，那么司法实践中刑事责任量的确定是否适当地运用了这些刑事责任量的根据，便是需要进一步研究的问题。本章拟从最高人民法院发布的《关于常见犯罪的量刑指导意见（试行）》（以下简称《量刑指导意见》）和刑事指导案例两个视角探讨刑事责任量的根据的司法适用问题，以期为《量刑指导意见》的完善和法院刑事指导案例的选编提供参考意见。

第一节 刑事责任量的根据在
《量刑指导意见》中的适用

量刑均衡是司法上实现罪责刑相适应原则的要求，也是多年来社会各界非常关注的司法公正问题。而要实现量刑均衡，维护司法公正，就要依法明确量刑步骤与操作方法，实现量刑规范化。为此，从2009年6月1日起，最高人民法院在全国120多家指定法院开展了量刑规范化试点工作。2013年12月31日，最高人民法院在深入调研论证、广泛征求意见的基础上发布了《关于常见犯罪的量刑指导意见（试行）》，并于2014年1月1日起在全国法院正式实施量刑规范化工作。该规范性文件规定了量刑的指导原则、量刑的基本方法、常见量刑情节的适用、15个常见犯罪的量刑等内容，从而明确了量刑的具体原则，细化了量刑步骤和量刑情节调整法定刑幅度的基本方法，确定了未成年犯、未遂犯、从犯、累犯等 14 个常见量刑情节的适用比例，规范了交通肇事罪，故意伤害罪，强奸罪，非法拘禁罪，抢劫罪，盗窃罪，诈骗罪，抢夺罪，职务侵占罪，敲诈勒索罪，妨害公务罪，聚众斗殴罪，寻衅滋事罪，掩饰隐瞒犯罪所得、犯罪所得收益罪，走私、贩卖、运输、制造毒品罪 15 种具体犯罪的量刑，这为实现同一地区同一时期，案情相似的案件量刑基本均衡提供了富有价值的规范性指导，也"为刑法理论提供了评估对象"。[①]

《量刑指导意见》虽然是量刑的规范性文件，其发布施行的总体目标是要实现量刑结果公正，解决实践中存在的较为突出的量刑不均衡问题。但是，从罪责刑的关系来看，刑罚量的最终判定是以刑事责任量为基础的。这就必然会涉及刑事责任量的事实根据、法律根据、刑事政策根据和实质根据在量刑中的适用。本节拟在概述刑事责任量的根据在《量刑指导意见》中适用的总体情况的基础上，对《量刑指导意见》规定的三个量刑步骤即确定量刑起点、确定基准刑、确定宣告刑适用刑事责任量的根据逐一阐述。

一、刑事责任量的根据在《量刑指导意见》中的适用概况

首先，从刑事责任量的实质根据在《量刑指导意见》中的适用来看，犯罪的社会危害性程度和犯罪人的人身危险性大小这两种实质根据在《量刑指导意见》中都有不同程度的体现。

例如，《量刑指导意见》在"量刑的指导原则"中明确地规定了要以犯罪的社会危害性程度为根据来判处刑罚。[②] 这虽然是对《刑法》第 61 条规定的量刑原则的强调，但反映了刑事责任量的

---

① 王利荣、张孟东：《记载量刑经验的制度方式——以最高人民法院〈量刑指导意见〉为分析样本》，载《人民司法》2012 年第 23 期，第 63 页。

② 《量刑指导意见》的原文是这样规定的："量刑应当以事实为根据，以法律为准绳，根据犯罪的事实、犯罪的性质、情节和对于社会的危害程度，决定判处的刑罚。"

社会危害性根据在《量刑指导意见》中的适用。

又如，《量刑指导意见》规定：要根据影响犯罪构成的犯罪数额、犯罪后果在量刑起点的基础上增加刑罚量确定基准刑；对于未遂犯，综合考虑犯罪行为的实行程度、造成损害的大小等，可以比照既遂犯减少基准刑的 50% 以下；对于当庭自愿认罪的，根据犯罪的性质、罪行的轻重等，可以减少基准刑的 10% 以下；对于取得被害人或者其家属谅解的，综合考虑犯罪的性质、罪行轻重等，可以减少基准刑的 20% 以下；对于犯罪对象为未成年人、老人、残疾人、孕妇等弱势人员的，综合考虑犯罪的性质、犯罪的严重程度等，可以增加基准刑的 20% 以下。而这里的"犯罪数额"、"犯罪后果"、"犯罪的实行程度"、"造成损害的大小"、"犯罪的性质"、"罪行的轻重"等均是犯罪的社会危害性程度的评价因素。

再如，《量刑指导意见》规定，要根据影响犯罪构成的犯罪次数增加刑罚量，确定基准刑；对于未成年人犯罪，应当综合考虑未成年人犯罪时的年龄、是否初犯、悔罪表现、个人成长经历和一贯表现等情况，予以从宽处罚；对于自首情节，综合考虑投案的动机、时间、方式、如实供述罪行的程度以及悔罪表现等情况，可以减少基准刑的 40% 以下；对于累犯，应当综合考虑前后罪的性质、刑罚执行完毕或赦免以后至再犯罪时间的长短以及前后罪罪行轻重等情况，可以增加基准刑的 10%—40%；对于有前科劣迹的，综合考虑前科劣迹的性质、时间间隔长短、次数、处罚轻重等情况，可以增加基准刑的 10% 以下。而这里的初犯、悔罪表现、一贯表现、累犯、前科等均是犯罪人人身危险性大小的评估因素。总之，无论是社会危害性根据还是人身危险性根据在《量刑指导意见》中的适用都有体现，表明了量刑是以犯罪的社会危害性程度和犯罪人的人身危险性大小为实质根据的。

其次，从刑事责任量的刑事政策根据在《量刑指导意见》中的适用来看，《量刑指导意见》不但将"贯彻落实宽严相济的刑事政策"作为其制定的目的之一，而且将"贯彻宽严相济的刑事政策，做到该宽则宽，当严则严，宽严相济，罚当其罪，确保裁判法律效果和社会效果的统一"作为量刑的指导原则之一。此外，在"常见量刑情节的适用"中，《量刑指导意见》还规定："对严重暴力犯罪、黑社会性质组织犯罪、毒品犯罪，在确定从宽的幅度时，要从严掌握；对较轻的犯罪要充分体现从宽的政策。"这是对宽严相济刑事政策的具体贯彻。

再次，从刑事责任量的法律根据在《量刑指导意见》中的适用来看，无论是量刑起点的确定、基准刑的确定还是宣告刑的确定都有其法律根据。例如，对于一个具体罪的量刑，《量刑指导意见》确立了多个量刑起点，而多个量刑起点的确定是以基本构成、加重构成及其相应的法定刑幅度为根据的。又如，根据《量刑指导意见》规定，刑法规定的未成年人犯罪、限制行为能力的精神病人犯罪、又聋又哑的人或者盲人犯罪、防卫过当、避险过当、犯罪预备、犯罪未遂、犯罪中止、从犯、胁从犯、教唆犯、自首、立功、累犯等从宽或从严变量法定情节均是调节基准刑的法律根据。

最后，从刑事责任量的事实根据在《量刑指导意见》中的适用来看，无论是量刑起点的确定、基准刑的确定还是宣告刑的确定都有其事实根据。例如，《量刑指导意见》规定："根据基本犯罪构成事实在相应的法定刑幅度内确定量刑起点。"又如，《量刑指导意见》规定："根据其他影响犯罪构成的犯罪数额、犯罪次数、犯罪后果等犯罪事实，在量刑起点的基础上增加刑罚量确定基准刑。"再如，量刑情节的适用及其调节比例以案件的全部犯罪事实为根据。在常见量刑情节的适用中，《量刑指导意见》规定："量刑时要充分考虑各种法定和酌定量刑情节，根据案件的全部犯罪事实以及量刑情节的不同情形，依法确定量刑情节的适用及其调节比例。"这实际上是讲宣告刑的最终确定不但要以犯罪构成事实为根据，还要以变量情节事实为根据。

综上所述，刑事责任量的实质根据、刑事政策根据、法律根据和事实根据在《量刑指导意见》中都得到了适用，只是适用的方式和程度有所不同而已。

二、刑事责任量的根据在确定量刑起点中的适用

确定量刑起点是《量刑指导意见》规定的"量刑三步走"的第一步。对于如何确定量刑起点，《量刑指导意见》设专条规定了"根据基本犯罪构成事实在相应的法定刑幅度内确定量刑起点"。这表面上看起来明确规定了确定量刑起点的根据，但其实"基本犯罪构成事实在相应的法定刑幅度内"具有很大的解释空间，量刑起点确定的根据并不好把握。

（一）量刑起点的概念

要确定量刑起点，必须首先把握好量刑起点的概念。而《量刑指导意见》对其未做界定，需要从理论上予以阐释。最高人民法院量刑规范化改革项目组有关人员对此认为，"量刑起点（亦可简称为'起点刑'）就是指根据具体犯罪的基本犯罪构成事实的一般既遂状态在相应的法定刑幅度内所应判处的刑罚"。[①] 该定义是在 2010 年最高人民法院发布的《人民法院量刑指导意见（试行）》规定的确定量刑起点的根据之基础上改造形成的，其重点在于确定量刑起点的根据。但如果仔细推敲，发现其有不明确、不妥当之处。

首先，什么是具体犯罪的"基本犯罪构成事实"不明确。它究竟是指某一具体犯罪"基本"的犯罪构成事实，还是指某一具体犯罪"基本犯罪构成"的事实呢？如果是指前者，那么犯罪构成事实就要区分为基本的和非基本的两类，但是，什么是基本的，什么是非基本的，是一种认识或设定，只有进一步界定，法官才能区分；如果是指后者，理论上虽有"基本犯罪构成"的概念，它是相对于加重构成和减轻构成而存在的，但这与《量刑指导意见》

---

① 陈学勇：《量刑方法的理解与适用》，载《人民司法》2011 年第 15 期，第 11 页。

对 15 种常见犯罪的量刑起点规定并不相符。①

其次，什么是"一般既遂状态"既不明确也不妥当。"一般"是相对于"特殊"而言的，在"既遂"之前加上"一般"二字，似乎既遂状态有一般与特殊之分，这与现有刑法理论不符。退一步说，如果有，那么，一般既遂与特殊既遂划分的根据又是什么？需要作出理论上的阐释，法官才能把握。此外，既遂是故意犯罪停止形态的一种。按照刑法理论上的通说，并非刑法分则规定的所有犯罪都存在既遂形态。而不存在既遂形态的犯罪同样存在量刑起点问题如交通肇事罪的量刑起点等。因此，该定义的涵盖性不足。

最后，将"基本犯罪构成事实"与"既遂状态"置于一起也容易产生歧义，以致不能确定是犯罪事实本身的"既遂"还是可能的"既遂"，从而使法官难以摆脱"事实"上的既遂与"可能"既遂的矛盾，极易引导法官重视"事实"中的既遂，而排除"可能"的既遂，定义本身所强调的"既遂"就难以落实。②

由于量刑起点的上述定义存在缺陷，笔者认为有必要对其重新界定。而要准确界定这个概念，首先必须把握其特征。从《量刑指导意见》对 15 种常见犯罪的量刑起点的确定之规定考察可见，量刑起点具有如下四个特征：

第一，量刑起点存在于司法实践需要裁量刑罚的具体犯罪之中，这是量刑起点存在的领域。"具体犯罪"有立法层面的具体犯罪与司法层面的具体犯罪。立法层面的具体犯罪也就是刑法分则规定的具体个罪；司法层面的具体犯罪是指犯罪事实符合刑法规定的具体犯罪构成的犯罪。量刑起点的确定是适应和规范司法量刑的需要，因此，它只能存在于司法层面的具体犯罪之中，即法官审理的刑事案件中。

---

① 15 种犯罪量刑起点确定所依据的犯罪事实不仅是基本犯罪构成的事实，还包括加重构成事实。

② 王敏：《标准：基准刑确定的根据》，载《政治与法律》2010 年第 3 期，第 84 页。

第二，量刑起点是审理个案的法官确定的"刑点"，不是"幅度"，这是量刑起点的表现形式。《量刑指导意见》对15种常见犯罪的量刑均规定了在什么样的情形下可以在什么样的幅度内确定量刑起点。例如，构成交通肇事罪的，可以根据下列不同情形在相应的幅度内确定量刑起点：致人重伤、死亡或者使公私财产遭受重大损失的，可以在6个月至2年有期徒刑幅度内确定量刑起点；交通肇事后逃逸或者有其他特别恶劣情节的，可以在3年至4年有期徒刑幅度内确定量刑起点；因逃逸致一人死亡的，可以在7年至8年有期徒刑幅度内确定量刑起点。这里虽然有6个月至2年、3年至4年、7年至8年的"幅度"规定，但是，此处的"幅度"只是确定量刑起点的范围，并不是量刑起点本身；交通肇事罪的量刑起点到底是什么，仍然需要法官进一步裁量确定。

第三，量刑起点一般不具有唯一性。即每一种具体犯罪的量刑起点往往不是一个。在15种常见犯罪的量刑中，除了妨害公务罪，其他犯罪都有2个至3个量刑起点层次。例如交通肇事罪的量刑起点就有3个层次，量刑起点存在数个层次时，量刑起点有基本犯的量刑起点与加重犯的量刑起点之分。"基本犯是指刑法分则条文规定的不具有法定加重或减轻情节的犯罪。"[1] 基本犯的量刑起点是根据基本构成事实及其相应的法定刑幅度所确定的起刑点。除了强奸罪，基本犯的量刑起点只有1个。[2] "加重犯是指刑法分则条文以基本犯为基准规定了加重情节与较重法定刑的犯罪。"[3] 加重犯的量刑起点是根据加重构成事实及其相应的法定刑幅度所确定的起刑点。加重犯的量刑起点有1个至3个。从加重构成的层级来看，有的犯罪只有一个加重构成，例如，强奸罪，抢劫罪，聚众斗殴罪，寻衅滋事罪，掩饰、隐瞒犯罪所得、犯罪所得收益罪的加重构成，其加重犯的量刑起点只有1个。有的犯罪存在两至三个层级的

[1]　张明楷：《刑法学》（第二版），法律出版社2003年版，第118页。
[2]　《量刑指导意见》对强奸罪基本犯的量刑起点规定了2个。
[3]　张明楷：《刑法学》（第二版），法律出版社2003年版，第118页。

加重构成，因而其加重犯的量刑起点有一级加重构成的量刑起点、二级加重构成的量刑起点或三级加重构成的量刑起点之分。例如，交通肇事罪、故意伤害罪、非法拘禁罪、盗窃罪、诈骗罪、抢夺罪、敲诈勒索罪存在两级加重构成，因而其加重犯的量刑起点有 2 个；走私、贩卖、运输、制造毒品罪存在三级加重构成，因而其加重犯的量刑起点有 3 个。对于这种存在两个或两个以上层级的量刑起点，到底适用哪一层级确定量刑起点，法官要根据犯罪构成事实确定。

第四，量刑起点具有不确定性。《量刑指导意见》对于量刑起点的确定，只规定了确定量刑起点的根据和刑罚幅度，并未对具体犯罪的量刑起点予以明确规定。在一个具体案件中，法官有权根据基本的犯罪构成事实、刑法分则规定和《量刑指导意见》的规定，确定具体的量刑起点。例如，对于交通肇事后逃逸或者有其他特别恶劣情节的交通肇事案，法官可以在 3 年至 5 年有期徒刑幅度内确定量刑起点，具体可以确定为 3 年、3 年半、4 年、5 年等。法官可以因案而异，确定具体的量刑起点。这样一来，量刑起点因具体犯罪不同而异，因不同个案而异，不是一个确定不变的刑点。

综合上述特征，笔者认为，量刑起点是法官在具体刑事案件的审理中，需要根据基本的犯罪构成事实及其相应的法定刑幅度，对案中的犯罪裁量刑罚最先确定的起刑点。需要注意的是，量刑起点并非某一法定刑幅度的最低刑，更不一定是刑法分则规定的某一具体犯罪的最低刑。由于量刑起点是针对司法个案而言的，由法官根据基本的犯罪构成事实在相应的法定刑幅度内确定，因此它有可能是法定最低刑，但并非一定就是法定最低刑。事实上，从《量刑指导意见》规定考察，在 15 种常见犯罪的量刑中，大多数犯罪的量刑起点不是法定最低刑。

（二）确定量刑起点的法律根据

根据《量刑指导意见》规定，量刑起点应根据基本犯罪构成事实在相应的法定刑幅度内确定。由于犯罪构成存在基本构成、加重构成和减轻构成的类型，具体犯罪的加重构成还存在第一加重构成、第二加重构成等类型的可能，因此，量刑起点的确定是以犯罪的基本构成、加重构成或减轻构成及其相应的法定刑幅度为法律根据的。在 15 种常见犯罪的量刑中，交通肇事罪、故意伤害罪、强奸罪、抢劫罪、盗窃罪、诈骗罪、抢夺罪、职务侵占罪、敲诈勒索罪等犯罪量刑起点的确定，均既以基本构成及其相应的法定刑幅度作为其法律根据，又以加重构成及其相应的法定刑幅度作为其法律根据。

例如，交通肇事罪的基本构成及其法定刑为交通肇事发生重大事故，致人重伤、死亡或者使公私财产遭受重大损失的，处 3 年以下有期徒刑或者拘役。而在交通肇事罪的量刑中，如果交通肇事致人重伤、死亡或者使公私财产遭受重大损失的，则可以在 6 个月至 2 年有期徒刑幅度内确定量刑起点。交通肇事罪的第一加重构成及其法定刑为交通肇事后逃逸或者有其他特别恶劣情节的处 3 年以上 7 年以下有期徒刑；第二加重构成及其法定刑为因逃逸致人死亡的，处 7 年以上有期徒刑。而在交通肇事罪的量刑中，交通肇事后逃逸或者有其他特别恶劣情节的，可以在 3 年至 5 年有期徒刑幅度内确定量刑起点；因逃逸致 1 人死亡的，可以在 7 年至 10 年有期徒刑幅度内确定量刑起点。

又如，故意伤害罪的基本构成及其法定刑为故意伤害他人身体达到轻伤程度的，处 3 年以下有期徒刑、拘役或者管制；第一加重构成及其法定刑为致人重伤的，处 3 年以上 10 年以下有期徒刑；第二加重构成及其法定刑为致人死亡或者以特别残忍的手段致人重伤造成严重残疾的，处 10 年以上有期徒刑、无期徒刑或者死刑。而在故意伤害罪的量刑中，故意伤害致 1 人轻伤的，可以在 2 年以下有期徒刑、拘役幅度内确定量刑起点；故意伤害致 1 人重伤的，可以在 3 年至 5 年有期徒刑幅度内确定量刑起点；以特别残忍手段故意伤害致 1 人重伤，造成六级严重残疾的，可以在 10 年至 13 年有期徒刑幅度内确定量刑起点。

由此可见，对于一个具体罪的量刑，《量刑指导意见》一般确立了多个量刑起点，而多个量刑起点的确定是以刑法规定的基本构成、加重构成及其相应的法定刑幅度为根据的。

（三） 确定量刑起点的事实根据

根据《量刑指导意见》的规定，确定量刑起点的事实根据为"基本犯罪构成事实"。因此，法官要准确确定量刑起点，首先应当准确认识和认定"基本犯罪构成事实"。

1. 基本犯罪构成事实的概念界定对于什么是"基本犯罪构成事实"，学界认识不一。有学者认为，"基本犯罪构成事实，是刑法条文就某一犯罪的基本形态所规定的犯罪构成，基本形态的犯罪是指非修正的犯罪构成形态，即行为人单独实施，且既遂"。[①] 这种观点将"基本犯罪构成事实"界定为犯罪构成，混淆了事实与法律的界限，不可取。也有学者认为，"这里的基本构成事实就是指决定基准刑量的情节体系"。[②] 由于"情节体系"概念内涵的丰富性和外延的广泛性，笔者认为这种对于基本构成事实的解释太宽泛且不明确，不能为量刑起点的确定提供有效的指引。还有学者认为，"所谓基本犯罪构成事实是指符合特定犯罪构成特征并达到在相应的法定刑幅度内量刑的最起码的构成要件事实"。[③] 其中，"基本犯罪构成不仅仅是指构成某个犯罪（基本罪）的最基本的犯罪构成，而且也包括重罪（轻罪）或者更重罪（更轻罪）的基本犯罪构成。""只有刑法明确规定的犯罪构成要件或者要素，才能作为确定基本犯罪构成事实的根据。"[④] 此种观点显然是将"基本犯罪构成事实"理解为"基本犯罪构成"的事实。似乎明确了"基本

---

① 王林林：《基准刑内部运行机制研究》，载《云南大学学报法学版》2013 年第 6 期，第 76 页。

② 篓永涛：《量刑规范化视域下量刑思维规则之明晰》，载《湖北社会科学》2013 年第 6 期，第 166 页。

③ 陈学勇：《量刑方法的理解与适用》，载《人民司法》2011 年第 15 期，第 11 页。

④ 陈学勇：《量刑方法的理解与适用》，载《人民司法》2011 年第 15 期，第 12 页。

犯罪构成"就能明确"基本犯罪构成事实"。但其将"基本犯罪构成"区分为基本罪的最基本的犯罪构成、重罪的基本犯罪构成和更重罪的基本犯罪构成，这种理解不但超出了我国目前刑法理论对基本犯罪构成概念的解释，而且"重罪"、"更重罪"只是学理上的一种说法而已，其概念并不明确，因此也不可取。

笔者认为，既然"基本犯罪构成事实"是《量刑指导意见》规定的概念，其定义应从《量刑指导意见》对15种常见犯罪的量刑规定中去分析和归纳。从《量刑指导意见》规定来看，"基本犯罪构成事实"理解为"基本"的犯罪构成事实较妥当。也就是说，《量刑指导意见》将犯罪构成事实区分为基本的和非基本的两类。基本的犯罪构成事实是指达到犯罪构成基本要求的事实；非基本的犯罪构成事实是指行为符合犯罪构成之后多余的犯罪事实。而犯罪构成事实有基本构成事实、加重构成事实和减轻构成事实之分。因此，基本的犯罪构成事实相应地分为基本的基本构成事实、基本的加重构成事实和基本的减轻构成事实三类。量刑起点的确定就应是以这三类犯罪构成事实为根据的。由于《量刑指导意见》规定的15种常见犯罪不存在减轻构成的情况，只有基本构成和加重构成，而加重构成又有第一加重构成、第二加重构成等情况，因此，15种常见犯罪量刑的事实根据其实就是基本的基本构成事实、基本的第一加重构成事实、基本的第二加重构成事实等。

例如，在故意伤害罪的犯罪构成中，基本构成是故意伤害他人身体达到轻伤的程度；第一加重构成是致人重伤；第二加重构成是致人死亡或者以特别残忍手段致人重伤造成严重残疾。那么，故意伤害罪的犯罪构成事实就有基本构成事实即故意伤害他人身体达到轻伤的事实；第一加重构成事实即致人重伤的事实；第二加重构成事实即致人死亡或者以特别残忍手段致人重伤造成严重残疾的事实。但是，这些事实还不是确定量刑起点的根据，只是确定量刑起点的基础，只有其中基本的事实才是确定量刑起点的根据。如《量刑指导意见》规定的故意伤害致1人轻伤是在2年以下有期徒刑、拘役幅度内确定量刑起点的事实根据；故意伤害致1人重伤是在 3 年至 5 年有期徒刑幅度内确定量刑起点的事实根据；以特别残忍手段故意伤害致 1 人重伤、造成六级严重残疾是在 10 年至 13 年有期徒刑幅度内确定量刑起点的事实根据。

2. 基本犯罪构成事实的类型

从《量刑指导意见》对 15 种常见犯罪的量刑规定来看，作为确定量刑起点的事实根据之"基本犯罪构成事实"有单一型和选择型两种类型。基本犯罪构成事实单一型，是指作为确定量刑起点的"基本犯罪构成事实"属于单一的情形，有的是单一的数额，有的是单一的结果，有的是单一的对象等，法官只能以该单一的事实为根据确定量刑起点。例如，《量刑指导意见》规定，构成抢夺罪达到数额较大起点的，可以在 1 年以下有期徒刑、拘役幅度内确定量刑起点；故意伤害致 1 人轻伤的，可以在 2 年以下有期徒刑、拘役幅度内确定量刑起点；强奸妇女 1 人的，可以在 3 年至 5 年有期徒刑幅度内确定量刑起点。这里的"数额较大"、"故意伤害致 1 人轻伤"、"强奸妇女 1 人"是唯一的确定上述量刑起点的事实根据。

基本犯罪构成事实选择型，是指作为确定量刑起点的"基本犯罪构成事实"不一定是单一的，可能存在两种或两种以上的情形；如果某一具体案件中存在两种或两种以上的情形，法官可以选择其中一种情形作为确定量刑起点的事实根据。对于此种类型的事实根据，《量刑指导意见》在表达确定量刑起点的事实根据时要么带有"或者"二字，要么采用"有下列情形之一"的表达方式。例如，《量刑指导意见》规定，构成交通肇事罪，"致人重伤、死亡或者使公私财产遭受重大损失的，可以在 2 年以下有期徒刑、拘役幅度内确定量刑起点"；构成盗窃罪，"达到数额巨大起点或者有其他严重情节的，可以在 3 年至 4 年有期徒刑幅度内确定量刑起点"。确定上述量刑起点的事实根据均采用了"或者"的表达方式，表明确定交通肇事罪基本犯的量刑起点的事实根据可以是"重伤"，可以是"死亡"，也可以是"使公私财产遭受重大损失"，还可以是其中的两种情形或三种情形兼具；表明确定盗窃罪第一加重构成的量刑起点的事实根据可以是"数额巨大",也可以是"其他严重情节",还可以是二者兼具。又如,《量刑指导意见》规定,构成强奸罪,"有下列情形之一的,可以在10年至13年有期徒刑幅度内确定量刑起点:强奸妇女、奸淫幼女情节恶劣的;强奸妇女、奸淫幼女3人的;在公共场所当众强奸妇女的;2人以上轮奸妇女的;强奸致被害人重伤或者造成其他严重后果的"。构成抢劫罪,"有下列情形之一的,可以在10年至13年有期徒刑幅度内确定量刑起点:入户抢劫的;在公共交通工具上抢劫的;抢劫银行或者其他金融机构的;抢劫3次或者抢劫数额达到数额巨大起点的;抢劫致1人重伤的;冒充军警人员抢劫的;持枪抢劫的;抢劫军用物资或者抢险、救灾、救济物资的"。这表明确定强奸罪、抢劫罪加重犯的量刑起点的事实根据可以是其中之一种情形,也可以是两种或多种情形兼具。

无论是上述单一型还是选择型的基本犯罪构成事实均可以区分为标志性事实与非标志性事实。所谓标志性事实,是指《量刑指导意见》明确规定的、标明在某一刑罚幅度内确定量刑起点的基本犯罪构成事实。例如,抢夺公私财物"达到数额较大起点"是在1年以下有期徒刑、拘役幅度内确定抢夺罪基本犯量刑起点的标志性事实;"故意伤害致1人轻伤"是在2年以下有期徒刑、拘役幅度内确定故意伤害罪基本犯量刑起点的标志性事实。所谓非标志性事实,是指标志性事实之上或之外的、用以确定量刑起点的、增加刑罚量的基本犯罪构成事实。例如,抢夺公私财物达到数额较大所采取的抢夺手段、公私财物的重要性、超出数额较大起点标准的数额等案件事实是用来确定抢夺罪基本犯的量刑起点的、增加刑罚量的基本犯罪构成事实。

(四) 确定量刑起点的实质根据

既然《量刑指导意见》未对15种常见犯罪的量刑起点作出统一的规定,而由法官根据基本犯罪构成事实裁量确定,那么,确定了基本的犯罪构成事实和相应的法定刑幅度之后,法官应根据基本的犯罪构成事实的社会危害性程度来最终确定量刑起点。这就是说，基本的犯罪构成事实的社会危害性程度是法官最终确定量刑起点的实质根据。例如，《量刑指导意见》规定，诈骗公私财物"达到数额较大起点的，可以在 1 年以下有期徒刑、拘役幅度内确定量刑起点"。如果在一个具体的诈骗犯罪案件中，行为人诈骗的财物属于数额较大的范围，那么，法官就应在 1 年以下有期徒刑、拘役幅度内确定量刑起点。但是，1 年以下有期徒刑、拘役幅度仍然有较大的自由裁量空间，法官可以选择 3 个月、4 个月、5 个月拘役或 6 个月有期徒刑作为量刑起点。那么，法官到底选择哪一刑点作为量刑起点，只能根据诈骗财物数额较大的社会危害性大小确定。比如，同样是诈骗财物数额较大，诈骗财物 5000 元人民币与诈骗财物 8000 元人民币的社会危害性程度不同，那么，若诈骗财物 5000 元的量刑起点确定为 4 个月拘役，则诈骗财物 8000 元的量刑起点就应确定为 5 个月拘役，这样才能实现量刑起点确定上的量刑均衡。总之，基本的犯罪构成事实的社会危害性程度不同，量刑起点应有区别才能实现量刑公正。

三、刑事责任量的根据在确定基准刑中的适用

根据《量刑指导意见》的规定，基准刑不同于量刑起点，它是在量刑起点的基础上，法官以其他影响犯罪构成的犯罪数额、犯罪次数、犯罪后果等犯罪事实为根据通过增加刑罚量所确定的刑点。它具有三个方面的规定性：其一，基准刑由量刑起点和应增加的刑罚量两部分组成；其二，基准刑是个案中不考虑法定和酌定量刑情节的前提下，依据个案的犯罪构成事实确定；[①] 其三，基准刑应该在与量刑起点相对应的法定刑幅度内确定。从《量刑指导意见》所规定的整个量刑步骤来看，"基准刑处于核心的地位，不但为下一步适用量刑情节确定宣告刑打下坚实的基础，而且也成为衡

---

① 张向东：《从量刑基准到基准刑：量刑方法的革新》，载《中国刑事法杂志》2011 年第 3 期，第 44—45 页。

量量刑是否均衡（包括罪刑之间、罪与罪之间和地区之间的量刑均衡）的标杆。"① 因此，基准刑确定的适当性对于一种具体犯罪的整个量刑来说非常重要。而基准刑确定的适当性又有赖于法官对其法律根据、事实根据和实质根据的全面把握。

（一）确定基准刑的法律根据

根据《量刑指导意见》的规定，基准刑是根据其他影响犯罪构成的犯罪数额、犯罪次数、犯罪后果等犯罪事实，在量刑起点的基础上增加刑罚量确定的。这似乎是说，确定基准刑的根据是一定的犯罪事实，如果有了犯罪事实就可以确定基准刑，无须考虑法律根据。其实，该规定表明的是：基准刑是法官立足于个案的具体犯罪确定的，而不是对刑法规定的抽象个罪的预设，也不是有的学者所讲的"在某一案件量刑之前就已存在的经验数据"。② 该规定并不否定确定基准刑要有法律根据。事实上，法律根据是确定基准刑首先要考虑的，因为"对刑事案件事实作评价的依据并不是事实本身，而在法律中"。③ 只有符合刑法规定的案件事实才能纳入定罪量刑的轨道，继而成为定罪量刑的事实根据。一定的犯罪事实之所以能成为确定基准刑的事实根据，也正是因为其符合刑法规定，具有法律根据。

有的学者认为，确定基准刑的法律根据是罪量与刑量。其中确定基准刑的罪量标准是"与具体法定刑变化直接相关的罪状要素"；确定基准刑的刑量根据是"具体刑种和刑度的法定刑"。④

---

① 刘军：《基准刑：撬动法定刑的阿基米德之点》，载《齐鲁学刊》2011 年第 5 期，第 102 页。

② 娄永涛：《量刑规范化视域下量刑思维规则之明晰》，载《湖北社会科学》2013 年第 6 期，第 166 页。

③ 王敏：《标准：基准刑确定的根据》，载《政治与法律》2010 年第 3 期，第 85 页。

④ 王敏：《标准：基准刑确定的根据》，载《政治与法律》2010 年第 3 期，第 86—87 页。

该观点从罪与刑两个维度来认识确定基准刑的法律根据，其方向是值得肯定的。但是，笔者认为，仅用罪状要素和法定刑来表达确定基准刑的法律根据是模糊的。它没有看到同一具体犯罪的基准刑的多样性及其法律根据的多样性。首先，从罪的角度来看，刑法分则条文规定的罪状固然是具体犯罪构成的法律根据，但是，就个案而言，符合罪状表述并非一定成立犯罪要受处罚，因为罪状往往只是表达"成立具体犯罪所必须具备的特有构成要件要素，而共性的构成要件要素规定在刑法总则中"。① 一种行为要成立犯罪必须符合刑法分则和总则共同规定的犯罪构成要件，而不是符合刑法分则规定的罪状即可。如果犯罪不成立，就无量刑可言，基准刑则无从谈起。因此，用罪状要素来表达确定基准刑的法律根据是不准确的。此外，罪状有基本罪状和加重罪状或减轻罪状之分，到底哪一种罪状是哪一基准刑的法律根据，这种观点没有作出回答。其次，从刑的角度来看，为贯彻罪责刑相适应原则，刑法分则条文往往对同一犯罪设置两个以上的法定刑幅度来应对具有不同罪量的犯罪行为。这样一来，基准刑的法定刑根据就存在多样性的可能；如果只是说基准刑的法律根据是"具体刑种和刑度的法定刑"，那么，同一犯罪不同基准刑的法律根据到底是哪一幅度的法定刑，这种观点也没有作出回答。

从《量刑指导意见》对量刑步骤的规定来看，确定基准刑以确定量刑起点为基础。而具体个罪的量刑起点一般在两个以上，这就决定了基准刑不是唯一的，不同的量刑起点都有其相应的基准刑。或者说，同一个罪的量刑起点不同，基准刑也不同。例如，根据《量刑指导意见》的规定，交通肇事罪的量刑起点有三个，即交通肇事致人重伤、死亡或者使公私财产遭受重大损失的，可以在2年以下有期徒刑、拘役幅度内确定量刑起点；交通肇事后逃逸或者有其他特别恶劣情节的，可以在3年至5年有期徒刑幅度内确定量刑起点；因逃逸致1人死亡的，可以在7年至10年有期徒刑幅

---

① 张明楷：《刑法学》（第三版），法律出版社2007年版，第494页。

度内确定量刑起点，那么，在这些量刑起点的基础上确定交通肇事罪量刑的基准刑也就有三个。既然基准刑的确定以量刑起点的确定为基础，而量刑起点的确定是以犯罪的基本构成、加重构成或减轻构成及其相应的法定刑幅度为法律根据的，那么，确定基准刑的法律根据应是与量刑起点相应的犯罪构成及其相应的法定刑幅度。具体说，确定基准刑的法律根据包括：基本构成及其法定刑幅度、加重构成及其法定刑幅度（可能有二至三个加重构成及其法定刑幅度）、减轻构成及其法定刑幅度。因此，要准确确定个案中某一犯罪的基准刑，首先就必须认定该案犯罪事实是符合基本构成还是符合加重构成或减轻构成；如果符合加重构成，还得认定其符合哪一加重构成，然后再确定与该犯罪构成相对应的法定刑幅度，最后在该法定刑幅度内确定基准刑。并且基准刑不能超出该法定刑幅度的最高刑。

（二）确定基准刑的事实根据

既然基准刑＝量刑起点＋增加的刑罚量，那么，确定基准刑的事实根据包括确定量刑起点的事实根据和增加刑罚量的事实根据两部分。对于确定量刑起点的事实根据前已述及，下文主要就增加刑罚量的事实根据加以阐述。

《量刑指导意见》在"量刑步骤"的第二步中规定："根据其他影响犯罪构成的犯罪数额、犯罪次数、犯罪后果等犯罪事实，在量刑起点的基础上增加刑罚量确定基准刑。"然后，在常见犯罪的量刑中，《量刑指导意见》对 15 个具体犯罪的量刑均规定了在量刑起点的基础上根据"其他影响犯罪构成的犯罪事实"增加刑罚量，确定基准刑。显然，其他影响犯罪构成的犯罪事实是增加刑罚量的事实根据。那么，究竟哪些犯罪事实属于增加刑罚量的事实根据呢？笔者认为，既然《量刑指导意见》规定的是以"其他影响犯罪构成"的事实作为增加刑罚量的事实根据，那么，增加刑罚量的事实根据就应当是犯罪构成（包括基本构成、加重构成和减轻构成）范围内的事实，也就是说，只有犯罪构成要件或要素事实才是增加刑罚量的事实根据。从《量刑指导意见》对 15 种犯罪的量刑规定来看，犯罪数额、犯罪次数、犯罪后果、犯罪手段、犯罪对象人数、犯罪时间持续长短、参与犯罪人数、责任程度等犯罪事实都可以作为增加刑罚量的事实根据。但是，具体在哪一种犯罪中这些犯罪事实应作为增加刑罚量的事实根据，关键要看其是不是刑法分则规定的某个具体犯罪的犯罪构成（包括基本构成和加重构成）要件或要素。

1. 犯罪数额

如果在某个具体犯罪中，犯罪数额是犯罪基本构成的客观要件要素或犯罪的加重构成要件，那么，该行为人实施犯罪的犯罪数额就属于犯罪构成事实，其中超出量刑起点的犯罪数额就是增加刑罚量的事实根据。例如，盗窃财物数额巨大属于盗窃罪的第一加重构成要件。如果行为人盗窃财物数额巨大，就属于犯罪构成事实，其中超出数额巨大起点又未达到数额特别巨大的部分是增加刑罚量的事实根据。在《量刑指导意见》规定的 15 种具体犯罪中，抢劫财物数额巨大，盗窃数额，诈骗数额，抢夺数额，职务侵占数额，敲诈勒索数额，掩饰、隐瞒犯罪所得数额或掩饰、隐瞒犯罪所得收益数额，毒品数量都是犯罪构成要件或要素，如果个案中存在，就属于犯罪构成事实，其超出量刑起点的部分即是增加刑罚量的事实根据。但要注意的是，若定罪或提高量刑幅度不是以其作为构成要件或要素，则不能作为增加刑罚量的事实根据。

2. 犯罪次数

犯罪次数在一些具体犯罪中属于犯罪的基本构成要件要素或加重构成要件，进而可以成为这些犯罪的犯罪构成事实，可以作为增加刑罚量的事实根据。例如，多次盗窃属于盗窃罪基本构成的客观要件要素，如果某个盗窃案件以多次盗窃定罪，那么，多次盗窃属于犯罪构成事实，超出量刑起点的盗窃次数应作为增加刑罚量的事实根据。又如，多次抢劫属于抢劫罪的加重构成要件之一，如果某个抢劫案件中量刑幅度确定在 10 年以上有期徒刑是因为多次抢劫，那么，多次抢劫属于犯罪构成事实，超出量刑起点的抢劫次数应作为增加刑罚量的事实根据。反之，若犯罪次数不是犯罪构成要件或要素，则即使个案中某种犯罪存在多次实施的情况，也不能作为增加刑罚量的事实根据。例如，多次诈骗不是诈骗罪的基本构成要件要素，也不是诈骗罪的加重构成要件，那么某个案件即使存在多次诈骗的事实，也不能作为增加诈骗罪刑罚量的事实根据。多次抢夺，多次职务侵占，多次故意伤害，多次交通肇事也是如此。

3. 犯罪后果

犯罪后果是指犯罪行为造成的实害结果，包括人员伤亡、财产损失等。在一些具体犯罪中犯罪后果属于犯罪基本构成的客观要件要素或加重构成要件，进而可以成为犯罪构成事实，可以作为增加刑罚量的事实根据。例如，致人重伤、死亡或者使公私财产遭受重大损失属于交通肇事罪基本构成的客观要件要素，进而属于犯罪构成事实，如果存在超出量刑起点的后果，就应作为增加刑罚量的事实根据。又如，因逃逸致人死亡属于交通肇事罪的第二加重构成，属于犯罪构成事实，可以作为增加刑罚量的事实根据。如果行为人交通肇事后逃逸致 3 人死亡，那么该后果超出了量刑起点的事实根据，[①] 超出的死亡人数即 2 人应作为增加刑罚量的事实根据。

4. 犯罪手段

犯罪手段在有的具体犯罪中属于基本构成的客观要件要素，例如抢劫罪中的"暴力、胁迫手段"；在有的具体犯罪中属于加重构成的选择性要件，例如故意伤害罪中的"特别残忍手段"。在这样的犯罪中，只要行为人采用如此犯罪手段实施犯罪，该犯罪手段就属于犯罪构成事实，可以作为增加刑罚量的事实根据。但是，如果犯罪手段不是某一具体犯罪的基本构成的客观要件要素或加重构成要件，即使行为人事实上采取了一定的犯罪手段实施犯罪，也不能作为增加刑罚量的事实根据。例如，行为人实施诈骗罪要采用一定的诈骗手段，诈骗手段可作为增加刑罚量的事实根据，但是，虚构

---

① 根据《量刑指导意见》规定，交通肇事逃逸致 1 人死亡，可以在 7 年至 10 年有期徒刑幅度内确定量刑起点。

事实、隐瞒真相之外的犯罪手段不是诈骗罪基本构成的客观要件要素，不得作为增加刑罚量的事实根据。当然，需要注意的是，由于"其他严重情节"或"其他特别严重情节"是诈骗罪加重构成的选择性要件，如果这种犯罪手段是认定"其他严重情节"或"其他特别严重情节"的客观依据，那么可以作为增加刑罚量的事实根据。

5. 犯罪对象人数

不少具体犯罪都要针对刑法规定的犯罪对象实施才能构成，即便有的犯罪刑法没有明确规定犯罪对象，也在实际的案件中有犯罪对象，这就存在犯罪对象人数问题。但是，只有犯罪对象人数属于犯罪基本构成的客观要件要素或加重构成要件，并且属于犯罪构成事实时，才能作为增加刑罚量的事实根据。例如，刑法规定强奸妇女、奸淫幼女多人的，处 10 年以上有期徒刑、无期徒刑或者死刑，那么，强奸妇女、奸淫幼女多人属于强奸罪的加重构成要件，该强奸犯罪对象人数可以作为增加刑罚量的事实根据。根据《量刑指导意见》的规定，强奸妇女、奸淫幼女 3 人属于 10 年至 13 年有期徒刑幅度内确定量刑起点的事实根据。如果行为人强奸妇女、奸淫幼女超出 3 人，那么超出的人数应作为增加刑罚量的事实根据。

6. 犯罪时间持续长短

在个别具体犯罪中，犯罪时间持续长短是犯罪基本构成的客观要件要素，如果犯罪持续时间长，属于犯罪构成事实，可以作为增加刑罚量的事实根据。例如，认定非法拘禁罪需要考虑非法拘禁他人时间长短；如果时间很短，社会危害性很小，不构成非法拘禁罪。因此，如果行为人非法拘禁他人时间很长，在量刑起点的基础上可以作为增加刑罚量的事实根据。

7. 参与犯罪人数

在一些具体犯罪中，参与犯罪人数是犯罪的加重构成要件，如果参与犯罪人数多，属于犯罪构成事实，那么，可以作为增加刑罚量的事实根据。例如，刑法规定二人以上轮奸妇女的，处 10 年以上有期徒刑、无期徒刑或者死刑。那么，二人以上轮奸妇女属于强奸罪的加重构成要件，该参与轮奸妇女人数可以作为增加刑罚量的事实根据。根据《量刑指导意见》的规定，二人以上轮奸妇女属于 10 年至 13 年有期徒刑幅度内确定量刑起点的事实根据。如果多人轮奸妇女，那么应作为增加刑罚量的事实根据。

8. 责任程度

此处的责任程度是特指交通肇事案的事故责任程度。根据 2000 年最高人民法院《关于审理交通肇事刑事案件具体应用法律若干问题的解释》第 1 条、第 2 条、第 4 条规定，责任程度是认定交通肇事罪的重要因素。交通肇事行为人负事故全部责任、主要责任或同等责任都有可能构成交通肇事罪的基本构成和加重构成。因此责任程度属于犯罪构成事实，可以作为增加刑罚量的事实根据。根据上述司法解释和《量刑指导意见》的规定，交通肇事致 3 人至 5 人死亡，负事故同等责任的，符合交通肇事罪的基本构成，即可在 2 年有期徒刑、拘役幅度内确定量刑起点。如果交通肇事致 3 人至 5 人死亡，负事故全部或主要责任的，那么应作为其增加刑罚量的事实根据。交通肇事致 6 人以上死亡，负事故同等责任的，符合交通肇事罪的"有其他特别恶劣情节"的情形，即可在 3 年至 5 年有期徒刑幅度内确定量刑起点。如果交通肇事致 6 人以上死亡，负事故全部或主要责任的，那么应作为其增加刑罚量的事实根据。

需要特别注意的是，在不同的具体犯罪中，增加刑罚量的事实根据可能是不同的；即使是同一具体犯罪中，增加刑罚量的事实根据也因个案而异，有的可能是单一的，有的可能是多样的。① 因此，在某一刑事案件中，如果用以确定基准刑的、增加刑罚量的事实根据具有多样性，那么应根据多种影响增加刑罚量的犯罪事实来确定应增加的刑罚量大小，不能顾此失彼。

---

① 由于犯罪基本构成的客观要件要素具有多样性，加重构成在有的犯罪中也具有多样性，因此增加刑罚量的事实根据往往具有多样性。

（三）确定基准刑的实质根据

由于基准刑＝量刑起点＋增加的刑罚量，因此在量刑起点确定之后进一步确定基准刑，关键是要考虑增加多少刑罚量。这除了应以"其他影响犯罪构成的犯罪事实"为根据，以与确定量刑起点相应的法定刑幅度为准绳外，还应考虑增加刑罚量的事实根据所反映的社会危害性程度或人身危险性大小。① 也就是说，增加刑罚量的事实根据所反映的社会危害性程度或人身危险性大小是确定基准刑的实质根据。如果增加刑罚量的事实根据所反映的社会危害性程度或人身危险性程度越大，那么增加的刑罚量就应越大，基准刑就应越高；反之，社会危害性程度或人身危险性程度越小，增加的刑罚量就应越小，基准刑就应越低。

例如，根据《量刑指导意见》规定，行为人实施入户抢劫可以在 10 年至 13 年有期徒刑幅度内确定量刑起点。如果量刑起点确定为 11 年有期徒刑，那么确定基准刑的幅度就是 11 年以上有期徒刑、无期徒刑或者死刑。显然，这个确定基准刑的幅度很大。那么，如何在 11 年有期徒刑的基础上确定基准刑？这就需要考虑增加刑罚量的事实根据及其反映的社会危害性程度或人身危险性大小。如果行为人不但是入户抢劫，而且还是抢劫财物数额巨大并存在多次抢劫的情形，那么其增加刑罚量的事实根据就是抢劫财物数额巨大和多次抢劫，相对于单纯的入户抢劫财物数额巨大而言，其社会危害性和人身危险性更大，增加的刑罚量应更大，基准刑应更高；如果行为人入户抢劫财物数额较小，不存在多次抢劫的情形，那么其社会危害性和人身危险性相对较小，增加的刑罚量应较小，基准刑应相对低一些。总之，增加刑罚量的事实根据越多，反映的

---

① 需要说明的是，有的增加刑罚量的事实根据反映的是社会危害性程度；有的增加刑罚量的事实根据反映的是人身危险性大小；有的增加刑罚量的事实根据既反映社会危害性程度，又反映人身危险性大小，因此，笔者在此处用"或"字表达。

社会危害性或人身危险性越大，增加的刑罚量就应越大，基准刑就应越高。

虽然增加刑罚量的事实根据所反映的社会危害性程度和人身危险性大小均是确定基准刑的实质根据，但是，在司法实践中，法官应注意二者在确定基准刑中的作用不同，其中社会危害性程度应是确定基准刑的主要根据，对确定基准刑起着决定性的作用；而人身危险性大小是确定基准刑的次要根据，在基准刑的确定中只起辅助作用。既然如此，法官确定基准刑时，如果增加刑罚量的事实根据反映犯罪的社会危害性很大，而增加刑罚量的事实根据反映犯罪人的人身危险性很小，或者说，社会危害性与人身危险性在确定基准刑中发生冲突，就更要以社会危害性程度为主要根据，以人身危险性大小为次要根据。

四、刑事责任量的根据在确定宣告刑中的适用

宣告刑不同于基准刑，它是法官运用量刑情节对基准刑进行调节后所确定的刑罚。[①] 根据《量刑指导意见》的规定，确定宣告刑是法官量刑的第三步，法官必须综合考虑全案情况。因此，确定宣告刑的根据与确定量刑起点、基准刑的根据有所不同，法官不但要适用法律根据、事实根据和实质根据，而且还要适用刑事政策根据。

（一）确定宣告刑的法律根据

由于宣告刑是量刑情节对基准刑的调节结果，但该结果不能突破与量刑起点相对应的法定刑幅度的最高刑，因此确定宣告刑的法律根据主要有二：一是与量刑起点相对应的法定刑幅度。由于宣告刑的确定以基准刑为基础，基准刑的确定又以量刑起点为基础，而在一个具体犯罪中，量刑起点往往不只一个，不同的法定刑幅度有

---

① 此处的量刑情节是指除确定量刑起点和基准刑的犯罪构成事实之外的案件事实，包括罪前、罪中和罪后各种情节。

不同的量刑起点，因此，只有与量刑起点相对应的法定刑幅度才能成为确定宣告刑的法律根据。二是关于量刑情节处罚宽严的法律规定。根据《量刑指导意见》规定，刑法规定的未成年人犯罪、限制行为能力的精神病人犯罪、又聋又哑的人或者盲人犯罪、防卫过当、避险过当、犯罪预备、犯罪未遂、犯罪中止、从犯、胁从犯、教唆犯、自首、立功、累犯等从宽或从严变量法定情节均是调节基准刑的法律根据。例如，《量刑指导意见》规定，已满 14 周岁不满 16 周岁的未成年人犯罪，可以减少基准刑的 30%—60%；已满 16 周岁不满 18 周岁的未成年人犯罪，可以减少基准刑的 10%—50%。又如，对于未遂犯，可以比照既遂犯减少基准刑的 50% 以下；对于从犯，可以减少基准刑的 20%—50%，犯罪较轻的，可以减少基准刑的 50% 以上或者依法免除处罚。在《量刑指导意见》规定的 14 种常见量刑情节中，有 7 种属于法定量刑情节。可见，在基准刑的基础上刑罚量的增减，刑法规定的从宽或从严情节是其重要根据。①

在一个具体犯罪案件中，调节基准刑的法定量刑情节可能存在多个，其中可能都是同向情节，也可能都是逆向情节，还可能既有同向情节又有逆向情节。这种情况下，法定量刑情节对基准刑的调节适用应按照先罪中情节、后罪外情节的顺序进行，即对于未成年人犯罪、限制行为能力的精神病人犯罪、又聋又哑的人或者盲人犯罪、防卫过当、避险过当、犯罪预备、犯罪未遂、犯罪中止、从犯、胁从犯、教唆犯等罪中法定情节优先调节基准刑，然后在此基础上，再用自首、立功、累犯等罪外法定情节加以调节。如果罪中法定情节或罪外法定情节有多个，就应先采用"同向相加、逆向相减"的方法确定调节比例，再按照上述顺序调节基准刑。

① 之所以说是重要根据，不是唯一根据，是因为《量刑指导意见》还规定了 7 种非法定情节可以增减基准刑。

（二）　确定宣告刑的刑事政策根据

"在量刑的层面上，时势以及刑罚效果的政治考量在所难免，因为刑事政策的根本目的就是维护社会秩序。"[①] 由于宣告刑是法官对一个具体犯罪最终确定的刑罚，而对一个具体犯罪到底判多重的刑罚，不但要考虑法律效果，而且要考虑社会效果，实现法律效果与社会效果的统一，因此，宣告刑的确定不但要考虑法律根据，而且要考虑刑事政策因素。

根据《量刑指导意见》的规定，"量刑应当贯彻宽严相济的刑事政策，做到该宽则宽，当严则严，宽严相济，罚当其罪。"显然，宽严相济的刑事政策是量刑的基本刑事政策根据；而且，《量刑指导意见》中有一系列规定也贯彻了该刑事政策。首先，《量刑指导意见》规定："量刑时要充分考虑各种法定和酌定量刑情节，根据案件的全部犯罪事实以及量刑情节的不同情形，依法确定量刑情节的适用及其调节比例。对严重暴力犯罪、黑社会性质组织犯罪、毒品犯罪，在确定从宽的幅度时，要从严掌握；对犯罪情节较轻的犯罪，应当充分体现从宽。"其次，《量刑指导意见》规定了7种酌定从宽或从严情节可以增减基准刑。例如，"对于退赃、退赔的，综合考虑犯罪性质，退赃、退赔行为对损害结果所能弥补的程度，退赃、退赔的数额及主导程度等情况，可以减少基准刑的30%以下；其中抢劫等严重危害社会治安犯罪的应从严掌握。"又如，"对于积极赔偿被害人经济损失并取得谅解的，综合考虑犯罪性质、赔偿数额、赔偿能力以及认罪、悔罪程度等情况，可以减少基准刑的40%以下；积极赔偿但没有取得谅解的，可以减少基准刑的30%以下；尽管没有赔偿，但取得谅解的，可以减少基准刑的20%以下；其中抢劫、强奸等严重危害社会治安犯罪的应从严掌握。"最后，对于"在重大自然

①　刘军：《从法定刑到宣告刑之桥梁的构建——以〈人民法院量刑指导意见（试行）〉为蓝本对量刑基准的解读》，载《当代法学》2011年第3期，第78页。

灾害、预防、控制突发传染病疫情等灾害期间犯罪的，根据案件的具体情况，可以增加基准刑的20%以下"，等等。这些规定很明显是对宽严相济刑事政策的具体贯彻。

然而，上述酌定从宽或从严情节不能在确定量刑起点和基准刑中起作用，只能在确定基准刑之后对基准刑起调节作用，而其调节基准刑是为了确定宣告刑，因此，宽严相济的刑事政策其实只是确定宣告刑的刑事政策根据。

虽然出于宽严相济的刑事政策的考虑，一些酌定情节可以一定的比例调节基准刑，但是，像"退赃、退赔、积极赔偿被害人经济损失"这样的酌定从宽情节对基准刑的调节比例高于"一般立功"这样的法定从宽情节是否妥当，值得思考。

（三）确定宣告刑的事实根据

宣告刑是法官对一个具体犯罪最终确定的刑罚，它必须以该罪涉及的整个案件事实为根据，而整个案件事实除了犯罪构成事实这个基础之外，还可能存在变量法定情节事实或变量酌定情节事实。因此，确定宣告刑的事实根据包括犯罪构成事实、变量法定情节事实和变量酌定情节事实三种。其中犯罪构成事实是确定量刑起点和基准刑的事实根据，在此不再赘述。下文主要就变量法定情节事实和变量酌定情节事实做简要阐述。

变量法定情节事实是法官适用变量法定情节调节基准刑的事实根据。也就是说，只有存在变量法定情节事实的情况下，法官才能适用变量法定情节调节基准刑。变量法定情节事实包括变量法定从宽情节事实和变量法定从严情节事实两类。例如，犯罪未遂属于法定从宽情节，未遂犯可以比照既遂犯减少基准刑的50%以下。如果个案中存在犯罪未遂的事实，这属于变量法定从宽情节事实，法官就可以适用这个比例调节基准刑；反之，如果不存在未遂事实，就不能适用。又如，累犯属于法定从严情节，累犯可以增加基准刑的10%—40%。如果个案中存在累犯事实，这属于变量法定从严情节事实，法官就可以适用这个比例调节基准刑。总之，《量刑指导意见》规定的 7 种变量法定情节，无论是法定从宽还是法定从严情节，只有存在变量法定情节事实才可以适用。

变量酌定情节事实是法官适用变量酌定情节调节基准刑的事实根据。也就是说，只有存在变量酌定情节事实的情况下，法官才能适用变量酌定情节调节基准刑。变量酌定情节事实包括变量酌定从宽情节事实和变量酌定从严情节事实两类。例如，退赃、退赔是处罚从宽的酌定情节。《量刑指导意见》规定：对于退赃、退赔的，综合考虑犯罪性质，退赃、退赔行为对损害结果所能弥补的程度，退赃、退赔的数额及主动程度等情况，可以减少基准刑的 30% 以下。但是，只有个案中存在退赃、退赔的酌定从宽情节事实，法官才可以适用这个比例调节基准刑。又如，有前科劣迹是处罚从严的酌定情节，可以增加基准刑的 10% 以下。但是，只有个案中犯罪人有前科劣迹的事实，法官才可以适用这个比例调节基准刑。总之，《量刑指导意见》规定的 7 种变量酌定情节，无论是酌定从宽还是酌定从严情节，只有存在变量酌定情节事实才可以适用。

（四）确定宣告刑的实质根据

在存在变量法定情节事实或变量酌定情节事实的情况下，法官就要运用量刑情节对基准刑进行调节。但是《量刑指导意见》规定的量刑情节调节比例并不是绝对的百分比，而是一定的幅度，法官在该幅度内有自由裁量的余地。例如，未遂犯可以比照既遂犯减少基准刑的 50% 以下。那么，在 1%—50% 之间法官都可以选择。既然如此，法官应以什么为根据来确定量刑情节的调节比例进而对基准刑进行调节呢？笔者认为，法官确定量刑情节的调节比例应以变量法定情节事实或变量酌定情节事实反映的社会危害性程度或人身危险性大小为实质根据。例如，对于未遂犯，法官在 1%—50% 之间选择调节基准刑的比例，应根据犯罪行为的实行程度、造成损害的大小、犯罪未得逞的原因等事实反映的社会危害性程度加以确定。法官一旦确定了犯罪未遂量刑情节的调节比例，就可以对该罪的基准刑进行调节，确定该罪的宣告刑。需要注意的是，如果某一具体犯罪中存在多个变量法定情节或酌定情节事实，那么，法官应根据各个变量情节事实所反映的社会危害性程度或人身危险性大小分别确定各个量刑情节的调节比例，然后分罪中情节和罪外情节两类按照"同向相加、逆向相减"的方法分别确定罪中全部量刑情节的调节比例和罪外全部量刑情节的调节比例，再按照先罪中情节、后罪外情节的顺序分步对基准刑进行调节，最终确定该罪的宣告刑。

总之，变量法定情节事实或变量酌定情节事实综合反映的社会危害性程度或人身危险性大小是确定宣告刑的实质根据。如果变量法定情节事实或变量酌定情节事实反映的社会危害性程度或人身危险性程度越大，刑事责任量就越大，刑罚量就应越大，宣告刑就应越高；反之，社会危害性程度和人身危险性程度越小，刑事责任量就越小，刑罚量就应越小，宣告刑就应越低。

五、《量刑指导意见》的缺陷与完善

（一）《量刑指导意见》的缺陷

最高人民法院颁发的《量刑指导意见》虽然为全国法院系统的量刑规范化工作提供了积极的指引，对于实现量刑公正、量刑平衡具有重要的司法实践意义，但是也还存在如下缺陷，需要进一步完善：

第一，减轻构成缺乏适用

我国刑法分则虽然对减轻构成的规定不多，但是减轻构成以"情节较轻"为立法模式，而"情节较轻"是一个相当模糊的概念，在司法适用上往往会引起同案不同判的结果，导致量刑不平衡。因此，通过《量刑指导意见》对其实现量刑规范化是完全必要的。然而，目前《量刑指导意见》规定的15个"常见犯罪的量刑"中，没有一个犯罪属于基本构成＋减轻构成的情形，除了妨害公务罪属于基本构成的情形，其他都是基本构成＋加重构成的情形，因此，对于如何确定减轻构成的量刑起点、基准刑和宣告刑，《量刑指导意见》是缺乏指导性的。

第二，管制未纳入确定量刑起点的范围

在我国刑法分则规定的个罪中，管制被规定在与基本构成相对应的法定刑幅度内，其中有的是作为法定最低刑规定的，有的是作为选择刑种与一定幅度的有期徒刑、单处附加刑规定在一起的。在《量刑指导意见》规定的 15 种"常见犯罪的量刑"中，故意伤害罪、聚众斗殴罪、寻衅滋事罪的基本构成的法定最低刑是管制；非法拘禁罪的基本构成中有管制（单处剥夺政治权利是法定最低刑）；盗窃罪，诈骗罪，抢夺罪，敲诈勒索罪，妨害公务罪，掩饰、隐瞒犯罪所得、犯罪所得收益罪的基本构成中有管制（罚金是法定最低刑）。可见，15 个罪中有 10 个罪的基本构成的法定刑幅度包含管制。但是，确定这些犯罪的量刑起点的范围中均未规定管制。笔者认为，管制、拘役和有期徒刑都是有期限的主刑，既然拘役和有期徒刑可以构成一定的幅度作为确定基本构成的量刑起点的范围，① 那么管制也应当可以与拘役构成一定的幅度作为确定基本构成的量刑起点的范围；如果不将管制纳入确定量刑起点的范围，就会影响管制在这些犯罪中的适用，很可能导致有的案件犯罪人应当适用管制因为确定量刑起点范围中缺乏规定而被忽视适用。

　　第三，变量法定情节适用上存在缺陷

　　这主要表现为：对总则型变量法定情节调节基准刑的比例未做全面规定。虽然《量刑指导意见》在"调节基准刑的方法"中规定了"对于具有刑法总则规定的未成年人犯罪、老年人犯罪、限制行为能力的精神病人犯罪、又聋又哑的人或者盲人犯罪、防卫过当、避险过当、犯罪预备、犯罪未遂、犯罪中止、从犯、胁从犯和教唆犯等量刑情节的，先用该量刑情节对基准刑进行调节，在此基础上，再用其他量刑情节进行调节"，但是，在"常见量刑情节的适用"中，对于限制行为能力的精神病人犯罪、老年人犯罪、又聋又哑的人或者盲人犯罪、犯罪预备、教唆犯等变量法定情节调节基准刑的比例未做规定。而这些变量法定情节并非不常见；即使不

---

　　① 盗窃罪，诈骗罪，抢夺罪，敲诈勒索罪，妨害公务罪，掩饰、隐瞒犯罪所得、犯罪所得收益罪的基本构成的量刑起点是由一定时长的拘役和一定时长的有期徒刑构成的。

常见，在《量刑指导意见》中规定出来也没有什么不便。更为重要的是，在《量刑指导意见》未做规定的情况下，司法机关遇到此类变量法定情节时，如何以之调节基准刑便成为地方司法机关及其法官见仁见智的问题。

第四，变量酌定情节适用上存在缺陷

这主要表现为：基于刑事政策根据的变量酌定情节调节基准刑的比例有的过高。例如，退赃、退赔、积极赔偿被害人经济损失属于基于贯彻宽严相济刑事政策需要的变量酌定从宽情节。《量刑指导意见》规定："对于退赃、退赔的，综合考虑犯罪性质、退赃、退赔行为对损害结果所能弥补的程度，退赃、退赔的数额及主动程度等情况，可以减少基准刑的30%以下"；"对于积极赔偿被害人经济损失的，综合考虑犯罪性质、赔偿数额、赔偿能力等情况，可以减少基准刑的30%以下"。这种"减少基准刑的30%以下"比例比有的变量法定从宽情节对基准刑的调节比例还高。例如，《量刑指导意见》规定："对于一般立功的，可以减少基准刑的20%以下"；对于有坦白情节，"如实供述自己罪行的，可以减少基准刑的20%以下"。按理说，法定情节的调节作用应当高于酌定情节，而这里的变量酌定从宽情节的作用高于变量法定从宽情节，因此是不合理的。

（二）完善《量刑指导意见》的建议

第一，在《量刑指导意见》规定的"常见犯罪的量刑"中，增加涉及减轻构成的个罪的量刑规定。这可以以故意杀人罪为典型。故意杀人罪属于司法实践中的常见犯罪，《刑法》第232条中有"情节较轻的，处3年以上10年以下有期徒刑"的规定。此处的"情节较轻"属于故意杀人罪的减轻构成要件。《量刑指导意见》可以就故意杀人罪"情节较轻"的量刑起点的确定、基准刑的确定和何种量刑情节调节基准刑形成宣告刑作出具体规定。

第二，在《量刑指导意见》规定的"常见犯罪的量刑"中，将在一些个罪中并非法定最低刑的管制纳入确定量刑起点的范围。前已述及，在非法拘禁罪，盗窃罪，诈骗罪，抢夺罪，敲诈勒索罪，妨害公务罪，掩饰、隐瞒犯罪所得、犯罪所得收益罪中，管制并非法定最低刑，因而可以在这些犯罪中将一定时长的管制与一定时长的拘役、有期徒刑一起，构成一定的幅度作为确定这些犯罪基本构成量刑起点的范围，从而使管制在量刑中受到法官应有的重视。

第三，在《量刑指导意见》规定的"常见量刑情节的适用"中，对于限制行为能力的精神病人犯罪、又聋又哑的人或者盲人犯罪、犯罪预备、教唆犯等变量法定情节调节基准刑的比例作出明确规定。

首先，刑法对于限制行为能力的精神病人犯罪，规定可以从轻或者减轻处罚，是基于其辨认控制能力有所减弱，因此，其调节基准刑的比例可以如此规定："对于限制行为能力的精神病人犯罪，应当综合考虑辨认控制能力的强弱及其与所实施之罪的关系与影响、犯罪性质、危害结果、平时表现等情况，可以减少基准刑的10%—40%。"

其次，刑法对于又聋又哑的人或者盲人犯罪，规定可以从轻、减轻或者免除处罚，是基于其生理功能障碍对刑事责任能力具有影响，因此，其调节基准刑的比例可以如此规定："对于又聋又哑的人或者盲人犯罪，应当综合考虑生理功能障碍发生的时间及其对刑事责任能力的影响、犯罪性质、犯罪的动机和目的、发案原因等情况，可以减少基准刑的20%以上或者依法免除处罚。"

再次，刑法对于预备犯，规定可以比照既遂犯从轻、减轻处罚或者免除处罚，是因为预备犯处于犯罪预备阶段，对法益虽有威胁但未侵害，其社会危害性一般既大大轻于既遂犯，也显著轻于未遂犯，[①] 所以，其调节基准刑的比例可以如此规定："对于预备犯，综合考虑犯罪预备行为的性质及其实施程度、预备所犯之罪的性质及其危害程度、犯罪未实行的原因等情况，可以比照既遂犯减少基准刑的50%以上或者依法免除处罚。"

最后，刑法对于教唆不满18周岁的人犯罪，规定应当从重处罚；如果被教唆的人没有犯被教唆的罪，对于教唆犯，可以从轻或者减轻处罚，是因为"未成年人对自己行为的犯罪性的认识能力

---

① 高铭暄、马克昌主编：《刑法学》（第四版），北京大学出版社、高等教育出版社2010年版，第163—164页。

不如成年人",① 教唆未成年人犯罪，影响未成年人的健康成长，教唆犯的主观恶性较大；被教唆的人没有犯被教唆的罪属于教唆未得逞，所以，其调节基准刑的比例可以如此规定："教唆不满18周岁的人犯罪，综合考虑未成年人的年龄、教唆所犯之罪的性质、罪行轻重等情况，应当增加基准刑的30%—50%；如果被教唆的人没有犯被教唆的罪，对于教唆犯，应当综合考虑教唆所犯之罪的性质、被教唆的人没有犯被教唆之罪的原因等情况，可以减少基准刑的30%—50%。"

第四，降低基于刑事政策根据的变量酌定情节调节基准刑的比例。具体修改应为："对于退赃、退赔的，综合考虑犯罪性质、退赃、退赔行为对损害结果所能弥补的程度，退赃、退赔的数额及主动程度等情况，可以减少基准刑的15%以下；其中抢劫等严重危害社会治安犯罪的应从严掌握。""对于积极赔偿被害人经济损失的，综合考虑犯罪性质、赔偿数额、赔偿能力等情况，可以减少基准刑的15%以下；积极赔偿但没有取得谅解或者没有赔偿但取得谅解的，可以减少基准刑的10%以下；其中抢劫、强奸等严重危害社会治安犯罪的应从严掌握。"

第二节 刑事责任量的根据在法院刑事指导案例中的适用

2010年11月26日和7月9日，最高人民法院和最高人民检察院分别通过并颁布了《关于案例指导工作的规定》，标志着案例指导制度在我国的正式建立。② 根据最高人民法院颁布的《关于案例

---

① Charlotte Lees. The Age of Criminal Responsibility—Which Direction? A Comparative Study of the United Kingdom and Canada Charlotte Lees. Institute of Comparative Law, McGill University, 2000, 100.

② 陈兴良：《案例指导制度的法理考察》，载《法制与社会发展》2012年第3期，第73页。

指导工作的规定》，指导性案例是指裁判已经发生法律效力、对全国审判工作具有指导作用的案例。"最高人民法院发布的指导性案例，各级人民法院审判类似案例时应当参照。"指导性案例的遴选和确定应符合以下条件：（1）社会广泛关注的；（2）法律规定比较原则的；（3）具有典型性的；（4）疑难复杂或者新类型的；（5）其他具有指导作用的案例。由于指导性案例是按照推荐、遴选、审查和报审等程序、依照上述条件确定发布的，具有全国法院审判工作的引领、示范功能，因此，以法院刑事指导性案例为视角研究刑事责任量的根据的司法适用问题具有典型意义。

自 2011 年 12 月至 2014 年 6 月，最高人民法院已经分四批发布了 8 个刑事指导性案例。它们分别是潘玉梅、陈宁受贿案（指导案例 3 号），王志才故意杀人案（指导案例 4 号），杨延虎等贪污案（指导案例 11 号），李飞故意杀人案（指导案例 12 号），王召成等非法买卖、储存危险物质案（指导案例 13 号）和董某某、宋某某抢劫案（指导案例 14 号），臧进泉等盗窃、诈骗案（指导案例 27 号），胡克金拒不支付劳动报酬案（指导案例 28 号）。这 8 个刑事指导性案例中的犯罪人都受到了程度不同的刑事责任追究。那么，刑事责任量的实质根据、刑事政策根据、法律根据和事实根据在这些指导案例中的适用情况如何？刑事责任量的根据在指导案例中适用有什么共同特点？是否有需要进一步改进的地方？本节就此展开研究。

一、刑事责任量的根据在法院刑事指导案例中的适用现状

（一）刑事责任量的根据在潘玉梅、陈宁受贿案中的适用

1. 基本案情及裁判结果

2003 年八九月间，被告人潘玉梅、陈宁分别利用担任江苏省南京市栖霞区迈皋桥街道工委书记、迈皋桥办事处主任的职务便利，为南京某房地产开发有限公司总经理陈某在迈皋桥创业园区低价获取 100 亩土地等提供帮助，并于 9 月 3 日分别以其亲属名义与陈某共同注册成立南京多贺工贸有限责任公司（以下简称多贺公

司），以"开发"上述土地。潘玉梅、陈宁既未实际出资，也未参与该公司经营管理。2004 年 6 月，陈某以多贺公司的名义将该公司及其土地转让给南京某体育用品有限公司，潘玉梅、陈宁以参与利润分配名义，分别收受陈某给予的 480 万元。2007 年 3 月，陈宁因潘玉梅被调查，在美国出差期间安排其驾驶员退给陈某 80 万元。案发后，潘玉梅、陈宁所得赃款及赃款收益均被依法追缴。

2004 年 2 月至 10 月，被告人潘玉梅、陈宁分别利用担任迈皋桥街道工委书记、迈皋桥办事处主任的职务之便，为南京某置业发展有限公司在迈皋桥创业园购买土地提供帮助，并先后 4 次各收受该公司总经理吴某某给予的 50 万元。

2004 年上半年，被告人潘玉梅利用担任迈皋桥街道工委书记的职务便利，为南京某发展有限公司受让金桥大厦项目减免 100 万元费用提供帮助，并在购买对方开发的一处房产时接受该公司总经理许某某为其支付的房屋差价款和相关税费 61 万余元（房价含税费 121.0817 万元，潘支付 60 万元）。2006 年 4 月，潘玉梅因检察机关从许某某的公司账上已掌握其购房仅支付部分款项的情况而补还给许某某 55 万元。

此外，2000 年春节前至 2006 年 12 月，被告人潘玉梅利用职务便利，先后收受迈皋桥办事处一党支部书记兼南京某商贸有限责任公司总经理高某某人民币 201 万元和美元 49 万元、浙江某房地产集团南京置业有限公司范某某美元 1 万元。2002 年至 2005 年间，被告人陈宁利用职务便利，先后收受迈皋桥办事处一党支部书记高某某 21 万元、迈皋桥办事处副主任刘某 8 万元。

综上，被告人潘玉梅收受贿赂人民币 792 万余元、美元 50 万元（折合人民币 398.1234 万元），共计收受贿赂 1190.2 万余元；被告人陈宁收受贿赂 559 万元。

鉴于二被告人均具有归案后如实供述犯罪、认罪态度好，主动交代司法机关尚未掌握的同种余罪，案发前退出部分赃款，案发后配合追缴涉案全部赃款等从轻处罚情节，江苏省南京市中级人民法院于 2009 年 2 月 25 日以（2008）宁刑初字第 49 号刑事判决，认定被告人潘玉梅犯受贿罪，判处死刑，缓期二年执行，剥夺政治权利终身，并处没收个人全部财产；被告人陈宁犯受贿罪，判处无期徒刑，剥夺政治权利终身，并处没收个人全部财产。宣判后，潘玉梅、陈宁提出上诉。江苏省高级人民法院于 2009 年 11 月 30 日以同样的事实和理由作出 （2009） 苏刑二终字第 0028 号刑事裁定，驳回上诉，维持原判，并核准一审以受贿罪判处被告人潘玉梅死刑，缓期二年执行，剥夺政治权利终身，并处没收个人全部财产的刑事判决。①

2. 刑事责任量的根据适用分析

根据指导案例 3 号所述的基本案情、裁判结果及其理由，犯罪人潘玉梅、陈宁受贿罪的刑事责任量及其根据可归纳为下表所示：

犯罪人	罪名	刑事责任量	实质根据	刑事政策根据	法律根据	事实根据
潘玉梅	受贿罪	死刑缓期 2 年执行，剥夺政治权利终身，没收个人全部财产	裁判中未明确犯罪的社会危害性程度和犯罪人的人身危险性大小，但案情中有体现	未体现从严反腐的刑事政策	受贿数额特别巨大，属于受贿罪的第三加重构成，但裁判中未全部呈现法律根据	收受贿赂 1190.2 万余元，但如实供述犯罪、认罪态度好，主动交代司法机关尚未掌握的同种余罪，案发前退出部分赃款，案发后配合追缴涉案全部赃款
陈宁	受贿罪	无期徒刑，剥夺政治权利终身，没收个人全部财产	裁判中未明确犯罪的社会危害性程度和犯罪人的人身危险性大小，但案情中有体现	未体现从严反腐的刑事政策	受贿数额特别巨大，属于受贿罪的第三加重构成，但裁判中未全部呈现法律根据	收受贿赂 559 万元，但如实供述犯罪、认罪态度好，主动交代司法机关尚未掌握的同种余罪，案发前退出部分赃款，案发后配合追缴涉案全部赃款

① 基本案情及裁判结果来源于最高人民法院 2011 年 12 月 20 日发布的指导案例 3 号。

从上述两名犯罪人所犯受贿罪的刑事责任量来看，二者刑事责任量具有不同，体现在潘玉梅被判处了死缓，陈宁被判处了无期徒刑。二者的刑事责任量之所以如此不同，是因为二者所犯受贿罪的加重构成事实不同。潘玉梅收受贿赂 1190.2 万余元，陈宁收受贿赂 559 万元。

从刑事责任量的根据来看，上述指导案例未阐述两犯罪人所犯受贿罪的刑事责任量的法律根据，反腐刑事政策根据也没有体现出来，作为刑事责任量的实质根据之犯罪社会危害性程度和犯罪人人身危险性大小虽有体现但也未明确认定。从指导案例对两名犯罪人的裁判结果及其理由阐述来看，似乎两犯罪人所犯受贿罪的刑事责任量在法律根据、刑事政策根据和实质根据上没有什么不同。其实，两犯罪人虽然受贿数额都是特别巨大，且在犯罪后的态度方面相同，但作为刑事责任量的实质根据之一的犯罪社会危害性程度是有很大不同的。因为受贿数额大小是衡量受贿罪社会危害性程度的重要指标，而潘玉梅受贿的数额是陈宁受贿数额的两倍。由此看来，两犯罪人的刑事责任量虽然做了区别，但刑事责任量的确定是否适当仍有商榷的余地。

（二）刑事责任量的根据在王志才故意杀人案中的适用

1. 基本案情及裁判结果

被告人王志才与被害人赵某某（女，殁年 26 岁）在山东省潍坊市科技职业学院同学期间建立恋爱关系。2005 年，王志才毕业后参加工作，赵某某考入山东省曲阜师范大学继续专升本学习。2007 年赵某某毕业参加工作后，王志才与赵某某商议结婚事宜，因赵某某家人不同意，赵某某多次提出分手，但在王志才的坚持下二人继续保持联系。2008 年 10 月 9 日中午，王志才在赵某某的集体宿舍再次谈及婚恋问题，因赵某某明确表示二人不可能在一起，王志才感到绝望，愤而产生杀死赵某某然后自杀的念头，即持赵某某宿舍内的一把单刃尖刀，朝赵的颈部、胸腹部、背部连续捅刺，致其失血性休克死亡。次日 8 时 30 分许，王志才服农药自杀未遂，被公安机关抓获归案。王志才平时表现较好，归案后如实供述自己的罪行，并与其亲属积极赔偿，但未与被害人亲属达成赔偿协议。

山东省潍坊市中级人民法院于 2009 年 10 月 14 日以（2009）潍刑一初字第 35 号刑事判决，认定被告人王志才犯故意杀人罪，判处死刑，剥夺政治权利终身。宣判后，王志才提出上诉。山东省高级人民法院于 2010 年 6 月 18 日以（2010）鲁刑四终字第 2 号刑事裁定，驳回上诉，维持原判，并依法报请最高人民法院核准。最高人民法院根据复核确认的事实，以（2010）刑三复 22651920 号刑事裁定，不核准被告人王志才死刑，发回山东省高级人民法院重新审判。山东省高级人民法院经依法重新审理，于 2011 年 5 月 3 日作出（2010）鲁刑四终字第 2 - 1 号刑事判决，以故意杀人罪改判被告人王志才死刑，缓期二年执行，剥夺政治权利终身，同时决定对其限制减刑。①

2. 刑事责任量的根据适用分析

根据指导案例 4 号所述的裁判要点、基本案情、裁判结果及其理由，犯罪人王志才的刑事责任量及其根据可归纳为下表所示：

犯罪人	罪名	刑事责任量	实质根据	刑事政策根据	法律根据	事实根据
王志才	故意杀人罪	死刑缓期 2 年执行，剥夺政治权利终身，限制减刑	裁判要点中体现了犯罪的社会危害性程度和犯罪人的人身危险性大小，但未明确认定犯罪的社会危害程度	裁判要点、理由中体现了宽严相济、死刑政策	符合故意杀人罪基本构成和限制减刑规定，但其法律根据未全部呈现	婚恋引发故意杀人，犯罪手段特别残忍，罪行极其严重，但平时表现较好，归案后坦白悔罪，积极赔偿被害方经济损失，但未达成赔偿协议

---

① 基本案情及裁判结果来源于最高人民法院 2011 年 12 月 20 日发布的指导案例 4 号。

从指导案例 4 号所述来看，指导案例指出了王志才故意杀人手段残忍，罪行极其严重，论罪当处死刑，从而对其刑事责任量的实质根据之犯罪社会危害性程度有所反映；指导案例指出了王志才平时表现较好，归案后坦白悔罪，积极赔偿被害方经济损失，从而对其刑事责任量的实质根据之犯罪人人身危险性大小有所反映；指导案例指出了本案属于因婚恋矛盾激化引起的故意杀人案，犯罪人有酌定从宽情节，为有效化解社会矛盾，对其不适用死刑立即执行，反映了当前宽严相济刑事政策和严格限制死刑政策的要求；指导案例对于王志才的犯罪构成事实和宽严情节事实有较详细阐述，但对其刑事责任量的法律根据未全部呈现。

（三）刑事责任量的根据在杨延虎等贪污案中的适用

1. 基本案情及裁判结果

被告人杨延虎 1996 年 8 月任浙江省义乌市委常委，2003 年 3 月任义乌市人大常委会副主任，2000 年 8 月兼任中国小商品城福田市场（2003 年 3 月改称中国义乌国际商贸城，以下简称国际商贸城）建设领导小组副组长兼指挥部总指挥，主持指挥部全面工作。2002 年，杨延虎得知义乌市稠城街道共和村将列入拆迁和旧村改造范围后，决定在该村购买旧房，利用其职务便利，在拆迁安置时骗取非法利益。杨延虎遂与被告人王月芳（杨延虎的妻妹）、被告人郑新潮（王月芳之夫）共谋后，由王、郑二人出面，通过共和村王某某，以王月芳的名义在该村购买赵某某的 3 间旧房（房产证登记面积 61.87 平方米，发证日期 1998 年 8 月 3 日）。按当地拆迁和旧村改造政策，赵某某有无该旧房，其所得安置土地面积均相同，事实上赵某某也按无房户得到了土地安置。2003 年三四月间，为使 3 间旧房所占土地确权到王月芳名下，在杨延虎指使和安排下，郑新潮再次通过共和村王某某，让该村村民委员会及其成员出具了该 3 间旧房系王月芳 1983 年所建的虚假证明。杨延虎利用职务便利，要求兼任国际商贸城建设指挥部分管土地确权工作的副总指挥、义乌市国土资源局副局长吴某某和指挥部确权报批科人员,对王月芳拆迁安置、土地确权予以关照。国际商贸城建设指挥部遂将王月芳所购房屋作为有村证明但无产权证的旧房进行确权审核,上报义乌市国土资源局确权,并按丈量结果认定其占地面积 64.7 平方米。

此后,被告人杨延虎与郑新潮、王月芳等人共谋,在其岳父王某祥在共和村拆迁中可得 25.5 平方米土地确权的基础上,于 2005年 1 月编造了由王月芳等人签名的申请报告,谎称"王某祥与王月芳共有三间半房屋,占地 90.2 平方米,二人在 1986 年分家,王某祥分得 36.1 平方米,王月芳分得 54.1 平方米,有关部门确认王某祥房屋 25.5 平方米、王月芳房屋 64 平方米有误",要求义乌市国土资源局更正。随后,杨延虎利用职务便利,指使国际商贸城建设指挥部工作人员以该部名义对该申请报告盖章确认,并使该申请报告得到义乌市国土资源局和义乌市政府认可,从而让王月芳、王某祥分别获得 72 平方米和 54 平方米(共 126 平方米)的建设用地审批。按王某祥的土地确权面积仅应得 36 平方米建设用地审批,其余 90 平方米系非法所得。2005 年 5 月,杨延虎等人在支付选位费 24.552 万元后,在国际商贸城拆迁安置区获得两间店面 72 平方米土地的拆迁安置补偿(案发后,该 72 平方米的土地使用权被依法冻结)。该处地块在用作安置前已被国家征用并转为建设用地,属国有划拨土地。经评估,该处每平方米的土地使用权价值 35270元。杨延虎等人非法所得的建设用地 90 平方米,按照当地拆迁安置规定,折合拆迁安置区店面的土地面积为 72 平方米,价值253.944 万元,扣除其支付的 24.552 万元后,实际非法所得229.392 万元。

此外,2001 年至 2007 年间,被告人杨延虎利用职务便利,为他人承揽工程、拆迁安置、国有土地受让等谋取利益,先后非法收受或索取 57 万元,其中索贿 5 万元。

浙江省金华市中级人民法院于 2008 年 12 月 15 日作出(2008)金中刑二初字第 30 号刑事判决:一、被告人杨延虎犯贪污罪,判处有期徒刑十五年,并处没收财产二十万元;犯受贿罪,判处有期徒刑十一年，并处没收财产十万元；决定执行有期徒刑十八年，并处没收财产三十万元。二、被告人郑新潮犯贪污罪，判处有期徒刑五年。三、被告人王月芳犯贪污罪，判处有期徒刑三年。宣判后，三被告人均提出上诉。浙江省高级人民法院于 2009 年 3 月 16 日作出（2009）浙刑二终字第 34 号刑事裁定，驳回上诉，维持原判。①

2. 刑事责任量的根据适用分析

根据指导案例 11 号所述的裁判要点、基本案情、裁判结果及其理由，犯罪人杨延虎、郑新潮、王月芳的刑事责任量及其根据可归纳为下表所示：

犯罪人	罪名	刑事责任量	实质根据	刑事政策根据	法律根据	事实根据
杨延虎	贪污罪、受贿罪	有期徒刑 18 年，没收财产 30 万元	裁判中未明确认定犯罪的社会危害性程度和犯罪人的人身危险性大小	未体现刑事政策	符合贪污罪、受贿罪的加重构成、共同犯罪规定、数罪并罚规定，但法律根据未全部呈现	共同贪污 229.392 万元，属于主犯；非法收受或索取 57 万元
郑新潮	贪污罪	有期徒刑 5 年	裁判中未明确认定犯罪的社会危害性程度和犯罪人的人身危险性大小	未体现刑事政策	符合贪污罪的加重构成、共同犯罪规定，具备变量法定从宽情节，但法律根据未全部呈现	共同贪污 229.392 万元，属于从犯
王月芳	贪污罪	有期徒刑 3 年	裁判中未明确认定犯罪的社会危害性程度和犯罪人的人身危险性大小	未体现刑事政策	符合贪污罪的加重构成、共同犯罪规定，具备变量法定从宽情节，但法律根据未全部呈现	共同贪污 229.392 万元，属于从犯

① 基本案情及裁判结果来源于最高人民法院 2012 年 9 月 18 日发布的指导案例 11 号。

从上表可见，杨延虎、郑新潮、王月芳三名犯罪人的刑事责任量明显不同。杨延虎犯贪污罪、受贿罪经过数罪并罚后的刑事责任量为有期徒刑 18 年，并处没收财产 30 万元；郑新潮犯贪污罪的刑事责任量为有期徒刑 5 年；王月芳犯贪污罪的刑事责任量为有期徒刑 3 年。但是，指导案例 11 号只对三名犯罪人的刑事责任量的事实根据进行了详细的阐述和说理，而对其刑事责任量的实质根据、刑事政策根据和法律根据未进行阐述或明确，特别是对郑新潮、王月芳两犯罪人在所犯罪名相同、在共同贪污犯罪中均系从犯的情况下，为何二者的刑事责任量不同没有作出必要的说明；在共同贪污数额特别巨大的情况下，作为从犯的郑新潮、王月芳为何不对其从轻处罚而要对其减轻处罚，也未作出必要的说明。①

（四）刑事责任量的根据在李飞故意杀人案中的适用

1. 基本案情及裁判结果

2006 年 4 月 14 日，被告人李飞因犯盗窃罪被判处有期徒刑二年，2008 年 1 月 2 日刑满释放。2008 年 4 月，经他人介绍，李飞与被害人徐某某（女，殁年 26 岁）建立恋爱关系。同年 8 月，二人因经常吵架而分手。8 月 24 日，当地公安机关到李飞的工作单位给李飞建立重点人档案时，其单位得知李飞曾因犯罪被判刑一事，并以此为由停止了李飞的工作。李飞认为其被停止工作与徐某某有关。

同年 9 月 12 日 21 时许，被告人李飞拨打徐某某的手机，因徐某某外出，其表妹王某某（被害人，时年 16 岁）接听了李飞打来的电话，并告知李飞，徐某某已外出。后李飞又多次拨打徐某某的手机，均未接通。当日 23 时许，李飞到哈尔滨市呼兰区徐某某开设的"小天使形象

---

① 根据《刑法》第 27 条第 2 款规定，"对于从犯，应当从轻、减轻处罚或者免除处罚。"显然，对于从犯的量刑有三种从宽结果，到底适用哪一种结果，应有事实和法理支撑。而指导案例 11 号的裁判事实认定、裁判结果及其理由中缺乏法院选择对其减轻处罚的阐述。

设计室"附近，再次拨打徐某某的手机，与徐某某在电话中发生争吵。后李飞破门进入徐某某在"小天使形象设计室"内的卧室，持室内的铁锤多次击打徐某某的头部，击打徐某某表妹王某某头部、双手数下。稍后，李飞又持铁锤先后再次击打徐某某、王某某的头部，致徐某某当场死亡、王某某轻伤。为防止在场的"小天使形象设计室"学徒工佟某报警，李飞将徐某某、王某某及佟某的手机带离现场抛弃，后潜逃。同月 23 日 22 时许，李飞到其姑母李某某家中，委托其姑母转告其母亲梁某某送钱。梁某某得知此情后，及时报告公安机关，并于次日晚协助公安机关将来到姑母家取钱的李飞抓获。在本案审理期间，李飞的母亲梁某某代为赔偿被害人亲属 4 万元。

黑龙江省哈尔滨市中级人民法院于 2009 年 4 月 30 日以（2009）哈刑二初字第 51 号刑事判决，认定被告人李飞犯故意杀人罪，判处死刑，剥夺政治权利终身。宣判后，李飞提出上诉。黑龙江省高级人民法院于 2009 年 10 月 29 日以（2009）黑刑三终字第 70 号刑事裁定，驳回上诉，维持原判，并依法报请最高人民法院核准。最高人民法院根据复核确认的事实和被告人母亲协助抓捕被告人的情况，以（2010）刑五复 66820039 号刑事裁定，不核准被告人李飞死刑，发回黑龙江省高级人民法院重新审判。黑龙江省高级人民法院经依法重新审理，于 2011 年 5 月 3 日作出（2011）黑刑三终字第 63 号刑事判决，以故意杀人罪改判被告人李飞死刑，缓期二年执行，剥夺政治权利终身，同时决定对其限制减刑。①

2. 刑事责任量的根据适用分析

根据指导案例 12 所述的裁判要点、基本案情、裁判结果及其理由，犯罪人李飞的刑事责任量及其根据可归纳为下表所示：

---

① 基本案情及裁判结果来源于最高人民法院 2012 年 9 月 18 日发布的指导案例 12 号。

犯罪人	罪名	刑事责任量	实质根据	刑事政策根据	法律根据	事实根据
李飞	故意杀人罪	死刑缓期2年执行，剥夺政治权利终身，限制减刑	裁判中对犯罪的社会危害性程度和犯罪人的人身危险性大小有体现，但未明确认定	裁判要点、理由中体现宽严相济、死刑政策	符合故意杀人罪的基本构成和限制减刑规定，但法律根据未全部呈现	恋爱引发故意杀人，犯罪手段残忍，罪行极其严重，但犯罪人亲属主动协助公安机关抓捕犯罪人归案，并积极代为赔偿经济损失；归案后如实供述自己的犯罪事实，认罪态度好；累犯；被害人亲属不谅解

从指导案例 12 号所述来看，指导案例指出了李飞故意杀人手段残忍，罪行极其严重，论罪当处死刑，从而对其刑事责任量的实质根据之犯罪的社会危害性程度有所反映；指导案例指出了李飞归案后如实供述自己的犯罪事实，认罪态度好，但属于累犯，从而对其刑事责任量的实质根据之犯罪人的人身危险性大小有所反映；指导案例指出了本案属于因民间纠纷引起的故意杀人案，犯罪人有酌定从宽情节，为有效化解社会矛盾，对其不适用死刑立即执行，反映了当前宽严相济刑事政策和严格限制死刑政策的要求；指导案例对于李飞的犯罪构成事实和宽严情节事实有较详细阐述，但对其刑事责任量的法律根据未全部呈现。此外，指导案例 12 号将犯罪人亲属主动协助公安机关抓捕犯罪人归案，并积极代犯罪人李飞赔偿被害方经济损失作为适用死缓的主要事实根据值得商榷，因为该行为并非犯罪人所为，不能反映李飞悔罪和人身危险性降低，所以不能将其作为李飞从宽量定刑事责任的实质根据。因此，该指导案例在刑事责任量的根据适用方面有值得商榷之处。

（五）刑事责任量的根据在王召成等非法买卖、储存危险物质案中的适用

1. 基本案情及裁判结果

被告人王召成、金国森在未依法取得剧毒化学品购买、使用许

可的情况下，约定由王召成出面购买氰化钠。2006 年 10 月至 2007 年年底，王召成先后 3 次以每桶 1000 元的价格向倪荣华（另案处理）购买氰化钠，共支付给倪荣华 40000 元。2008 年 8 月至 2009 年 9 月，王召成先后 3 次以每袋 975 元的价格向李光明（另案处理）购买氰化钠，共支付给李光明 117000 元。王召成、金国淼均将上述氰化钠储存在浙江省绍兴市南洋五金有限公司其二人各自承包车间的带锁仓库内，用于电镀生产。其中，王召成用总量的三分之一，金国淼用总量的三分之二。2008 年 5 月和 2009 年 7 月，被告人孙永法先后共用 2000 元向王召成分别购买氰化钠 1 桶和 1 袋。2008 年七八月间，被告人钟伟东以每袋 1000 元的价格向王召成购买氰化钠 5 袋。2009 年 9 月，被告人周智明以每袋 1000 元的价格向王召成购买氰化钠 3 袋。孙永法、钟伟东、周智明购得氰化钠后，均储存于各自车间的带锁仓库或水槽内，用于电镀生产。

鉴于王召成、金国淼、孙永法、钟伟东、周智明到案后均能如实供述自己的罪行，且购买氰化钠用于电镀生产，未发生事故，未发现严重环境污染，没有造成严重后果，依法可以从轻处罚，根据五被告人的犯罪情节及悔罪表现等情况，浙江省绍兴市越城区人民法院于 2012 年 3 月 31 日作出（2011）绍越刑初字第 205 号刑事判决，以非法买卖、储存危险物质罪，分别判处被告人王召成有期徒刑三年，缓刑五年；被告人金国淼有期徒刑三年，缓刑四年零六个月；被告人钟伟东有期徒刑三年，缓刑四年；被告人周智明有期徒刑三年，缓刑三年零六个月；被告人孙永法有期徒刑三年，缓刑三年。①

2. 刑事责任量的根据适用分析

根据指导案例 13 号所述的裁判要点、基本案情、裁判结果及其理由，犯罪人王召成、金国淼、钟伟东、周智明、孙永法的刑事责任量及其根据可归纳为下表所示：

---

① 基本案情及裁判结果来源于最高人民法院 2013 年 1 月 31 日发布的指导案例 13 号。

犯罪人	罪名	刑事责任量	实质根据	刑事政策根据	法律根据	事实根据
王召成	非法买卖、储存危险物质罪	有期徒刑3年，缓刑5年	裁判中对犯罪的社会危害性程度和犯罪人的人身危险性大小有体现，但未明确认定	未体现刑事政策	符合非法买卖、储存危险物质罪的基本构成，但法律根据未全部呈现	非法买卖、储存危险物质，但能如实供述自己的罪行，且购买氰化钠用于电镀生产，未发生事故，未发现严重环境污染，没有造成严重后果
金国森	非法买卖、储存危险物质罪	有期徒刑3年，缓刑4年零6个月	裁判中对犯罪的社会危害性程度和犯罪人的人身危险性大小有体现，但未明确认定	未体现刑事政策	符合非法买卖、储存危险物质罪的基本构成，但法律根据未全部呈现	非法买卖、储存危险物质，但能如实供述自己的罪行，且购买氰化钠用于电镀生产，未发生事故，未发现严重环境污染，没有造成严重后果
钟伟东	非法买卖、储存危险物质罪	有期徒刑3年，缓刑4年	裁判中对犯罪的社会危害性程度和犯罪人的人身危险性大小有体现，但未明确认定	未体现刑事政策	符合非法买卖、储存危险物质罪的基本构成，但法律根据未全部呈现	非法买卖、储存危险物质，但能如实供述自己的罪行，且购买氰化钠用于电镀生产，未发生事故，未发现严重环境污染，没有造成严重后果
周智明	非法买卖、储存危险物质罪	有期徒刑3年，缓刑3年零6个月	裁判中对犯罪的社会危害性程度和犯罪人的人身危险性大小有体现，但未明确认定	未体现刑事政策	符合非法买卖、储存危险物质罪的基本构成，但法律根据未全部呈现	非法买卖、储存危险物质，但能如实供述自己的罪行，且购买氰化钠用于电镀生产，未发生事故，未发现严重环境污染，没有造成严重后果
孙永法	非法买卖、储存危险物质罪	有期徒刑3年，缓刑3年	裁判中对犯罪的社会危害性程度和犯罪人的人身危险性大小有体现，但未明确认定	未体现刑事政策	符合非法买卖、储存危险物质罪的基本构成，但法律根据未全部呈现	非法买卖、储存危险物质，但能如实供述自己的罪行，且购买氰化钠用于电镀生产，未发生事故，未发现严重环境污染，没有造成严重后果

指导案例 13 号中的五名犯罪人所犯的罪均是非法买卖、储存危险物质罪。其刑事责任量均是 3 年有期徒刑，且都适用缓刑，只是缓刑考验期略有不同而已。对于这种刑事责任量的根据，指导案例 13 号只做了共同性阐述，未做区分。具体说，指导案例对其刑事责任量的事实根据作了详细的阐述，其中体现了刑事责任量的实质根据，但对犯罪的社会危害性程度和犯罪人的人身危险性大小未明确认定，对刑事责任量的法律根据未全面呈现。而且，对于为何五名犯罪人都是适用 3 年有期徒刑且适用缓刑缺乏必要的分析；在认定为共同犯罪的情况下，为何不区分主犯和从犯也没有作出说明。因此，指导案例 13 号在刑事责任量的根据适用方面有值得商榷之处。

（六）刑事责任量的根据在董某某、宋某某抢劫案中的适用

1. 基本案情及裁判结果

被告人董某某、宋某某（时年 17 周岁）迷恋网络游戏，平时经常结伴到网吧上网，时常彻夜不归。2010 年 7 月 27 日 11 时许，因在网吧上网的网费用完，二被告人即伙同王某（作案时未达到刑事责任年龄）到河南省平顶山市红旗街社区健身器材处，持刀对被害人张某某和王某某实施抢劫，抢走张某某 5 元现金及手机一部。后将所抢的手机卖掉，所得赃款用于上网。

河南省平顶山市新华区人民法院于 2011 年 5 月 10 日作出（2011）新刑未初字第 29 号刑事判决，认定被告人董某某、宋某某犯抢劫罪，分别判处有期徒刑二年零六个月，缓刑三年，并处罚金人民币 1000 元。同时禁止董某某和宋某某在 36 个月内进入网吧、游戏机房等场所。①

2. 刑事责任量的根据适用分析

根据指导案例 14 号中所述的裁判要点、基本案情、裁判结果

---

① 基本案情及裁判结果来源于最高人民法院 2013 年 1 月 31 日发布的指导案例 14 号。

及其理由，犯罪人董某某、宋某某的刑事责任量及其根据可归纳为下表所示：

犯罪人	罪名	刑事责任量	实质根据	刑事政策根据	法律根据	事实根据
董某某、宋某某	抢劫罪	有期徒刑 2 年零 6 个月，缓刑 3 年，罚金人民币 1000 元，禁止董某某和宋某某在 36 个月内进入网吧、游戏机房等场所	裁判中犯罪人的人身危险性大小有所体现，但未明确认定	体现未成年人犯罪的刑事政策	符合抢劫罪的基本构成，具有法定从宽情节，但法律根据未全部呈现	抢劫 5 元现金和 1 部手机。犯罪时不满 18 周岁，且均为初犯，到案后认罪悔罪态度较好

从上表可见，两名犯罪人的刑事责任量均为有期徒刑 2 年零 6 个月，缓刑 3 年，罚金人民币 1000 元，禁止董某某和宋某某在 36 个月内进入网吧、游戏机房等场所。之所以二者的刑事责任量相同，是因为其实质根据、刑事政策根据、法律根据和事实根据都相同。两犯罪人持刀抢劫，但未造成对被害人的伤害，且抢劫财物数额不大，表明其社会危害性较小；两犯罪人因上网无钱引发抢劫，系初犯，认罪悔罪态度较好，表明其人身危险性较小；两犯罪人的行为属于未成年人犯罪，对其适用缓刑和禁止令，有利于犯罪人的改造，具有法律和政策根据。因此，指导案例 14 号对于刑事责任量的根据适用较全面，但指导案例对其法律根据未全部呈现，实质根据未明确认定。

（七）刑事责任量的根据在臧进泉盗窃、诈骗案中的适用

1. 基本案情及裁判结果

2010 年 6 月 1 日，被告人郑必玲骗取被害人金某 195 元后，获悉金某的建设银行网银账户内有 305000 余元存款且无每日支付限额，遂电话告知被告人臧进泉，预谋合伙作案。臧进泉赶至网吧后，以尚未看到金某付款成功的记录为由，发送给金某一个交易金额标注为 1 元而实际植入了支付 305000 元的计算机程序的虚假链接，谎称金某点击该 1 元支付链接后，其即可查看到付款成功的记

录。金某在诱导下点击了该虚假链接，其建设银行网银账户中的305000元随即通过臧进泉预设的计算机程序，经上海快钱信息服务有限公司的平台支付到臧进泉提前在福州海都阳光信息科技有限公司注册的"kissal23"账户中。臧进泉使用其中的116863元购买了大量游戏点卡，并在"小泉先生哦"的淘宝网店上出售套现。案发后，公安机关追回赃款187126.31元发还被害人。

2010年5月至6月间，被告人臧进泉、郑必玲、刘涛分别以虚假身份开设无货可供的淘宝网店铺，并以低价吸引买家。三被告人事先在网游网站注册一账户，并对该账户预设充值程序，充值金额为买家欲支付的全额，后将该充值程序代码植入一个虚假淘宝网链接中。与买家商谈好商品价格后，三被告人各自以方便买家购物为由，将该虚假淘宝网链接通过阿里旺旺聊天工具发送给买家。买家误以为是淘宝网链接而点击该链接进行购物、付款，并认为所付货款会汇入支付宝公司为担保交易而设立的公用账户，但该货款实际通过预设程序转入网游网站在支付宝公司的私人账户，再转入被告人事先在网游网站注册的充值账户中。三被告人获取买家货款后，在网游网站购买游戏点卡、腾讯Q币等，然后将其按事先约定统一放在臧进泉的"小泉先生哦"的淘宝网店铺上出售套现，所得款均汇入臧进泉的工商银行卡中，由臧进泉按照获利额以约定方式分配。

被告人臧进泉、郑必玲、刘涛经预谋后，先后到江苏省苏州市、无锡市、昆山市等地网吧采用上述手段作案。臧进泉诈骗22000元，其中，他个人获利5000余元，郑必玲诈骗获利5000余元，刘涛诈骗获利12000余元。

浙江省杭州市中级人民法院于2011年6月1日作出（2011）浙杭刑初字第91号刑事判决：一、被告人臧进泉犯盗窃罪，判处有期徒刑十三年，剥夺政治权利一年，并处罚金人民币三万元；犯诈骗罪，判处有期徒刑二年，并处罚金人民币五千元，决定执行有期徒刑十四年零六个月，剥夺政治权利一年，并处罚金人民币三万五千元。二、被告人郑必玲犯盗窃罪，判处有期徒刑十年，剥夺政治权利一年，并处罚金人民币一万元；犯诈骗罪，判处有期徒刑六个月，并处罚金人民币二千元，决定执行有期徒刑十年零三个月，剥夺政治权利一年，并处罚金人民币一万二千元。三、被告人刘涛犯诈骗罪，判处有期徒刑一年零六个月，并处罚金人民币五千元。宣判后，臧进泉提出上诉。浙江省高级人民法院于 2011 年 8 月 9 日作出 (2011) 浙刑三终字第 132 号刑事裁定，驳回上诉，维持原判。①

2. 刑事责任量的根据适用分析

根据指导案例 27 号中所述的裁判要点、基本案情、裁判结果及其理由，犯罪人臧进泉、郑必玲、刘涛的刑事责任量及其根据可归纳为下表所示：

犯罪人	罪名	刑事责任量	实质根据	刑事政策根据	法律根据	事实根据
臧进泉	盗窃罪、诈骗罪	犯盗窃罪，判处有期徒刑 13 年，剥夺政治权利 1 年，并处罚金人民币 3 万元；犯诈骗罪，判处有期徒刑 2 年，并处罚金人民币 5000 元，决定执行有期徒刑 14 年零 6 个月，剥夺政治权利 1 年，并处罚金人民币 35000 元	裁判中对犯罪的社会危害性程度和犯罪人的人身危险性大小有体现，但未明确认定	未体现刑事政策	符合盗窃罪的加重构成、诈骗罪的基本构成，但法律根据未全部呈现	与郑必玲预谋利用信息网络共同盗窃 305000 元；与郑必玲、刘涛预谋利用信息网络共同诈骗 22000 元，其个人获利 5000 元

---

① 基本案情及裁判结果来源于最高人民法院 2014 年 6 月 26 日发布的指导案例 27 号。

犯罪人	罪名	刑事责任量	实质根据	刑事政策根据	法律根据	事实根据
郑必玲	盗窃罪、诈骗罪	犯盗窃罪，判处有期徒刑10年，剥夺政治权利1年，并处罚金人民币1万元；犯诈骗罪，判处有期徒刑6个月，并处罚金人民币2000元，决定执行有期徒刑10年零3个月，剥夺政治权利1年，并处罚金人民币12000元	裁判中对犯罪的社会危害性程度和犯罪人的人身危险性大小有体现，但未明确认定	未体现刑事政策	符合盗窃罪的加重构成、诈骗罪的基本构成，但法律根据未全部呈现	与臧进泉预谋利用信息网络共同盗窃305000元与臧进泉、刘涛预谋利用信息网络共同诈骗22000元，其个人获利5000元
刘涛	诈骗罪	犯诈骗罪，判处有期徒刑1年零6个月，并处罚金人民币5000元	裁判中对犯罪的社会危害性程度和犯罪人的人身危险性大小有体现，但未明确认定	未体现刑事政策	符合诈骗罪的基本构成，但法律根据未全部呈现	与臧进泉、郑必玲预谋利用信息网络共同诈骗22000元，其个人获利12000元

从上表可见，犯罪人臧进泉与郑必玲虽然共同犯的是盗窃罪，但其刑事责任量不同，臧进泉被判处有期徒刑 13 年，剥夺政治权利 1 年，并处罚金人民币 3 万元；郑必玲被判处有期徒刑 10 年，剥夺政治权利 1 年，并处罚金人民币 1 万元。对于二者刑事责任量不同的根据，指导案例 27 号只就法律根据、事实根据做了共同性阐述，但为何二者的刑事责任量不同未说明理由。犯罪人臧进泉、郑必玲、刘涛共同犯诈骗罪的刑事责任量也不同，臧进泉被判处有期徒刑 2 年，并处罚金人民币 5000 元；郑必玲被判处有期徒刑 6 个月，并处罚金人民币 2000 元；刘涛被判处有期徒刑 1 年零 6 个月，并处罚金人民币 5000 元。但为何三者的刑事责任量不同，指导案例 27 号也只就法律根据、事实根据做了共同性阐述，未对其刑事责任量不同的理由予以说明。指导案例 27 号阐述三名犯罪人刑事责任量的事实根据，虽然其中体现了刑事责任量的实质根据，但对犯罪的社会危害性程度和犯罪人的人身危险性大小未明确认定，对其刑事责任量的法律根据未全面呈现，对其刑事责任量的刑事政策根据未体现出来。

（八）刑事责任量的根据在胡克金拒不支付劳动报酬案中的适用

1. 基本案情及裁判结果

被告人胡克金于 2010 年 12 月分包了位于四川省双流县黄水镇的三盛翡俪山一期景观工程的部分施工工程，之后聘用多名民工入场施工。施工期间，胡克金累计收到发包人支付的工程款 51 万余元，已超过结算时确认的实际工程款。2011 年 6 月 5 日工程完工后，胡克金以工程亏损为由拖欠李朝文等 20 余名民工工资 12 万余元。6 月 9 日，双流县人力资源和社会保障局责令胡克金支付拖欠的民工工资，胡却于当晚订购机票并在次日早上乘飞机逃匿。6 月 30 日，四川锦天下园林工程有限公司作为工程总承包商代胡克金垫付民工工资 12 万余元。7 月 4 日，公安机关对胡克金拒不支付劳动报酬案立案侦查。7 月 12 日，胡克金在浙江省慈溪市被抓获。

四川省双流县人民法院于 2011 年 12 月 29 日作出（2011）双流刑初字第 544 号刑事判决，认定被告人胡克金犯拒不支付劳动报酬罪，判处有期徒刑一年，并处罚金人民币二万元。宣判后被告人未上诉，判决已发生法律效力。①

2. 刑事责任量的根据适用分析

根据指导案例 28 号中所述的裁判要点、基本案情、裁判结果及其理由，犯罪人胡克金的刑事责任量及其根据可归纳为下表所示：

犯罪人	罪名	刑事责任量	实质根据	刑事政策根据	法律根据	事实根据
胡克金	拒不支付劳动报酬罪	判处有期徒刑 1 年，并处罚金人民币 2 万元	犯罪的社会危害性程度在裁判理由中有提及；犯罪人的人身危险性大小在裁判理由中有体现	刑事政策根据未体现	符合拒不支付劳动报酬罪的基本构成	拒不支付 20 余名民工的劳动报酬达 12 万余元，数额较大，且在政府有关部门责令其支付后逃匿；胡克金系初犯、认罪态度好

从上表可见，指导案例 28 号对犯罪人胡克金的刑事责任量的事实根据做了详细阐述，对其刑事责任量的法律根据做了全面呈现，对其刑事责任量的实质根据有一定程度的体现，但对其刑事责任量的刑事政策根据未体现。

二、刑事责任量的根据在法院刑事指导案例中适用的共同特点

从刑事责任量的根据在上述 8 个法院刑事指导性案例中的适用来看，刑事责任量的根据在指导性案例中的适用具有以下几个共同

① 基本案情及裁判结果来源于最高人民法院 2014 年 6 月 26 日发布的指导案例 28 号。

特点：

第一，法院指导性案例对刑事责任量的事实根据阐述得较详细。刑事责任量的事实根据包括基本构成事实、加重构成事实、减轻构成事实、变量法定情节事实和变量酌定情节事实等方面。8个法院刑事指导性案例对于犯罪的构成事实和刑事责任变量情节事实都有详细的阐述，特别是对基本构成事实和从宽情节事实予以明确和阐释，贯彻了法院裁判以事实为根据的原则。

第二，刑事责任量的法律根据在法院指导性案例中呈现不全面。以法律为准绳是刑事司法的基本要求，因此，法院裁判在作出定罪量刑之前都有依照什么实体法和程序法规定的表达。然而，目前最高人民法院发布的8个刑事指导性案例尽管列出了"相关法条"，但只是简要列出了需要通过指导性案例明示、解释或延伸法律规则适用范围的法条，而对确定刑事责任量的法律根据在裁判结论作出之前并没有全面呈现。

第三，法院指导性案例对刑事责任量的刑事政策根据是否阐述依个案而定。目前，宽严相济是我国的基本刑事政策，从严反腐，严格限制死刑适用，对未成年人犯罪实行挽救、感化的方针是我国在反腐败、死刑适用、未成年人犯罪方面的刑事政策。在8个法院刑事指导案例中，刑事责任量的刑事政策根据在3个指导案例中有所体现。其中，指导案例4号和指导案例12号体现了严格限制死刑立即执行的刑事政策，也体现了宽严相济的刑事政策要求；指导案例14号体现了未成年人犯罪的刑事政策要求。但是，指导案例3号和指导案例11号中的犯罪行为属于腐败犯罪，其刑事责任量的确定应当以从严治腐的反腐刑事政策为根据，然而，这两个指导案例并未体现反腐刑事政策的要求，指导案例阐述也未涉及该刑事政策。

第四，刑事责任量的实质根据在法院指导案例中有所体现，但未明确认定。对于个案中犯罪人刑事责任量的具体确定，除了应以事实为根据、以法律为准绳，还应重点考量犯罪的社会危害性程度和犯罪人的人身危险性大小。因此，刑事案件裁判应当有对犯罪的社会危害性程度和犯罪人的人身危险性大小的认定。8 个刑事指导案例虽然通过犯罪事实、情节的阐述一定程度上体现了犯罪的社会危害性程度和犯罪人的人身危险性大小，但是没有对其作出综合性认定，也没有在裁判结论和理由中明确。

第五，法院指导案例对刑事责任从宽的根据有阐述，但对从严的根据很少阐述。指导案例在裁判理由中对刑事责任量从宽的根据都有阐述，具体表现在：指导案例 3 号在裁判理由中认定："二被告人均具有归案后如实供述犯罪、认罪态度好，主动交代司法机关尚未掌握的同种余罪，案发前退出部分赃款，案发后配合追缴涉案全部赃款等从轻处罚情节。"指导案例 4 号在裁判理由中认定："本案系因婚恋纠纷引发，王志才求婚不成，恼怒并起意杀人，归案后坦白悔罪，积极赔偿被害方经济损失，且平时表现较好。"指导案例 11 号在裁判理由中认定："郑新潮、王月芳起次要作用，系从犯，应减轻处罚。"指导案例 12 号在裁判理由中认定："本案系因民间矛盾引发的犯罪；案发后李飞的母亲梁某某在得知李飞杀人后的行踪时，主动、及时到公安机关反映情况，并积极配合公安机关将李飞抓获归案；李飞在公安机关对其进行抓捕时，顺从归案，没有反抗行为，并在归案后始终如实供述自己的犯罪事实，认罪态度好；在本案审理期间，李飞的母亲代为赔偿被害方经济损失；李飞虽系累犯，但此前所犯盗窃罪的情节较轻。综合考虑上述情节，可以对李飞酌情从宽处罚。"指导案例 13 号在裁判理由中认定："王召成、金国淼、孙永法、钟伟东、周智明到案后均能如实供述自己的罪行，且购买氰化钠用于电镀生产，未发生事故，未发现严重环境污染，没有造成严重后果，依法可以从轻处罚。"指导案例 14 号在裁判理由中认定："董某某、宋某某系持刀抢劫；犯罪时不满 18 周岁，且均为初犯，到案后认罪悔罪态度较好，宋某某还是在校学生，符合缓刑条件。"指导案例 28 号在裁判理由中认定："胡克金系初犯、认罪态度好。"

但是，法院指导案例对于刑事责任量从严的阐述只有在指导案例 4 号和指导案例 12 号的裁判理由中有所体现。例如，指导案例

4 号中出现这样的表述："同时考虑到王志才故意杀人手段特别残忍，被害人亲属不予谅解，要求依法从严惩处。"指导案例 12 号中出现这样的表述："鉴于其故意杀人手段残忍，又系累犯，且被害人亲属不予谅解。"上述从严的情节和诉求只是死缓限制减刑的根据。

三、刑事责任量的根据在法院刑事指导案例中适用值得探讨的问题

（一）刑事责任量的法律根据应否在指导案例阐述中全面呈现

从全国各级人民法院制作的刑事判决书和刑事裁定书来看，裁判书中都有裁判结果的法律依据的呈现或阐述，但最高人民法院发布的刑事指导性案例却只有"相关法条"的呈现，没有全面呈现裁判结果的法律根据。显然，这是最高人民法院在编写指导性案例时有意去掉的。这种做法也许是为了精简指导性案例的阐述，突出指导性案例在某一方面或某几个方面的指导功能。但是，笔者认为这种不全面呈现刑事责任量的法律根据的做法值得商榷。

第一，刑事指导性案例的指导功能应该是全面的，而不是局部的或个别性的，其中应有刑事责任量的法律根据适用方面的指导。关于指导性案例的指导功能，是指指导性案例全部都具有指导性，还是指导性案例提炼的规则具有指导性，抑或是指导性案例中的某一部分内容具有指导性，学界存在不同的看法。第一种观点认为，指导性案例的指导效力只能体现在发布机关通过指导性案例概括和提炼出来的"裁判规则"或者说"裁判要旨"上，指导性案例中的其他内容包括案件事实、证据、理论评析等不可能具有指导性。最高人民法院政策研究室胡云腾主任就曾指出："指导性案例的指导方式更多地体现为一种经过提炼和加工后的指导规则。用法律适用

过程中提炼出来的裁判规则或者裁判要旨对一定范围内的案件的指导。"① 第二种观点认为，指导性案例中具有指导性、一般性的部分，就是判决中所确立的法律观点或对有关问题的法律解决方案以及对该观点或该方案的法律论证。② 第三种观点认为，指导性案例的整个裁判内容，包括裁判理由、裁判要旨以及理论评析等内容均具有指导意义。③ 上述三种观点中，第一种观点对指导性案例的指导功能定位最窄，局限于裁判规则或裁判要旨的指导性；第二种观点对指导性案例的指导功能定位于法律适用及其论证方面，比第一种观点稍宽；第三种观点对指导性案例的指导功能的定位超越了法律适用的范围，应该说是最宽的。笔者认为，将刑事指导性案例的指导功能定位于全面性指导更合适、更有意义。所谓全面性指导，是指刑事指导性案例无论是其裁判规则或裁判要旨，还是其裁判理由、裁判结论，甚至是其裁判结论及其理由的推导与表达方式都具有指导性。刑事指导性案例指导功能的全面性可以从最高人民法院《关于案例指导工作的规定》（以下简称《规定》）所规定的案例指导制度的目的中作出判断。

最高人民法院《规定》将设置案例指导制度的目的表述为："总结审判经验，统一法律适用，提高审判质量，维护司法公正。"这个目的具有两个层次：第一个层次的目的是通过指导性案例"总结审判经验，统一法律适用"。这就是说，指导性案例是审判经验的总结，其发布有利于统一全国司法机关的法律适用。而审判经验是司法实践的结晶，是多方面的，既有内容上的，如某方面的

① 胡云腾、于同志：《案例指导制度若干重大疑难争议问题研究》，载《法学研究》2008年第6期，第13页。
② 张骐：《论指导性案例的"指导性"》，载《法制与社会发展》2007年第6期，第46页。
③ 2008年1月25—26日，最高人民法院应用法学研究所在成都召开的"案例指导制度疑难问题研讨会"上部分参会代表的观点。参见胡云腾、于同志：《案例指导制度若干重大疑难争议问题研究》，载《法学研究》2008年第6期，第12页。

定罪量刑规则如何适用、定罪量刑如何说理等；也有形式上的，如裁判文书的写作规范、裁判结果及其依据的表达方式等。无论是审判的内容上还是形式上的经验，指导性案例都应具有示范性，才能说是全面总结审判经验。"统一法律适用"实际上就是要通过指导性案例的模本或标本作用来解决司法实践中"同案不同判"的问题。① 而要真正通过指导性案例做到"统一法律适用"，就要在指导案例中呈现出法律根据，并在此基础上阐释该法律根据在裁判中运用的合理性，从而为司法"参照"者信服和民众认同。因此，指导性案例中应有法律根据适用的必要阐释。

第二个层次的目的是通过指导性案例"提高审判质量，维护司法公正"。笔者认为，审判质量的衡量标准不仅仅是裁判结果的正确性，还应包括裁判结果的说服性，即裁判结果要能令人信服，不能只是裁判者自以为正确。而"司法公正"更不是裁判者的自我感觉良好，应是一种社会认同。但是，司法公正何以见得？如何实现？民众如何认同裁判的公正性？这就需要通过指导性案例中裁判结果的说理阐释让民众认知其合法合理，通过各级司法机关对指导性案例的说理阐释的认同并自觉"参照"适用来"维护司法公正"。更进一步说，"一个成功的指导性案例应具有良好的法律效果和社会效果"，② 具有价值目标的层次性和多样性，它不但具有法律适用上的指引功能，而且具有法治信仰的指引意义。而要做到这种程度，就需要将指导性案例的示范作用全部发挥出来，特别是要注意在指导性案例中呈现和阐释法律根据的适用。最高人民法院之所以在原有的司法解释制度之外建立案例指导制度，其重要原因就是"要把那些具有独特价值的案例发现出来、公布出来、树立起

---

① 刘作翔：《案例指导制度的定位及相关问题》，载《苏州大学学报》2011 年第 4 期，第 56 页。

② 陈增宝：《新型受贿的裁判尺度与社会指引——指导案例 3 号〈潘玉梅、陈宁受贿案〉评析》，载《浙江社会科学》2013 年第 1 期，第 97 页。

来、推广开来，充分发挥这些案例独特的启示、指引、示范和规范功能，让广大法官能够及时注意到这些案例，及时学习借鉴这些案例所体现的裁判方法和法律思维，并参照指导性案例的做法，公正高效地处理案件。"①

总之，"维护司法公正"是设置案例指导制度的最终目的。透过案例指导制度的这个目的，我们可以看到，案例指导制度应该具有统一法律适用标准、简化法律适用过程、规范法官裁判活动、强化裁判的说理论证等多方面功能。② "指导性案例的确认和发布，不仅有助于在上下级司法机关之间建立统一的执法标准，也有助于强化上级司法机关对下级司法机关执法办案的指导和监督。"③ 既然如此，指导性案例的指导功能应当是全面的，其中应有刑事责任量的法律根据如何适用方面的指导。而要实现这种指导功能，指导性案例就有必要在裁判结果中全面呈现刑事责任量的法律根据。

第二，刑事指导性案例的被"参照"应有刑事责任量的法律根据适用方面的被"参照"。最高人民法院《规定》第 7 条规定："最高人民法院发布的指导性案例，各级人民法院审判类似案例时应当参照。"这是对指导性案例的一种效力定位。如何理解"应当参照"的含义？按照最高人民法院研究室官员的理解："应当就是必须。当法官在审理类似案件时，应当参照指导性案例而未参照的，必须有能够令人信服的理由。"④ 但也有观点认为，既然只是"参照"，那么法官就可以自由决定是否参照。应该说，最高人民法院官员的理解表明了指导性案例发布的意图。其实，"应当"包

① 蒋安杰：《人民法院案例指导制度的构建》，载《法制日报》2011 年 1 月 5 日。
② 王利明：《我国案例指导制度若干问题研究》，载《法学》2012 年第 1 期，第 72—73 页。
③ 孙谦：《建立刑事司法案例指导制度的探讨》，载《中国法学》2008 年第 5 期，第 80 页。
④ 蒋安杰：《人民法院案例指导制度的构建》，载《法制日报》2011 年 1 月 5 日。

含了强制性的要求，不同于"可以"的表述。"如果法官可以自由决定是否援引指导性案例，则指导性案例制度就没有任何权威性，其将会形同虚设，毫无意义。"[①] 因此，指导性案例一旦颁布，就应当对包括最高人民法院在内的全国法院都能够产生一定的拘束力。这就是说，所有的法官遇到类似案件，在没有充分且正当的理由时，都应当参照指导性案例来进行裁判。当事人也可以根据指导性案例来检验法官是否正确适用法律，进而公正裁判，从而保证类似案件类似裁判，避免同案不同判的现象出现。

在指导性案例"应当"被"参照"的情况下，对于指导性案例的哪些内容或部分应当被参照，学界有不同的看法。有的学者认为被参照的是裁判规则或裁判要点；有的学者认为被参照的是裁判理由及其论证；有的学者认为，"参照的对象和范围可以确定为指导性案例及其裁判规则，即是案例和裁判规则的综合体"。[②] 笔者赞同参照"综合体"的说法，但是，指导性案例被参照的不仅仅是"案例和裁判规则的综合体"，而应当是指导性案例的裁判要点或裁判规则、裁判结果的法律根据和事实根据、裁判结果的逻辑推导与表达方式的综合体，是一种内容与形式相结合的综合体。因为指导性案例的阐述从关键词、裁判要点、相关法条、基本案情到裁判结果、裁判理由，从形式到内容是一个具有内在逻辑的整体，"指导性案例中提炼出来的裁判规则并不是抽象条文和规范，不能脱离案例本身所设定的具体语境而单独存在"，[③]也不能脱离裁判结果赖以存在的法律根据和事实根据而存在。如果光有裁判结果、裁判要点或裁判规则，就不能使人认识到裁判结果何以见得、裁判

---

① 王利明：《我国案例指导制度若干问题研究》，载《法学》2012 年第 1 期，第 76 页。

② 孙海龙、吴雨亭：《指导案例的功能、效力及其制度实现》，载《人民司法》2012 年第 13 期，第 70 页。

③ 孙海龙、吴雨亭：《指导案例的功能、效力及其制度实现》，载《人民司法》2012 年第 13 期，第 70 页。

规则何以提炼，就不能产生令人信服的说服力。而指导性案例的实际效力恰恰来自法官在指导性案例中对有关法律适用观点的论证，来自其中法律论证所具有的合理性和说服力。裁判结果和裁判规则的合理性和说服力如果缺乏法律根据和事实根据，是不可想象的。而整个裁判结果的内容即刑事责任量的大小，其法律根据不仅仅是指导性案例呈现的"相关法条"所能说明的，它是在案件事实的基础上根据该案涉及定罪量刑的有关法律规定作出的，应当说是多个法条适用的结果。因此，刑事指导性案例的裁判要点和裁判结果要有说服力，并且能够被处理类似案例的法官自觉参照适用，甚至能够成为后来类似案件的当事人及其律师辩护的辩护依据，其刑事责任量的法律根据就应当全面呈现，并有较充分的阐释和论证。

（二）刑事责任量的实质根据应否在指导性案例阐述中认定

8 个刑事指导性案例中，3 个案例中的犯罪人被判处了死缓，其中 2 个案例中的犯罪人并被限制减刑；2 个案例中的犯罪人被适用了缓刑。这些案例虽然通过基本案情和裁判理由的阐述不同程度地体现了犯罪的社会危害性程度和犯罪人的人身危险性大小，但是并没有对其作出明确认定。这或许是因为指导性案例的编写者认为其没有必要这样做。但是，笔者认为，刑事责任量的实质根据在指导性案例阐述中不能一概不予认定，而应因案而异、具体分析。对于那些适用死刑立即执行、死缓并限制减刑和缓刑的指导性案例，应当在案例阐述中明确认定刑事责任量的实质根据。

第一，适用死刑立即执行的指导性案例应认定犯罪的社会危害性程度和犯罪人的人身危险性大小。因为死刑是我国刑罚体系中最重的刑罚方法，关乎犯罪人的生命权利，不得轻易适用；若要适用，必须有其最充足的理由，而且必须达到刑法规定的死刑适用的实质标准。《刑法》第 48 条第 1 款规定："死刑只适用于罪行极其严重的犯罪分子。"这里的"罪行极其严重"就是死刑适用对象的实质性限制和宏观标准。根据储槐植教授的理解，"罪行极其严重"的词义就是"犯罪行为造成的社会危害达到了最高限度的严重性"。① 但是，如果将死刑立即执行适用的实质标准局限于犯罪的社会危害性达到了最高的限度，而不考虑犯罪人的人身危险性是否极大，是不符合我国目前"少杀、慎杀，严格控制死刑"的刑事政策要求的。因此，笔者认为，对于死刑立即执行适用实质标准的认识，应当将犯罪的社会危害性程度和犯罪人的人身危险性大小两者结合起来考虑，即死刑立即执行适用的实质标准应当是犯罪的社会危害性达到最高限度和犯罪人的人身危险性极大的统一，缺少其中任何一个方面，都不能适用死刑。其中，犯罪的社会危害性达到最高限度是适用死刑的前提条件，而犯罪人的人身危险性极大是适用死刑立即执行的充分条件。② 既然如此，指导性案例的裁判结果为适用死刑立即执行的，就不能简单地以"罪行极其严重"为理由，而必须认定犯罪的社会危害性是否达到最高限度，犯罪人的人身危险性是否"极大"，只有在能够同时认定犯罪的社会危害性达到最高限度和犯罪人的人身危险性极大时，才能适用死刑立即执行。因此，如果指导性案例的裁判结果为判处死刑立即执行，指导性案例的裁判理由阐述就应当对该案犯罪的社会危害性程度和犯罪人的人身危险性大小作出明确认定。也只有这样，人们才能根据案件事实和法律规定判断法院对该案刑事责任量的实质根据的认定是否准确可靠，并因此认识到该案适用死刑的正当性和必要性。

第二，适用死缓并限制减刑的指导性案例应认定犯罪人的人身危险性大小。首先，适用死缓的指导性案例应认定犯罪人的人身危险性并没有达到"极大"的程度。根据《刑法》第 48 条第 1 款规定，"对于应当判处死刑的犯罪分子，如果不是必须立即执行的，可以判处死刑同时宣告缓期二年执行。"即是说，适用死缓以"应

---

① 储槐植：《死刑司法控制：完整解读刑法第四十八条》，载《中外法学》2012 年第 5 期，第 1015 页。

② 张远煌：《我国死刑适用标准的缺陷及其弥补方法》，载《法商研究》2006 年第 6 期，第 43 页。

当判处死刑"为前提，但又存在"不是必须立即执行"的理由。"应当判处死刑"也就意味着适用死缓首先应符合"罪行极其严重"的死刑适用标准，那么，"不是必须立即执行"的理由就只能在"罪行"之外去寻找，也就是只能从"犯罪分子"即犯罪主体方面去寻找。[①] 从犯罪主体身上寻找"不是必须立即执行"的理由，实质上就是要考察犯罪人的人身危险性是否"极大"。如果犯罪人的人身危险性没有达到"极大"的程度，即使其所犯罪行极其严重，也不应适用死刑立即执行，而是完全可以通过死缓的两年考察来进一步判断其人身危险性大小，再决定对其是否适用死刑立即执行。简言之，犯罪人的人身危险性是否"极大"是适用死刑立即执行与死缓的界限。人身危险性没有达到极大的程度就不能适用死刑立即执行，而只能适用死缓。这样一来，指导性案例的裁判结果为判处死缓的，法院就应通过罪前、罪中和罪后的各种情节来综合认定该案犯罪人的人身危险性没有达到"极大"的程度，并在指导性案例的裁判理由中予以明确认定，让人们认识到该案适用死缓的合理性。

其次，死缓限制减刑的指导性案例应认定犯罪人的人身危险性"很大"。《刑法》第 50 条第 2 款规定："对被判处死刑缓期执行的累犯以及因故意杀人、强奸、抢劫、绑架、放火、爆炸、投放危险物质或者有组织的暴力性犯罪被判处死刑缓期执行的犯罪分子，人民法院根据犯罪情节等情况可以同时决定对其限制减刑。"据此，限制减刑以判处死缓为前提，以累犯、故意杀人、强奸、抢劫、绑架、放火、爆炸、投放危险物质或者有组织的暴力性犯罪的犯罪分子为对象条件。但是，对这些犯罪分子在判处死缓的同时是否决定对其限制减刑，法院有自由裁量权。那么，法院应以什么为根据来裁量死缓犯的限制减刑呢？刑法只是笼统地规定了"根据犯罪情节等情况"。这是否意味着法院裁量限制减刑时应综合考虑体现犯

---

① 储槐植：《死刑司法控制：完整解读刑法第四十八条》，载《中外法学》2012 年第 5 期，第 1016 页。

罪的社会危害性和犯罪人的人身危险性的各种情节？笔者认为，死缓限制减刑的立法目的虽然具有重罪重刑的报应色彩，但更多地体现为发挥刑罚的预防功能，[①] 防止犯罪人因受刑改造时间短而再犯罪。因此，对上述死缓犯是否限制减刑，主要应考察认定犯罪人的人身危险性大小，而不是死缓犯已经犯下的极其严重的罪行。因而这里的"犯罪情节"应是指反映犯罪人的人身危险性大小的情节，而不包括反映犯罪的社会危害性程度的情节。从上述死缓限制减刑的规定来看，死缓限制减刑只适用于那些人身危险性虽然没有达到"极大"的程度但仍然"很大"的死缓犯，体现了对人身危险性很大的死缓犯从严的刑事政策。正因为这样，指导性案例适用死缓限制减刑的，法院必须通过"犯罪情节等情况"明确认定该案犯罪人的人身危险性虽然没有达到极大的程度，但仍然很大，并在裁判理由中加以阐述，让人们认识到该案死缓限制减刑的裁判结果的适当性。

第三，适用缓刑的指导性案例应认定犯罪人不再具有人身危险性。缓刑作为一种开放式的刑罚适用方式，其司法适用状况历来为社会各界广泛关注。根据修正后的《刑法》第 72 条第 1 款规定，对于被判处拘役、3 年以下有期徒刑的犯罪分子宣告缓刑必须同时符合四个条件，即犯罪情节较轻；有悔罪表现；没有再犯罪的危险；宣告缓刑对所居住社区没有重大不良影响。而在这四个条件中，"没有再犯罪的危险"是宣告缓刑的核心要件，也是实质条件。因为缓刑作为一种暂缓执行所判刑罚、将犯罪人置于社会实行社区矫正并予以考验的刑罚制度，是以犯罪人再犯可能性很小为逻辑前提的。对于何谓"没有再犯罪的危险"，有的教科书认为其是指综合犯罪人的犯罪情节和悔罪表现，表明其不具有较大的人身危

[①] 时延安：《论死缓犯限制减刑的程序问题——从〈刑法〉第 50 条第 2 款的法理分析入手》，载《法学》2012 年第 5 期，第 134 页。

险性，即使将其放置在社会上，再次犯罪的可能性被评价较小。①
但笔者认为，既然刑法规定的是"没有再犯罪的危险"，而"没
有"即是"无"，因此它应是指犯罪人不具有再犯可能性，即不存
在人身危险性。当然，"再犯可能性仅仅是一种可能性，这种可能
性的判断是以犯罪人以往的人身经历以及对犯罪人未来生活状态的
判断为依据的，既然是对未来的判断，就必然是一种或然性判
断。"② 既然犯罪人不存在人身危险性是宣告缓刑的实质条件，那
么，指导性案例的裁判结果为适用缓刑的，就应根据案件情节特别
是犯罪人的悔罪表现，在裁判理由中明确认定该犯罪人不存在人身
危险性，让人们认识到该裁判结果的适当性，从而打消人们对该犯
罪人适用缓刑的疑虑。

（三）指导性案例中同案犯刑事责任量不同的根据应
否阐述

最高人民法院发布的 8 个刑事指导性案例中，有 5 个案例存在
2 名以上的犯罪人，其中 4 个案例同案犯的刑事责任量又各不相
同，但是，这 4 个案例同案犯刑事责任量不同的根据是什么，除了
指导性案例 11 对犯罪人杨延虎和郑新潮、王月芳的刑事责任量的
根据有所阐述外，其他指导性案例均只阐述了一些共同性的理由，
而对同案犯刑事责任量"为何不同"的个别性理由并没有阐述。
笔者认为这种做法值得改进，指导性案例对同案犯不同刑事责任量
的根据予以阐述不但具有必要性，而且具有重要意义。

第一，阐述同案犯刑事责任量不同的根据是刑事指导性案例逻
辑建构的要求。刑事指导性案例应当是一个逻辑严密的统一体。指

---

① 高铭暄、马克昌主编：《刑法学》，北京大学出版社、高等教育出版
社 2011 年版，第 292 页。

② 何显兵：《论缓刑适用标准的改革与完善——以绵阳市涪城区人民法
院近三年司法统计数据为例》，载《西南科技大学学报》（哲学社会科学版）
2012 年第 2 期，第 10 页。

导性案例中案件事实如何归纳、裁判要点或裁判规则何以提炼、裁判理由如何演绎、裁判结果如何得出，以及案件事实、裁判要点、裁判理由与裁判结果之间的关系都应当具有严密的逻辑性。而在这些逻辑关系中，案件事实、裁判要点或裁判规则、裁判理由的阐述都是服务于裁判结果的。或者说，裁判结果应当是案件事实、裁判要点或裁判规则、裁判理由的必然结论，其中不应存在任何逻辑问题。而在同案中存在两名以上犯罪人的情况下，如果其刑事责任量不同，也就意味着法院对各犯罪人的裁判结果不同。而裁判结果不同，指导性案例只有阐述同案犯刑事责任量不同的理由，才能说整个案件的裁判结果符合逻辑。相反，如果法院对同案犯作出了不同的裁判结果，但只是阐述了一些共同性理由，那么其刑事责任量不同的根据并没有形成逻辑关系。即使指导性案例中的案件事实、裁判规则、裁判理由能够说明同案犯刑事责任量不同的一些问题，但也是不彻底的，内含同案犯不同刑事责任量的整个裁判结果并没有达到"必然得出"如此结论的要求。这就容易让人产生这样的疑问：为什么犯罪人 A 的刑事责任量是这样的，而犯罪人 B 的刑事责任量是那样的？或者说，为什么 A 的刑事责任量高于 B 的刑事责任量那么多？类似这样的疑问只有在裁判理由中解答，整个裁判结果才能令人信服。因此，指导性案例裁判结果中，一旦存在同案犯刑事责任量不同的情况，就有必要在裁判理由中阐述其不同的根据，以说明裁判结果的合理性，增强指导性案例的说服力。

第二，阐述同案犯刑事责任量不同的根据更有利于发挥刑事指导性案例的指导功能。前已述及，刑事指导性案例的指导功能不应局限于裁判要点或裁判规则的指导性；指导性案例中的裁判结果如何得出更应具有指导性。因为作出公正的裁判结果才是处理类似案例的法官的本质追求；而裁判要点或裁判规则的运用只是服务于法官作出公正的裁判结果。如果指导性案例中的裁判结果没有充分的根据，不是一个自然而然的逻辑结论，即便提炼了裁判规则，处理类似案例的法官也不敢大胆参照适用，这就会影响刑事指导性案例的实施效果。更进一步说，如果指导性案例裁判结果中同案犯的刑事责任量不同，而其"为何不同"却缺乏说理，处理类似案例的法官就只能揣摩其根据，不能形成法官的内心确信，以之为"参照"的类似案例的裁判结果就很有可能出现偏差，影响司法公正。相反地，如果指导性案例对同案犯不同刑事责任量的根据做了充分的阐述，整个指导性案例从裁判要点或裁判规则、案件事实、裁判理由到裁判的具体结果形成了一个严密的逻辑体系，处理类似案例的法官就可以大胆地将类似案例与指导性案例进行全面的对比分析，从而确信类似案例能否通过适用指导性案例的裁判规则得出妥当的结论，指导性案例的指导功能也就可以充分发挥出来。因此，指导性案例对同案犯刑事责任量不同的根据予以阐述，比没有阐述更具有处理类似案例的指导性。

第三，阐述同案犯刑事责任量不同的根据有助于人们认识到裁判结果的公正性。法院刑事指导性案例虽然是最高人民法院发布的指导各级法院法官审理类似刑事案件的"参照"，但其实际影响并不限于法院系统。它是"沟通司法与社会、联结法律与现实，充分发挥司法社会功能的重要方式"。①它一旦发布就会受到社会各界的广泛关注，除了类似案件的当事人、被害人、律师会关注它，其他民众也很可能会关注它的公正性。它会成为刑事司法公正的窗口，人们能够从中看到刑事司法公正的希望与现实。刑事指导性案例的这种影响力必然要求其裁判结果的公正性。而一个公正的裁判结果应当是一个有理有据的裁判结果。人们能够通过该裁判结果的说理来认识其公正性。但是，如果一个刑事指导性案例的裁判结果涉及到几名犯罪人的刑事责任，而这几名犯罪人的刑事责任量"为何不同"的根据缺乏说理，人们就难以认识到该案裁判结果的公正性；相反，如果指导性案例对同案犯为何确定不同的刑事责任进行了必要的阐释，人们就能通过说理与结论之间的逻辑分析来认识该裁判结果是否公正；而人们认识到该裁判结果的公正性，无疑

---

① 张先明：《最高人民法院发布的第二批指导性案例》，载《法制资讯》2012年第12期，第50页。

有助于人们对刑事司法公正的认同，也有助于增强司法公信力，维护司法公正。因此，刑事指导性案例阐述同案犯刑事责任量不同的根据是非常有意义的。

综上所述，根据最高人民法院《规定》的精神，法院刑事指导性案例作为各级人民法院审判类似案例的"参照"，其指导功能不应局限于裁判要点或裁判规则，其中应有刑事责任量的根据适用方面的指导。然而，最高人民法院已经发布的8个刑事指导性案例中，刑事责任量的法律根据一般未全面呈现，刑事责任量表现为适用死缓限制减刑、缓刑的实质根据未明确认定，同案犯刑事责任量不同的根据也未做必要的阐述，这势必影响法院刑事案例指导制度的实施效果，因此，笔者建议最高人民法院编写刑事指导性案例时，在指导性案例的"裁判结果"部分，全面呈现刑事责任量的法律根据；对于死缓限制减刑、缓刑的实质根据在"裁判理由"中予以明确认定；对于同案犯刑事责任量不同的根据在"裁判理由"中做必要的阐述，以增强刑事指导性案例裁判结果的说服力，从而赢得处理类似案例的法官和公众的广泛认同。

主要参考文献

一、著作类

1. 蔡枢衡：《中国刑法史》，中国法制出版社 2005 年版。

2. 《辞海》（缩印本），上海辞书出版社 1980 年版。

3. 陈兴良：《刑法哲学》，中国政法大学出版社 1997 年版。

4. 陈兴良：《本体刑法学》，商务印书馆 2001 年版。

5. 蔡墩铭：《刑事诉讼法》（第五版），台湾五南图书出版股份有限公司 2002 年版。

6. 冯契：《哲学大辞典》（下卷），上海辞书出版社 2001 年版。

7. 高铭暄、马克昌主编：《刑法学》（第三版），北京大学出版社、高等教育出版社 2007 年版。

8. 高铭暄、马克昌主编：《刑法学》（第四版），北京大学出版社、高等教育出版社 2010 年版。

9. 高铭暄、马克昌主编：《刑法学》（第五版），北京大学出版社、高等教育出版社 2011 年版。

10. 高铭暄主编：《刑法学原理》（第一卷），中国人民大学出版社 1993 年版。

11. 高铭暄主编：《刑法专论》，高等教育出版社 2002 年版。

12. 高铭暄主编：《中国刑法学》，中国人民大学出版社 1989 年版。

13. 高铭暄：《新中国刑法的理论与实践》，河北人民出版社 1988 年版。

14. 高铭暄、赵秉志主编：《犯罪总论比较研究》，北京大学出版社 2008 年版。

15. 甘雨沛、何鹏：《外国刑法学》（上册），北京大学出版社1984年版。

16. 何勤华、夏菲主编：《西方刑法史》，北京大学出版社2006年版。

17. 黄村力：《刑法总则比较研究》，台湾三民书局1995年版。

18. 梁根林：《刑事政策：立场与范畴》，法律出版社2005年版。

19. 李海东：《刑法原理入门（犯罪论基础）》，法律出版社1998年版。

20. 李洁：《罪与刑立法规定模式》，北京大学出版社2008年版。

21. 罗大华主编：《犯罪心理学》，中国政法大学出版社2003年版。

22. 廖斌：《监禁刑现代化研究》，法律出版社2008年版。

23. 马克昌主编：《近代西方刑法学说史》，中国人民公安大学出版社2008年版。

24. 马克昌主编：《刑罚通论》，武汉大学出版社2001年版。

25. 马克昌主编：《中国刑事政策学》，武汉大学出版社1992年版。

26. 邱兴隆：《刑罚的哲理与法理》，法律出版社2003年版。

27. 邱兴隆、许章润：《刑罚学》，群众出版社1988年版。

28. 曲新久：《刑法的精神与范畴》，中国政法大学出版社2003年版。

29. 青锋：《罪与罚的思考》，法律出版社2003年版。

30. 《唐律疏议》，中华书局1983年版。

31. 《现代汉语词典》（修订本），商务印书馆1997年版。

32. 肖扬主编：《中国刑事政策和策略问题》，法律出版社1996年版。

33. 谢望原：《欧陆刑罚制度与刑罚价值原理》，中国检察出版社2004年版。

34. 徐立：《刑事责任根据论》，中国法制出版社 2006 年版。

35. 杨春洗主编：《刑事政策论》，北京大学出版社 1994 年版。

36. 由嵘等编：《外国法制史参考资料汇编》，北京大学出版社 2004 年版。

37. 赵秉志主编：《刑罚总论问题探索》，法律出版社 2002 年版。

38. 赵廷光：《中国刑法原理》（总论卷），武汉大学出版社 1992 年版。

39. 张甘妹：《再犯预测之研究》，台北法务通讯杂志社 1987 年版。

40. 张甘妹：《刑事政策》，台湾三民书局 1998 年版。

41. 张明楷：《刑法学》（上），法律出版社 1997 年版。

42. 张明楷：《法益初论》，中国政法大学出版社 2000 年版。

43. 张明楷：《刑法学》（第二版），法律出版社 2003 年版。

44. 张明楷：《刑法分则的解释原理》，中国人民大学出版社 2004 年版。

45. 张小虎：《犯罪论的比较与建构》，北京大学出版社 2006 年版。

46. 周密：《中国刑法史纲》，北京大学出版社 1998 年版。

47. 周光权：《刑法学的向度》，中国政法大学出版社 2004 年版。

48. 周振想：《刑罚适用论》，法律出版社 1990 年版。

49. 翟中东：《刑罚个别化研究》，中国人民公安大学出版社 2001 年版。

50. ［德］康德：《道德形而上学原理》，苗力田译，上海人民出版社 1986 年版。

51. ［德］黑格尔：《法哲学原理》，范扬、张企泰译，商务印书馆 1961 年版。

52. ［德］李斯特：《德国刑法教科书》，柏林及莱比锡 1932 年版。

53. ［德］卡尔·拉伦茨：《法学方法论》，陈爱娥译，商务印书馆 2005 年版。

54. ［德］罗克辛：《刑事诉讼法》，吴丽琪译，法律出版社 2003 年版。

55. ［德］考夫曼：《法律哲学》，刘幸义等译，法律出版社 2004 年版。

56. ［俄］JI. B. 伊诺加莫娃—海格主编：《俄罗斯联邦刑法（总论）》（第二版），黄方等译，中国人民大学出版社 2010 年版。

57. ［法］卡斯东·斯特法尼等：《法国刑法总论精义》，罗结珍译，中国政法大学出版社 1998 年版。

58. ［法］米海依尔·戴尔玛斯－马蒂：《刑事政策的主要体系》，卢建平译，法律出版社 2000 年版。

59. ［古罗马］查士丁尼：《法学阶梯》，张企泰译，商务印书馆 1993 年版。

60. ［古罗马］奥古斯丁：《独语录》，成官泯译，上海社会科学院出版社 1997 年版。

61. 《马克思恩格斯选集》（第三卷），人民出版社 1974 年版。

62. 《马克思恩格斯全集》（第三卷），人民出版社 1960 年版。

63. 《马克思恩格斯全集》（第二卷），人民出版社 1957 年版。

64. ［美］威尔·杜兰：《东方的遗产》，东方出版社 2003 年版。

65. ［美］E. 博登海默：《法理学法律哲学与法律方法》，中国政法大学出版社 1999 年版。

66. ［日］大塚仁：《刑法概说（总论）》（第三版），冯军译，中国人民大学出版社 2003 年版。

67. ［日］木村龟二：《刑法学入门》，有斐阁 1957 年版。

68. ［日］大塚仁：《犯罪论的基本问题》，冯军译，中国政法大学出版社 1993 年版。

69. ［日］野村稔：《刑法总论》，全理其、何力译，法律出版社 2001 年版。

70. ［日］大谷实:《刑事政策学》,黎宏译,法律出版社 2000年版。

71. ［日］松尾浩也:《日本刑事诉讼法》,丁相顺译,中国人民大学出版社 2005 年版。

72. ［日］田口守一:《刑事诉讼法》,刘迪等译,法律出版社 2000 年版。

73. ［英］休谟:《人性论》,关文运译,商务印书馆 1981年版。

74. ［英］边沁:《立法理论——刑法典原理》,李贵方译,中国人民公安大学出版社 1993 年版。

75. ［英］戴维·M. 沃克编:《牛津法律大词典》（中文本）,光明日报出版社 1988 年版。

76. ［英］维克托·塔德洛斯:《刑事责任论》,谭金译,中国人民大学出版社 2009 年版。

77. ［意］贝卡里亚:《论犯罪与刑罚》,黄风译,中国大百科全书出版社 1993 年版。

78. ［意］菲利:《实证派犯罪学》,许桂庭译,商务印书馆 1936 年版。

79. ［意］切萨雷·龙勃罗梭:《犯罪人论》,黄风译,中国法制出版社 2000 年版。

80. ［意］杜里奥·帕多瓦尼:《意大利刑法学原理》,陈忠林译,法律出版社 1998 年版。

81. Katherine Fischer Drew. Law and Society in Early Medieval Europe – Studies in Legal History, Variorum Reprints, London, 1988.

二、论文类

1. 陈兴良:《人身危险性及其刑法意义》,载《法学研究》1993 年第 2 期。

2. 陈兴良:《宽严相济的刑事政策研究》,载《法学杂志》2006 年第 1 期。

3. 陈兴良：《案例指导制度的法理考察》，载《法制与社会发展》2012 年第 3 期。

4. 陈学勇：《量刑方法的理解与适用》，载《人民司法》2011 年第 15 期。

5. 陈航：《量刑情节的冲突问题研究》，载《法学研究》1995 年第 5 期。

6. 陈增宝：《新型受贿的裁判尺度与社会指引——指导案例 3 号〈潘玉梅、陈宁受贿案〉评析》，载《浙江社会科学》2013 年第 1 期。

7. 储槐植：《死刑司法控制：完整解读刑法第四十八条》，载《中外法学》2012 年第 5 期。

8. 丁英华：《确定犯罪数额标准的原则与方法》，载《法律适用》2008 年第 12 期。

9. 高铭暄：《论刑事责任》，载《中国人民大学学报》1988 年第 2 期。

10. 高永明、万国海：《刑事责任概念的清理与厘清》，载《中国刑事法杂志》2009 年第 3 期。

11. 黄京平：《宽严相济刑事政策的时代含义及实现方式》，载《法学杂志》2006 年第 4 期。

12. 黄伟明：《刑事政策与刑事立法关系的动态分析》，载《法学论坛》2003 年第 3 期。

13. 黄祥青：《略论多种量刑情节的适用原则和方法》，载《上海市政法管理干部学院学报》2000 年第 3 期。

14. 胡学相：《论刑事责任的根据内部的关系及特征》，载《中国刑事法杂志》1998 年第 6 期。

15. 胡学相、黄祥青：《论多种量刑情节的适用》，载《法制与社会发展》1996 年第 1 期。

16. 胡云腾、于同志：《案例指导制度若干重大疑难争议问题研究》，载《法学研究》2008 年第 6 期。

17. 何显兵：《论缓刑适用标准的改革与完善——以绵阳市涪

城区人民法院近三年司法统计数据为例》，载《西南科技大学学报》（哲学社会科学版）2012 年第 2 期。

18. 敬大力：《刑事责任一般理论研究——理论的批判和批判的理论》，载《全国刑法硕士论文荟萃》，中国人民公安大学出版社 1989 年版。

19. 金瑞锋：《犯罪的社会危害性衡量标准新探》，载《烟台大学学报》（哲学社会科学版）1998 年第 3 期。

20. 蒋安杰：《人民法院案例指导制度的构建》，载《法制日报》2011 年 1 月 5 日。

21. 刘德法：《浅论刑事责任的概念》，载《法制日报》1988 年 6 月 6 日。

22. 刘德法：《论刑事责任的基础》，载《中州学刊》1988 年第 2 期。

23. 刘树德：《罪状之辨析与界定》，载《国家检察官学院学报》1999 年第 4 期。

24. 刘淑莲：《论我国古代刑法中的罪过》，载《中外法学》1997 年第 5 期。

25. 刘作翔：《案例指导制度的定位及相关问题》，载《苏州大学学报》2011 年第 4 期。

26. 李希慧：《刑事责任若干问题探究》，载《中南政法学院学报》1992 年第 3 期。

27. 李居全：《刑事责任比较研究》，载《法学评论》2000 年第 2 期。

28. 卢建平、刘春花：《刑事政策与刑法的二重协奏——1949 年以来中国刑事政策的演进与刑法的变迁》，载《河北学刊》2011 年第 4 期。

29. 黎其武、徐玮：《量刑情节适用的若干问题研究》，载《中国刑事法杂志》2005 年第 3 期。

30. 兰奇光：《重评〈十二表法〉》，载《湖南科技大学学报》（社会科学版）2004 年第 2 期。

31. 林钰雄、杨云骅、赖浩敏：《严格证明的映射：自由证明法则及其运用》，载《国家检察官学院学报》2007 年第 5 期。

32. 林亚刚、何荣功：《论刑罚适度与人身危险性》，载《人民司法》2002 年第 11 期。

33. 梁根林：《当代中国少年犯罪的刑事政策总评》，载《南京大学法律评论》2009 年春季卷。

34. 马克昌：《论宽严相济刑事政策的定位》，载《中国法学》2007 年第 4 期。

35. 马克昌、王煜之：《论惩办与宽大相结合的刑事政策在惩治腐败中的运用》，载《法律学习与研究》1990 年第 3 期。

36. 马荣春：《人身危险性之界定及其与主观恶性、社会危害性的关系》，载《华南师范大学学报》（社会科学版）2010 年第 5 期。

37. 梅传强：《论刑事责任的根据》，载《政法学刊》2004 年第 2 期。

38. 莫开勤：《再论刑罚个别化原则》，载《法律科学》1997 年第 6 期。

39. 彭辅顺：《刑法目的的若干思考》，载《法学论坛》2009 年第 1 期。

40. 邱兴隆：《犯罪的严重性：概念与评价》，载《政法学刊》2001 年第 1 期。

41. 邱兴隆：《配刑原则统一论》，载《中国社会科学》1999 年第 6 期。

42. 曲新久、张国鑫：《如何科学认识刑事政策》，载《人民法院报》2004 年 5 月 20 日。

43. 孙谦：《建立刑事司法案例指导制度的探讨》，载《中国法学》2008 年第 5 期。

44. 宋伟卫：《包含抑或并立——人身危险性与主观恶性之辨析》，载《宁波大学学报》（人文社科版）2007 年第 5 期。

45. 时延安：《论死缓犯限制减刑的程序问题——从〈刑法〉

第 50 条第 2 款的法理分析入手》，载《法学》2012 年第 5 期。

46. 田小穹：《刑罚裁量中的"人身危险性"——概念、评价方法和体系》，载《贵州民族学院学报》2008 年第 5 期。

47. 童颖颖：《论人身危险性在刑法中的定位》，载《浙江师范大学学报》（社会科学版）2006 年第 4 期。

48. 孙海龙、吴雨亭：《指导案例的功能、效力及其制度实现》，载《人民司法》2012 年第 13 期。

49. 王晨：《刑事责任根据论纲》，载《当代法学》1992 年第 2 期。

50. 吴占英：《论刑事责任的法律学根据》，载《湖北成人教育学院学报》2001 年第 3 期。

51. 吴根友：《自由意志与现代中国伦理学、政治哲学、法哲学的人性论基础》，载《文史哲》2010 年第 4 期。

52. 吴情树：《绑架罪中"情节较轻"的辩证分析》，载《政治与法律》2010 年第 3 期。

53. 王利明：《我国案例指导制度若干问题研究》，载《法学》2012 年第 1 期。

54. 王利荣、张孟东：《记载量刑经验的制度方式——以最高人民法院〈量刑指导意见〉为分析样本》，载《人民司法》2012 年第 23 期。

55. 王敏：《标准：基准刑确定的根据》，载《政治与法律》2010 年第 3 期。

56. 姚诗：《交通肇事"逃逸"的规范目的与内涵》，载《中国法学》2010 年第 3 期。

57. 杨春洗、苗生明：《论刑事责任的概念和根据》，载《中外法学》1991 年第 1 期。

58. 杨志国：《认定绑架罪"情节较轻"的几个理论问题》，载《中国刑事法杂志》2009 年第 11 期。

59. 游伟、王恩海：《刑罚个别化思想与我国刑法的发展》，载《华东刑事司法评论》（第八卷）。

60. 于语和、董跃：《法经与十二铜表法之比较研究》，载《南开学报》2000 年第 4 期。

61. 周致元：《明代的宗室犯罪》，载《安徽大学学报》（哲学社会科学版）1997 年第 5 期。

62. 周其华：《刑事责任若干问题研究》，载《政法丛刊》1988 年第 1 期。

63. 周玄毅：《自由意志——康德道德宗教的和性观念》，载《云南大学学报》（社会科学版）2009 年第 4 期。

64. 周光权、卢宇蓉：《犯罪加重构成基本问题研究》，载《法律科学》2001 年第 5 期。

65. 周洪波、单民：《论刑事政策与刑法》，载《当代法学》2005 年第 6 期。

66. 赵微：《徘徊于前苏联模式下的刑事责任根据理论及前景展望》，载《环球法律评论》2002 年夏季号。

67. 赵秉志、陈志军：《社会危害性与刑事违法性的矛盾及其解决》，载《法学研究》2003 年第 6 期。

68. 赵秉志：《关于中国现阶段慎用死刑的思考》，载《中国法学》2011 年第 6 期。

69. 张京婴：《也论刑事责任》，载《法学研究》1987 年第 2 期。

70. 张明楷：《新刑法与法益侵害说》，载《法学研究》2000 年第 1 期。

71. 张明楷：《加重构成与量刑规则的区分》，载《清华法学》2011 年第 1 期。

72. 张明楷：《实质解释论的再提倡》，载《中国法学》2010 年第 4 期。

73. 张明楷：《法定刑升格条件的认识》，载《政法论坛》2009 年第 5 期。

74. 张骐：《论指导性案例的"指导性"》，载《法制与社会发展》2007 年第 6 期。

75. 张远煌：《我国死刑适用标准的缺陷及其弥补方法》，载《法商研究》2006 年第 6 期。

76. 张文、米传勇：《中国死刑政策的过去、现在及未来》，载《法学评论》2006 年第 2 期。

77. 张先明：《最高人民法院发布的第二批指导性案例》，载《法制资讯》2012 年第 12 期。

78. 张安民等：《我国罪犯心理测量研究述评》，载《犯罪与改造》1996 年第 7 期。

79. 杜邈、商浩文：《拒不支付劳动报酬罪的司法认定》，载《法学杂志》2011 年第 10 期。

80. 婁永涛：《量刑规范化视域下量刑思维规则之明晰》，载《湖北社会科学》2013 年第 6 期。

81. 王林林：《基准刑内部运行机制研究》，载《云南大学学报法学版》2013 年第 6 期。

82. Charlotte Lees. The Age of Criminal Responsibility – Which Direction? A Comparative Study of the United Kingdom and Canada Charlotte Lees, Institute of Comparative Law, McGill University, 2000.

83. Ruth Alberdina Kok, Statutory Limitations in International Criminal Law, Umiveriteit Van Amsterdam, Faculteit Der Rechtsgeleerdheid, 2007.

84. Samwel W. Buell, The Blaming Function of Entity Criminal Liability, Indiana Law Journal, Vol, 81.

85. Salmon Adegboyega Shomade, Case Study of the Structures of Criminal and Drug Courts, University of Arizona, 2007.

86. Crime, Public Order and Human Rights, International Council on Human Rights Policy, 2011.

87. Susan W. Brenner, Distributed Security：Moving Away from Reactive Law Enforcement, University of Dayton School of Law, 2005.

88. Alan R. Felthous, Warning a Potential Victim of a Person's Dangerousness：Clinician's Duty or Victim's Right? Journal of the

American Academy of Psychiatry and the Law，Volume 34，Number 3，2006.

三、法典类

1. 《中华人民共和国刑事诉讼法　中华人民共和国刑法》，中国检察出版社 2012 年版。

2. 黄风译：《意大利刑法典》，中国政法大学出版社 1998 年版。

3. 黄道秀译：《俄罗斯联邦刑法典》，中国法制出版社 2004 年版。

4. 罗结珍译：《法国新刑法典》，中国法制出版社 2003 年版。

5. 徐久生、庄敬华译：《德国刑法典》，中国方正出版社 2004 年版。

6. 徐久生、庄敬华译：《瑞士刑法典》，中国方正出版社 2004 年版。

7. 张明楷译：《日本刑法典》，法律出版社 1998 年版。

后　　记

本书是我的第二部个人专著，从选题的孕育、书稿的萌芽到写成现在这个样子，经历了四个春夏秋冬。

我曾经于 2010 年 5 月以"刑事责任量的根据研究"为选题，申报中国法学会部级法学研究课题自选课题获得立项。2010 年中国法学会课题招标规则规定：立项课题原则上自立项之日起一年内完成，提交结项成果。这个要求使我不敢懈怠，我用了 2010 年暑假和寒假的三分之二的时间对该课题进行集中研究。刑法学教学工作之余，我还用了不少的周末时间研究该课题。2011 年，该课题终于以 8 万余字的成果顺利通过结项（当时我的课题申请书上填写的拟完成的成果字数为 4 万字）。然而，刑事责任量的根据问题是刑法理论和刑事司法实践中的一个重要课题，涉及刑法总则与分则、刑法总论与分论、刑事立法与司法、刑事政策等多方面内容，对其进行研究要形成较为系统、深入的理论体系，8 万余字的篇幅是远远不够的。于是，结项之后，我萌生了将之写成一部专著予以出版的想法。为此，我断断续续地用了两年时间，对该课题结项成果进行加深、扩充，并增写了"刑事责任量的刑事政策根据"和"刑事责任量的根据的司法适用"两章，终于形成了 26 万字的书稿，初步建构了刑事责任量的根据的理论体系。书稿虽然即将出版，但我仍感有诸多不足，诚望学界师长和同仁批评指正。

本书从写作到出版，离不开老师、单位领导、亲友的鼓励、关怀和支持，更离不开编辑的辛勤劳动。我从 2003 年 9 月进入中国人民大学法学院攻读博士学位的那天起到现在，一直得到恩师黄京平教授学术上的指导和工作上的关怀。虽然我已博士毕业近 10 年，但他至今仍在关心我的进步。在本书写作过程中，我也有幸得到恩师的点拨。在此，我要向恩师表示最诚挚的谢意！

1999 年 6 月从湘潭大学法学院硕士研究生毕业之后，至今我已经在享有"百年法学"之誉的湖南大学法学院工作了 15 年。可以说，本书是我近几年在湖南大学法学院进行学术研究的结晶。在本书出版之际，我要感谢湖南大学法学院领导、同事给了我和谐、宽松的学术研究环境；感谢法学院领导出台方案为学术专著的出版提供经费支持，使本书得以与读者见面，接受读者的评判；我要特别感谢法学院院长杜钢建教授、党委书记屈茂辉教授、副院长郑鹏程教授、副院长黎四奇教授、院长助理聂资鲁教授多年来对我的关心和支持。

本书的出版也是出版社编辑辛勤劳动的结果。在此，我要衷心感谢中国检察出版社编辑出色的工作和为此付出的辛勤劳动。本书的顺利完成与家人的支持密不可分，我要感谢我的妻子戴娜娣女士对我潜心于学术研究的支持和生活上的关心。最后，我要深深地感谢我的父母一辈子对我的牵挂、无私的付出和给予我的永远的精神支撑。

彭辅顺

2014 年 8 月 19 日

于湖南大学法学院 525 室